Un burka por amor

Reyes Monforte

Un burka
por amor

La emotiva historia
de una española
atrapada en Afganistán

temas de hoy. en primera persona

Obra editada en colaboración con Ediciones Temas de Hoy – España

© 2007, Reyes Monforte
© 2007, Ediciones Temas de Hoy, S.A. (T.H.) – Madrid, España.

Derechos reservados

© 2008, Editorial Planeta Mexicana, S.A. de C.V.
Bajo el sello editorial TEMAS DE HOY
Avenida Presidente Masarik núm. 111, 2o. piso
Colonia Chapultepec Morales
C.P. 11570, México, D.F.
www.editorialplaneta.com.mx

Primera edición impresa en España: junio de 2007
ISBN: 978-84-8460-649-9

Primera edición impresa en México: junio de 2008
Tercera reimpresión: junio de 2009
ISBN: 978-970-37-0812-3

Impreso en los talleres de Litográfica Cozuga, S.A. de C.V.
Av. Tlatilco núm. 78, colonia Tlatilco, México, D.F.
Impreso en México – *Printed in Mexico*

Índice

«El tiempo es muy lento para los que esperan, muy rápido para los que tienen miedo, muy largo para los que se lamentan, muy corto para los que festejan, pero para los que aman el tiempo es una eternidad.»

WILLIAM SHAKESPEARE

Hay otras vidas, pero serán contigo.

PRIMERA PARTE

UNA NUEVA VIDA

1

—¿De Afganistán? Y eso, exactamente, ¿dónde está? ¿En otro planeta?

Cuando María supo que el hombre del que se estaba enamorando perdidamente, como una auténtica colegiala, había nacido en un país llamado Afganistán, no pudo parar de reír y de hacer bromas sobre la localización de aquel reino del que nada había oído hablar hasta ese momento. Era una risa nerviosa, floja, que ella misma hubiese definido de estúpida de no ser porque la sabía fruto de la fuerte atracción que sentía hacia Nasrad a las pocas horas de conocerle.

—¿Sabes qué, Nasrad? No sé nada de tu país. No sé en qué parte del mundo está, ni de qué vive, ni qué coméis, cantáis o bailáis en vuestras fiestas. Pero no me importa. No me importa nada. De hecho, me gusta. Porque tú me gustas mucho. Y no necesito saber más.

María no mentía. Era una mujer joven, de dieciocho años, deseosa de conocer el mundo y de abrirse a él, inquieta por vivir la vida, ansiosa por conocer gente, pero completamente alejada de la realidad que albergaba ese mundo que tanto codiciaba conocer. No dedicaba un minuto a ver los noticiarios de televisión, ni a leer los periódicos, ni tampoco escuchaba las noticias de la radio donde podía haber encontrado como el nombre de Afganistán aparecía siempre seguido de una estela de muerte, de guerra y de horror.

Había llegado a Londres hacía apenas un año desde su Mallorca natal, huyendo de la presión familiar, de las continuas desavenencias con un padre al que adoraba pero al que no comprendía cuando se afanaba en convencerla de que siguiera con sus estudios y se olvidara de salir con los amigos. Los consejos de su padre, viudo desde que María cumplió los dos años, eran interpretados a su entender como regañinas injustas y desproporcionadas.

Atrás quedaba una época adolescente de excesos, de malas compañías y de extraños comportamientos. En Mallorca quedaba su familia, ante la que se mostraba impaciente por demostrar algún día que ella era capaz de vivir por sus propios medios, que no necesitaba ayuda de nadie y que su recién estrenada mayoría de edad le daba el derecho que siempre había anhelado para poder decidir dónde, cómo y con quién ir por la vida.

María no había tenido tiempo de escuchar las estremecedoras historias de las mujeres en Afganistán, cómo morían a diario apedreadas por no haberse tapado el rostro lo suficiente, cómo encontraban la muerte en cualquier esquina de la ciudad por haber salido de casa sin la compañía de un varón. Desconocía María cómo mujeres de dieciséis años recibían palizas mortales por parte de hombres que ni siquiera conocían porque se atrevían a sentarse en la parte posterior de un autobús público, reservado sólo y únicamente para los hombres. No era consciente María de cómo mujeres como ella podían encontrar la muerte en la calle al cometer la osadía de llevar un libro entre las manos, o por hacer un comentario en mitad de una conversación mantenida entre hombres. Tampoco conocía cómo las niñas de seis y siete años eran dadas en matrimonio por sus propias familias a hombres cuarenta y cincuenta años mayores que ellas a cambio de una irrisoria cantidad económica.

Nada sabía de lapidaciones, violaciones, ejecuciones públicas, aniquilaciones, torturas, mutilaciones sexuales, castigos físicos, vejaciones... La ignorancia y el desconocimiento de María abonaban la desgracia y el dolor de lo que en Afganistán sucedía y sigue sucediendo.

Nada conocía María sobre Afganistán y quizá por eso seguía sonriendo, sin desviar su mirada de los ojos negros de Nasrad, mientras cogía con las dos manos la taza del primer café que había compartido con aquel hombre del que no quería separarse, a pesar de que hacía un par de días que se habían conocido.

Había sucedido en las oficinas de la empresa de trabajo temporal en la que ambos estaban contratados. María trabajaba en esos momentos en una fábrica empaquetando relojes para su posterior venta en los aviones, aunque antes había estado empleada en una fábrica de carne de cerdo y en otra de compra y venta de bombones. Atrás habían quedado sus primeros meses de estancia en Londres, durante los que se puso a trabajar en casas particulares, limpiando y cuidando niños a la vez que aprendía inglés, una formación que intensificaba por las tardes acudiendo a una escuela de idiomas.

María había ido aquella mañana a las oficinas de su empresa porque algo en su contrato no coincidía con las condiciones establecidas. Durante la espera y de manera casual, María y Nasrad coincidieron y entablaron pronto conversación. María ya le había visto en alguna ocasión, pero nada sabía de aquel hombre, excepto que era de origen musulmán y que trabajaba como soldador de puertas de los coches de Land Rover.

Cuando ambos terminaron de realizar sus respectivos trámites, quedaron para tomar un café al día siguiente. María pasó las horas previas a aquella primera e inocente cita en un patente estado de nervios, dando muestras de impaciencia, mirando constantemente su reloj y encendiendo cigarrillos sin parar. Tardó al menos tres horas en decidir qué ropa llevar a aquel encuentro. Finalmente optó por unos vaqueros ajustados y una camiseta que había adquirido en una tienda nada más llegar a Londres y que le encantaba, porque sabía que le favorecía.

Los dos llegaron puntuales. Parecían tener prisa por verse y encontrarse. Comenzaron a ponerse al día de sus respectivas vidas. María supo que Nasrad era de procedencia afgana, que había huido de su país hacía más de quince años por problemas con los rusos, que en aquella época ocupaban Afganistán. Le confesó a María que no mantenía casi contacto con su familia, pero que eso no le impedía ayudarles económicamente todos los meses, lo que posteriormente, según pudo saber María, correspondía a encargarse prácticamente de su manutención. María, por su parte, le explicó que era la menor de siete hermanos, tres hermanas y cuatro hermanos, y que fue criada en un internado porque quedó huérfana de madre a muy temprana edad y su padre, hundido en una depresión por la muerte de su esposa, se vio incapaz de hacerse cargo de ella.

Le confesó que era buena estudiante, que siempre había soñado con convertirse en profesora o en enfermera, que le fascinaban los niños y que le encantaba reírse, como ahora lo estaba haciendo.

Y así estuvo María durante mucho tiempo, riéndose hasta que la vida, el destino, pero sobre todo el amor, la colocó en un país donde las mujeres no existen, un país donde las mujeres viven con la espada de Damocles en forma de muerte sobre sus cabezas, un país donde las niñas son entregadas en matrimonio a hombres mayores cuando apenas han cumplido los siete años. Un país donde el burka es la única protección de la mujer si quiere salir de casa y regresar con vida. Y eso teniendo suerte.

Y María, que no sabía nada, sonreía. Hasta que llegaron las noches de llanto ininterrumpido.

2

Al mes exacto de aquel primer café, María y Nasrad ya compartían piso.

—Es una pérdida de tiempo y de dinero que vivamos separados. Los dos queremos estar juntos y cada uno vivimos en una casa. Es absurdo —a María, el argumento de Nasrad le pareció acertado y no hubo reparos ni vacilaciones a la hora de dar el paso.

Pasaban prácticamente todo el tiempo juntos. María no había hecho muchas amistades en Londres y por eso se dejó arrastrar por Nasrad, que inmediatamente la introdujo en el círculo de las suyas. Al principio, María se notaba extraña, sentía que aquél no era su mundo. Veía cómo la manera de vestir y de comportarse de las novias y las esposas de los amigos de Nasrad no tenía nada que ver con sus gustos por las camisetas cortas, el maquillaje, los vaqueros apretados, el alcohol, los cigarrillos y las fiestas hasta altas horas de la madrugada. Ellas preferían los vestidos largos y amplios y el velo cubriendo parte de su cabeza, dejando sólo las facciones de la cara al descubierto. Preferían ir a rezar con sus maridos o quedarse en casa leyendo el Corán.

Durante los dos años que estuvieron de novios, a María le asaltaron algunas dudas respecto a aquella relación. «Quizá me estoy implicando demasiado en todo esto. Quizá debería verlo con cierta perspectiva. Éste no es mi mundo. ¿Por qué no se acerca él al mío? Es más divertido, sano, lo pasaríamos mejor.» Había días en los que María se sentía completamente perdida. Tenía la sensación de estar presa voluntariamente en un laberinto del que no veía una forma satisfactoria de salir. Pero la sola imagen de Nasrad junto a ella hacía desaparecer cualquier vestigio de estar actuando de una manera errática.

Aunque no era muy prolífica en amistades, María optó por dejar de frecuentarlas y decidió no presentarle a Nasrad a ninguno de sus amigos porque tenía miedo de que si éstos veían la diferencia de edad que había entre ellos, casi quince años, y su condición de musulmán, podrían mostrarse contrarios a aquella relación. Pero también sentía un miedo atroz de que Nasrad se avergonzara de ella por su forma de ser y por su pasado. Así que prefirió delimitar su mundo al de su compañero.

Poco a poco, María notaba cómo lo que hace unos meses eran continuas salidas a discotecas, bares de copas y divertidas fiestas nocturnas, ahora se reducían a cenas con los amigos de Nasrad, paseos o sesiones de cine. María estaba saliendo de una mala racha y en Nasrad encontró un apoyo incondicional que le ayudó a deshacerse de sus peligrosas y problemáticas adicciones. Demasiada noche, demasiado alcohol y demasiadas ganas de divertirse. Se convirtió en su mejor amigo, en su confidente, en su amante y en una especie de padre al que siempre podía acudir porque sabía que la ayudaría con cualquier adversidad que se le presentara. María estaba convencida de que Nasrad había hecho todo por ella, incluso había mentido a su familia, diciendo que María era una mujer pura y sin pasado, condición indispensable para que un afgano o un hombre musulmán —tal y como era Nasrad— se case con una mujer. La pérdida de virginidad anterior al matrimonio constituía en la sociedad de Nasrad una deshonra, un motivo suficiente para anular ese matrimonio y despreciar a la mujer. Conocedor de esa mentalidad, Nasrad comunicó a su familia, sin añadir muchas explicaciones adicionales, que conocía a María desde que era pequeña a través de su hermano, al que le unía una gran amistad. Aquel hombre había mentido por María, no le importaba su pasado. Y por si todo eso fuera poco, era el único que había logrado sacar a María de un mundo confuso donde los grandes vicios campaban a sus anchas. María se sentía sola y no le costó refugiarse al amparo de Nasrad. Fue en aquellos momentos cuando María supo, con una seguridad que nunca antes había tenido, que quería acabar sus días con aquel hombre.

Una tarde, estando en casa, Nasrad llegó con un regalo entre las manos que inmediatamente instó a María a abrir. Era una edición del Corán. Días antes, durante una cena con unos amigos, todos de origen musulmán, María había mostrado su interés por conocer algo más sobre la religión que profesaba Nasrad, el islam. Aquella edición del Corán fue el primero de una larga lista de libros relacionados con aquella religión que Nasrad le regalaría para su lectura. María nunca había sentido un profundo arraigo por la creencia cristiana en la que desde pequeña su padre y sus abuelos la habían educado. Sentía una total indiferencia por cualquier tipo de credo. Pero se obsesionó con la idea de que si el hombre al que amaba profesaba el islam, ella, como señal de gratitud por todo lo que estaba haciendo y como muestra evidente de su amor hacia él, debería convertirse. Y así lo hizo. Se convirtió al islam por amor.

Dejó de fumar, de beber alcohol, de vestir de la manera en la que lo hacía, de consumir carne de cerdo. Comenzó a rezar junto a su marido, a acudir a la mezquita. En definitiva, abandonó su condición de mujer occidental para ajustarse a los cánones establecidos para la mujer musulmana. Y eso incluía también el uso del velo, la hiyab.

Cuando se cumplían dos años de su llegada a Londres, María y Nasrad unieron sus vidas para siempre. Se casaron por el juzgado en la capital británica. Ella llevaba un vestido largo y amplio de color beis. No se parecía en nada al vestido con el que siempre se había imaginado que acudiría al altar, pero le daba completamente igual. Estaba al lado del hombre al que amaba como no había logrado amar a nadie.

Acudieron los dos solos, con la única compañía de un par de amigos musulmanes. María no comunicó a nadie de su familia que se casaba. Se debatía en una guerra de sentimientos encontrados: por un lado, estaba deseando compartir con ellos su nuevo estado civil, hacerles partícipes de la felicidad que sentía por haber encontrado al hombre con el que quería pasar el resto de su vida y llenarla de niños. Pero, por otro, María tenía miedo y la atormentaba la idea de que su familia se opusiera y rechazara aquella unión. Era consciente de que significaría un duro revés para ésta, en especial para su padre, saber que la pequeña de la casa no sólo se había ido a Londres sin decir nada a nadie, sino que se había casado con un hombre de origen musulmán al que ni conocían y del que ni siquiera sabían de su existencia. Por eso decidió mantener al margen a su familia. Ya habría tiempo para contarles todo en otra ocasión. No quería que nadie le estropease ese momento. Y menos su familia, a la que había dejado atrás y a la que se había prometido no volver hasta que no pudiera demostrarles que había conseguido convertirse en alguien sin su ayuda.

3

La vida transcurría tranquila, sin grandes sobresaltos. María se sentía feliz con su nueva condición de mujer casada y con su recién estrenada vida. Estaba prácticamente integrada en el mundo musulmán que residía en Londres. Se reunían a menudo para compartir ideas y pláticas, alrededor de una mesa de comida mahometana, aunque poco a poco fue notando que las mujeres se desinteresaban de la conversación cuando la religión y la política monopolizaban la charla. A María le gustaba escuchar lo que allí se decía. Siempre había sido muy curiosa y sentía la necesidad de saber más cosas sobre la sociedad de la que procedía su marido. Siempre que se hablaba de la situación de Afganistán todos coincidían en señalar las dificultades económicas, sociales, políticas y religiosas que atravesaba el país, enfermo de un cáncer para el que nadie parecía o deseaba encontrar remedio. En aquellas charlas nunca se habló de la situación de la mujer en aquel país, ni de las necesidades que se estaban viviendo, ni de la dureza del régimen talibán instalado en el poder desde 1996, curiosamente el año en el que María decidió darle un rumbo a su vida e instalarse en Londres.

Los asistentes a aquellas reuniones eran hombres y mujeres musulmanes que habían abandonado su país hacía muchos años, la mayoría de ellos cuando los rusos empezaban a apoderarse de aquel país. Si María hubiese conocido en esas reuniones la verdadera realidad del país de su marido, quizá hubiese afrontado su destino de otra manera y su vida hubiese tomado otro rumbo.

Nasrad había intentado convencer a María de que dejara de trabajar y se concentrara en las labores del hogar. No se trataba de una actitud machista, sino amparada por el convencimiento de que con el dinero que ganaba Nasrad era suficiente para mantener a la familia. Además, se mostraba convencido de que su mujer se sentiría más cómoda en casa. María accedió durante unos meses. Pero luego volvió al trabajo. El dinero no era necesario para comer pero sí para otros gastos complementarios. Cada mes, Nasrad tenía que mandar a sus padres y hermanos una cantidad de dinero para que lograran salir adelante. También ayudaba a un sobrino de Nasrad que acababa de llegar a Londres y que no había logrado todavía asentarse y encontrar un trabajo. Al final, todo eran gastos en aquella casa de dos, y María decidió volver al trabajo, primero porque le apetecía —se aburría en casa porque, sencillamente, siempre había sido una mujer activa—, y segundo porque una ayuda económica extra no les vendría mal. Además, pensaba que mantenerse ocupada la distraería de una idea que había llegado a obsesionarla en los últimos meses: la maternidad.

María estaba deseando quedarse embarazada. Le encantaban los niños. Cuando veía a un grupo de pequeños jugando en el parque, se sentaba en un banco y no se cansaba de observarles. Ella sabía que tenía buena mano con los niños, que les entendía, que sabía cómo tratarles y atenderles, y los críos también percibían eso. María era feliz cuando uno de esos pequeños se le acercaba para hablar con ella o para jugar.

Por eso una noche decidió planteárselo a su marido mientras preparaba la cena.

—Quiero tener hijos, Nasrad. Quiero tener muchos hijos contigo. Quiero una casa llena de niños.

A Nasrad la idea le pareció maravillosa y ambos se comprometieron a hacer todo lo que estuviera en sus manos para dar forma real a ese deseo compartido de ampliar la familia. Y decidieron no esperar mucho para comenzar a construir un hogar más nutrido numéricamente. Aquella noche ambos sellaron gráficamente su promesa.

De estas y de muchas otras cosas de carácter íntimo y privado se pasaba María horas y horas hablando en animada conversación con la única buena amiga que tenía en Londres. Se llamaba Julia, era de origen indio, algo que evidenciaba la belleza que poseía, y en poco tiempo se convirtió en la fiel y comprensiva depositaria de muchos secretos, dudas y temores de María. Vivía en el mismo edificio de viviendas que ella, y eran muchas las tardes en que una iba a la casa de la otra para tomar un café o un té, una bebida a la que María le costaba acostumbrarse. Las dos gustaban de poner en común muchas de las cosas que les preocupaban y que les sucedían. Era la única persona con la que María lograba olvidarse de su timidez y dar rienda suelta a su capacidad oratoria, algo que le costaba mucho conseguir con el resto de la gente. Nunca le había gustado hablar, le costaba dar explicaciones sobre su vida, no se sentía cómoda y su comportamiento y actitud ante la vida lo evidenciaba.

Julia le contaba muchas cosas sobre su país, detalles e infinidad de historias que a María la dejaban con la boca abierta porque le permitía dar rienda a su, muy a menudo, desbordada imaginación. Julia también era la encargada de darle su opinión sobre los asuntos que la preocupaban sobre su matrimonio, su conversión al islam, su cambio de vida casi radical y su desmesurado amor por aquel hombre al que conoció en la empresa de trabajo temporal en la que ambos estaban. Julia siempre encontraba unas palabras de ayuda, de consuelo y de ánimo para agradar a María.

—Mientras tú seas feliz, ¡qué más da lo que digan los demás! Tú vive tu vida, que nadie va a poder hacerlo por ti. Nadie excepto tú pagará por tus equivocaciones o por tus aciertos. Jamás se te olvide esto, María.

A los ojos de María, Julia era una especie de mujer sabia, culta e inteligente que tenía respuesta y solución, o al menos explicación, para todo lo que lograba perturbarla. Y fueron muchas las veces que Julia le advirtió de que supiera manejar correctamente el amor que sentía hacia Nasrad, que aprendiera a canalizarlo para obtener los mejores resultados de la relación y de la vida. A Julia no le cabía la menor duda de que María, por su marido, haría lo que fuera. E iría donde fuera. Y no se equivocó.

Julia fue la tercera persona en conocer la buena nueva. La primera fue María cuando el ginecólogo le confirmó que las dos faltas que ya contabilizaba en su ciclo menstrual correspondían a la gestación de su primer hijo. María estaba embarazada y cuando se lo escuchó decir al doctor, se convirtió en la mujer más feliz del mundo. Lo cierto es que no habían tardado muchos meses en conseguir la ampliación familiar. María estaba feliz y no quería disimularlo. Había visto en muchas películas cómo las mujeres preparaban ritos especiales para comunicar su estado de preñez a sus maridos, y María pensó emularlas de alguna manera. Pero la impaciencia y las ganas de decirle a Nasrad que su primer hijo estaba en camino pudieron más que sus procesos creativos. No tardó ni tres segundos en compartir su dicha con Nasrad cuando éste entró por la puerta de casa.

Todos fueron parabienes, felicitaciones y enhorabuenas. María irradiaba felicidad. No sabía qué más podía pedirle a la vida, puesto que estaba esperando un hijo del hombre que amaba. Sería injusto pedir más. Sería indigno quejarse por algo. Así que decidió no hacerlo.

María se había propuesto vivir intensamente su embarazo. Quería que todo saliera bien. Se propuso disfrutar de cada momento de la preñez e ir paso a paso planeando cómo sería el alumbramiento de su primer hijo. Deseaba que todo saliera bien y se comprometió a no dejar lugar a la improvisación, al menos en las cosas importantes, en las que afectaran al bebé.

Tras las molestias lógicas de los primeros meses, María logró estabilizar su cuerpo. Disfrutaba viéndolo cambiar día a día y no paraba de recrear cómo sería la carita de su bebé, cómo se encontraría ahí dentro y el sexo que tendría, ya que todavía las pruebas médicas no la habían sacado de dudas.

Un día Nasrad llegó a casa con un ofrecimiento que hacerle a su mujer.

—María, he pensado que deberíamos ir a Afganistán para que mi familia te conozca. Ya sé que no he mantenido mucho contacto con ellos, que prácticamente sólo ha existido el vínculo económico. Pero hoy he recibido la llamada de mi padre y le he encontrado preocupado. No debe de estar bien y me ha pedido que vayamos a verles. Sólo será unos días. Enseguida volveremos a casa para poder tener al niño. Además, estás de algo más de cinco meses, no creo que haya ningún problema por emprender este viaje que no durará más de quince días. ¿Qué te parece? ¿Te animas? Así por fin sabrás dónde está Afganistán y cómo es mi tierra. Todavía recuerdo la gracia que te hizo en nuestra primera cita que yo procediera de ese país.

María hizo considerados esfuerzos para autoconvencerse de que sería divertido, pero lo cierto es que aquel viaje no la colmaba de felicidad ni le hacía mucha gracia. No le apetecía en absoluto, y más estando embarazada. Ya comenzaba a sentirse pesada, a sentir molestias en los riñones y a sofocarse más de lo normal por el aumento de peso que en los últimos días había experimentado. Pero en el fondo sabía que Nasrad tenía razón y que quedaban más de cuatro meses para salir de cuentas. Uno de los defectos de María es que nunca supo decirle no a su marido, y aquella vez tampoco lo hizo.

La planificación del viaje fue rápida. En unos días todo estaba preparado. Los pasaportes listos, los visados concedidos, el permiso laboral para quince días tramitado por la empresa y los billetes comprados. Viajarían hasta Pakistán y de allí cruzarían la frontera con Afganistán para más tarde alcanzar el pueblo natal de Nasrad, donde residía su familia.

Las horas antes a iniciar el viaje, María estaba nerviosa. Sentía que todo era demasiado precipitado, no entendía por qué su marido no le había propuesto con más antelación su intención de realizar ese viaje, pero no quería plantear ningún tipo de duda ni de pregunta que pudiera contrariar a Nasrad y distraerle de su deseo de emprender ese viaje a su tierra natal. La tarde antes de su partida, María quedó con Julia para verse y confiarle su lugar de destino y de estancia para los próximos quince días.

—¿A Afganistán? María, no sé si por tu estado, y teniendo en cuenta las condiciones en las que se encuentra ese país, te conviene viajar hasta Afganistán. Allí las cosas no están bien. Y menos para las mujeres. Están en plena guerra, María. Lo veo a diario en la televisión. ¿Acaso no ves la televisión, no escuchas los telediarios? Nunca has estado en este mundo, criatura.

Pero a María le daba igual lo que en aquel momento le estaba contando su amiga y confidente Julia. Sabía que tenía que ir, quería acompañar a Nasrad, no podía imaginarse pasar un solo día de su existencia sin la presencia de su marido y prefería correr ese riesgo del que hablaba Julia y al que María decidió no dar mayor importancia.

—Volveremos pronto. En diez o quince días estaremos de nuevo aquí. En ese tiempo no da tiempo a que pasa nada malo, ¿no crees, Julia? Verás como antes de lo que te imaginas, estamos aquí de nuevo hablando y yo relatándote todo lo bueno que me ha pasado en aquel país. Si puedo y me acuerdo, te traeré algún recuerdo. Pero no te prometo nada.

María comenzó a contar los días que le faltaban para regresar desde que Nasrad cerró la puerta de casa y ella se subió al taxi que les llevaría al aeropuerto. Todavía no había abandonado su calle, cuando ya echaba de menos su hogar. María cogió con fuerza la mano de Nasrad sin dejar de mirar por la ventanilla del coche. Algo le obligaba a aferrarse a él. No sabía lo que era, pero necesitaba apretar esa mano y sentir que él estaba allí. Comenzaba el viaje.

4

María no tenía especial miedo a viajar en avión. Lo consideraba un mero desplazamiento, un viaje como otro cualquiera. Había viajado muchas veces junto a Nasrad y nunca sintió ni temor, ni cosquilleo en el estómago, ni le abordaron pensamientos de desastres aéreos como a muchas personas que había conocido. Sencillamente cerraba los ojos y se imaginaba cómo sería el país con el que se iba a encontrar en cuestión de horas, y con qué le sorprenderían sus gentes. Así lo hizo cuando su marido le regaló un viaje sorpresa a Canadá. María no conocía ni el continente americano ni aquel país del que tanto había oído hablar y por el que siempre se sintió atraída, como si supiera que aquella tierra encerrara algún tipo de misterio que sólo ella podría descubrir el día que se desplazara hasta allí. Simplemente le entusiasmó. A su regreso juró que volvería a aquellos dominios y que no le importaría vivir en Canadá durante una temporada. María lo escribió en su lista de cosas por conseguir a medio plazo en su vida.

A María le gustaba viajar, conocer nuevos paisajes, entablar amistad con personas de diferente lengua, cultura y costumbres. «Me pasaría la vida viajando. Con una mochila, unas zapatillas cómodas y mi marido al lado. No necesito más.» Pensó que algún día podría protagonizar su sueño. No pedía más. Viajar. Recorrer el mundo. Dejarse atrapar por lo nuevo, lo desconocido y si todo ello iba envuelto con el celofán del misterio y la aventura, la oferta resultaba aún más atractiva y apetecible.

Pero aquella vez era distinto. Desde que el avión que les llevaba hasta Pakistán, para luego desplazarse hasta Afganistán, donde les estarían esperando los padres y el resto de familiares de Nasrad, despegó de Londres, María notaba que en su interior algo le decía que aquel viaje sería distinto. Una sensación extraña se había alojado en su estómago, la cual María no dudó en relacionar con su avanzado estado de gestación. Eran seis meses y algunas semanas lo que llevaba contabilizado María de embarazo, pero la voluminosidad de su vientre parecía evidenciar que el bebé que amparaba en sus entrañas presentaba más edad.

En el largo trayecto aéreo que les llevó hasta Pakistán, con un par de escalas tan largas como pesadas, no pudo cerrar los ojos ni una sola vez. Y mucho menos conciliar el sueño, algo para lo que su marido no encontró mayor dificultad. Prefirió mirar por la ventanilla del avión, entablar conversación con su marido, si es que el sueño no le había vencido, o abandonarse en la aburrida y absurda lectura de alguna de las revistas que encontró estratégicamente colocadas en la parte trasera del asiento que le precedía. María siempre abría esas revistas y se iba directamente a la sección de venta a bordo. Disfrutaba haciéndolo, primero porque algunos de esos artículos la transportaban a una vida pasada, cuando se pasaba horas empaquetando los relojes que luego aparecían en las hojas de aquellas revistas y que siempre había tenido curiosidad por saber quién y cómo serían las personas que adquirirían ese producto. Y segundo porque iba eligiendo, entre la amplia oferta de objetos, lo que ella se quedaría de todo lo que se mostraba en cada página. «Esta colonia. Estas gafas. Estos chocolates. Este anillo. Esta crema nutritiva. Este pañuelo.»

«Este pañuelo.» A María le llamó la atención un pañuelo rojo y negro que aparecía en aquellas páginas de colores. Se pasó la mano por el pañuelo que llevaba cubriéndole el pelo y el cuello. Había elegido para aquel viaje uno de color azul celeste. Sencillo, nada llamativo, tradicional y discreto. Su marido le había recomendado que se llevara unos cuantos porque en el lugar del mundo al que se dirigían, la cultura del velo no era algo optativo ni voluntario, como podría serlo en Londres. Allí las mujeres lo llevaban por cultura, por respeto, por tradición, pero muchas también lo hacían por miedo y por obligación, aunque María lo desconociera en aquel su primer viaje a la tierra que vio nacer a su marido.

5

Cuando llegaron a Pakistán, todavía les quedaba por delante un largo trayecto por recorrer. En el aeropuerto les esperaba el hermano de Nasrad para recogerles y llevarles hasta la frontera de Afganistán. María pudo ver el asombroso parecido entre su marido y su hermano mayor, aunque lo atribuyó también a que ambos tenían la piel de un tono cetrino y una larga barba que cubría parte de su rostro. «Aunque no se parecieran en sus rasgos físicos, daría la impresión de que son idénticos.» A María le hizo gracia que allí todo el mundo se pareciera debido a la indumentaria y a las características físicas que presentaban.

Desde que descendió del avión, María experimentó como una ola de calor húmedo que progresivamente fue desembocando en una sensación de ahogo que le abofeteaba el rostro. María quiso justificar lo que sentía por la prolongada duración del trayecto y por su estado de buena esperanza. Fue como si nada más poner un pie en tierra, un bochorno incontrolado e inesperado se hubiese apoderado de ella y no la hubiese querido abandonar ni por un momento.

—¿Te encuentras bien, María?

El interés y la preocupación de Nasrad respondió a la súbita lividez que había adquirido el rostro de su mujer.

—Claro. Sólo un poco de calor. Nada más. ¿No tienes tú calor?

Nasrad no le contestó. Seguramente ni siquiera la escuchó, pues María había formulado la última pregunta coincidiendo con el encuentro entre Nasrad y su hermano. María puedo ver, en un privilegiado segundo plano, cómo su marido y su cuñado se abrazaban y se besaban. Estuvieron hablando durante un rato. María se sintió algo incómoda durante unos segundos, aunque entendía que era mucho el tiempo que Nasrad no había visto a su familia, y justificó la tardanza a la hora de realizar las presentaciones.

Cuando por fin su presencia fue advertida de nuevo, escuchó que su marido, cogiéndola del brazo, le decía algo a su hermano y éste a su vez sonrió a María y le dirigió unas palabras en un idioma extraño, que tan sólo los dos hombres conocían. No hubo besos, ni abrazos ni apretones de manos. Tan sólo sonrisas y amables gestos para que entraran en un coche. María no supo si la gente allí era tímida, despegada, poco fogosa a la hora de conocerse, o sencillamente no era partidaria de un exceso de acaloramiento a la hora de mostrar una bienvenida. Pero no pudo entender por qué le faltó tiempo para besar a su marido y sin embargo ella se quedó con el ademán de iniciar un beso. «Debe de ser normal aquí. Estoy en otro país y aquí impera otra cultura. Pero alguien me la podía haber explicado», pensó María, sin tampoco darle mayor importancia.

María estaba demasiado entretenida viendo el devenir de aquella gente por el aeropuerto. Le llamó la atención cómo todas las mujeres cubrían la mayor parte de su cuerpo y se alegró de haber ido vestida acorde a los cánones de comportamiento de aquel país.

María acarició su vientre durante unos segundos. Este gesto maternal siempre le sentaba bien. Le infundía fuerza y seguridad, le recargaba la dosis de ánimo y coraje que necesitaba y le dibujaba al instante una sonrisa en su rostro.

Fueron muchas horas de viaje en coche las que invirtieron María, Nasrad y su cuñado hasta llegar a la frontera con Afganistán. Su marido le había explicado con anterioridad que en aquella ocasión no viajarían hasta su pueblo natal, en Afganistán, porque la situación en aquel lugar se estaba complicando y no quería correr riesgos innecesarios. Su único interés, al menos en ese viaje, era que María conociera a sus padres y a parte de su familia, pasar unos días, quizá un mes con ellos, y luego regresar a Londres para que su mujer pudiera dar a luz a su primer hijo.

Por este motivo, habían decidido que los padres de Nasrad y algunos de sus hermanos y hermanas se desplazaran hasta un pueblecito sitiado casi en el término limítrofe de los dos países, Afganistán y Pakistán, donde vivían otros familiares de Nasrad.

6

El cruce de la frontera fue algo farragoso. A María le llamó la atención la nutrida fila de personas que había esperando a poder franquear aquel límite territorial. Cuando por fin lo hicieron, María pudo notar cómo la gestión recién fraguada se saldó con el posterior enfado de Nasrad, que no paraba de hablarle a su hermano, como si algo le hubiese contrariado. Más tarde, María pudo saber que el cruce de la frontera le había costado a Nasrad tanto como el viaje que habían realizado de Londres a Pakistán. Algo en lo que no estaba ni mucho menos de acuerdo su marido.

Por fin llegaron al pueblo que se convertiría en su alojamiento temporal. No era muy grande ni pudo verse en sus calles mucha animación, aunque María pensó que quizá la hora no invitaba a una mayor presencia callejera de sus vecinos.

A María le dio la impresión de que aquella casa que iba apareciendo tímidamente en su campo de visión se correspondía a una casa de campo. No tardó mucho en comprobar que la casa, más que de campo, era un hogar modesto, humilde y sin grandes lujos. Más bien, ninguno.

Fue allí donde María conoció por primera vez a los padres de Nasrad. Primero le fue presentado el padre, que a María le pareció un hombre encantador, bonachón aunque algo callado y tímido. Y luego Nasrad le presentó a su madre. María sabía que debía llevarse bien con esa mujer. Conocía perfectamente la leyenda negra que corría en todo el mundo sobre las suegras y, aunque sabía que no iba a verla mucho, quería tener en ella una aliada y no un enemigo. Sabía que aquella mujer había dado la vida al hombre que amaba y que si no hubiese sido por ella, María no hubiese encontrado la felicidad.

El primer contacto fue cordial pero algo extraño. A María se le antojaba incómoda la situación y estaba convencida de que su desconocimiento total y absoluto del idioma nativo no le permitía una mayor complicidad con la familia de su marido. La contrarió pero no tuvo más remedio que aceptarlo.

Durante las dos primeras semanas que se cumplieron de su estancia en aquel lugar, María invertía parte de su tiempo en intentar agradar a su suegra y en lograr un acercamiento cómplice. Nasrad le había hablado de ella, de cómo había sacado adelante prácticamente en solitario a toda su familia, del esfuerzo y trabajo que se había visto obligada a realizar para sacar adelante a todos sus hijos y de cómo había logrado vencer las dificultades y los reveses cuando las guerras y la necesidad casi perpetua habían acompañado a su familia. María la admiraba y se esforzaba por que se le notara. Pero no pudo estar segura de que lo consiguiera.

El resto del tiempo lo pasaba con su marido. Difícilmente se separaba de él. Prácticamente no salieron de aquella casa, lo que profundizó en María el sentimiento de aburrimiento que la acompañaba desde que se levantaba hasta que volvía a acostarse.

Por si no tuviera bastante con aquella sensación, María venía sintiendo molestias en su embarazo.

Se sentía pesada y cada vez se le hacía más complicada imprimir cierta movilidad a sus actos. Pero lo que más la preocupaba a María es que, desde hacía una semana, notaba como si algo ejerciera una continua presión sobre su vientre. El ardor de estómago que venía acompañándola desde hacía un par de meses parecía haberse acentuado y le provocaba un continuo malestar físico. María no veía el día en el que por fin pudiera regresar a Londres y poder terminar allí el ciclo de su primer embarazo.

Una noche, María ya no pudo ocultar su evidente malestar. Los dolores eran demasiado fuertes. Nasrad hizo partícipe a su hermano, médico de profesión, que tenía conocimientos suficientes para entender la situación en la que se encontraba su mujer. Nasrad estaba preocupado y era algo que odiaba María. Pero cuando le comunicaron el diagnóstico de su estado, ya no pudo pensar más en la preocupación que pudiera o no sentir su marido, que inmediatamente pasó a un segundo plano.

Sencillamente, no podía creer lo que su marido le estaba traduciendo, intentando ser lo más optimista posible. Pero no lo logró.

—María. Mi hermano dice que estás en un estado demasiado avanzado para emprender un viaje en avión y que podría ser perjudicial para el niño. Cree que no te falta tanto tiempo para dar a luz como creíamos y que el niño va a venir antes. Y nos aconseja que nos quedemos hasta que llegue ese momento. Luego, cuando te recuperes, podremos irnos.

María sintió que aquella noticia acababa de robarle el oxígeno que necesitaban sus pulmones y que había parado en seco su corazón. Aquello no encajaba en sus planes. Aquello le supuso el mayor disgusto de su vida.

—¿Aquí? Pero eso no es posible. Yo no puedo tener a nuestro hijo aquí, Nasrad. No puedo. ¡Si ni siquiera me ha visto un médico! ¡Ni siquiera sé realmente dónde estoy! —María no sabía cómo podía estar viviendo aquello, pero tenía claro que no podía ser cierto—. No puedo. No puedo y tampoco quiero. Quiero irme a casa, Nasrad, y quiero hacerlo ahora mismo. Quiero tener a mi hijo en Londres. Tal y como había planeado. Tal y como habíamos proyectado.

María se pasó toda aquella noche llorando y dándole vueltas a la increíble situación en la que se encontraba. No entendía por qué no podía regresar lo antes posible a Londres y rechazaba creer el diagnóstico realizado por su cuñado.

Pero no le quedó más remedio que aceptarlo y fiarse de él. Sobre todo cuando en los días posteriores a conocer esta noticia, fue notando que la presión que notaba en su vientre los días anteriores se había desplazado hasta alojarse en su vagina. Y pensó que quizá al hermano de Nasrad le asistía la razón, y que su primer hijo vendría antes de lo previsto. Le resultaba doloroso y traumático que fuera en esas tierras desconocidas y extrañas para ella. Pero la realidad pesaba demasiado y no tuvo más remedio. Sencillamente lo aceptó.

7

María no pudo evitar seguir dándole vueltas a la cabeza sobre cómo sería el parto y en qué lugar daría a luz a su primer hijo. Le provocaba auténtico terror que el momento llegara y le angustiaba que tuviera que ser en esas tierras. Le hubiese gustado haber tenido en aquellos momentos la compañía y el consejo de su gran amiga Julia, para que la reconfortara con sus sabias palabras, y le explicara en qué iba a consistir todo y cómo iba a reaccionar cuando llegase el esperado momento. Pero Julia quedaba lejos, tan lejos como sus ansiados planes de dar a luz en Londres. Así que María decidió comentárselo a su marido.

Nasrad, a su vez, se lo comentó a su cuñada, la mujer de su hermano médico, que tenía algún conocimiento facultativo adquirido a través de la observación del ejercicio de su marido. Además, era la encargada de tratar a las mujeres de la familia que enfermaban, ya que el hombre no podía hacerlo, al no poder asistir a una mujer, tal y como la ley talibán había impuesto.

Un día, María decidió plantear la idea de ir al hospital para que le viera un ginecólogo y le dijera cómo iba su primer embarazo. Estaba a punto de parir y todavía no le había visto ningún especialista. Cuando su marido lo propuso ante los miembros de su familia, todos se le quedaron mirando como si de sus labios hubiese salido la mayor barbaridad del mundo. Se miraron como si no pudieran dar crédito a lo que sus oídos habían escuchado. Hasta que alguien decidió explicarle en qué consistía la supuesta barbaridad. Cuando lo supo, Nasrad se lo explicó a su mujer. Le costó encontrar las palabras, pero optó por escoger la crudeza en su argumentación antes que las falsas esperanzas que podrían representar una dificultad para su mujer.

—María, lo que te voy a decir complica aún más nuestros planes de futuro. Pero tienes que ser fuerte y saber que yo estaré contigo durante todo este tiempo —Nasrad tragó saliva y comenzó a explicarle a su mujer lo que su familia le había comunicado hacía apenas unos minutos—. Va a ser imposible que te vea un médico. Y también que des a luz en un hospital. Quítatelo de la cabeza, María. Olvídate. Cuanto antes lo hagas, mejor. Estás en Afganistán y esto no tiene nada que ver con el mundo del que venimos. Aquí está prohibido que una mujer pise un hospital y sea atendida por las manos de un hombre, que son los únicos que pueden ejercer como médicos. A las mujeres se lo prohibieron cuando los talibanes se instalaron en el poder, incluso echaron a las doctoras que ya venían ejerciendo desde hace tiempo y negaron a las mujeres el derecho de estudiar una carrera, también la de Medicina. Con lo cual ni un médico especialista puede verte ni vas a poder dar a luz en un hospital. María, en este país las mujeres dan a luz en sus casas, sin la asistencia facultativa que se dispensa en otros países.

Nasrad paró de hablar durante unos instantes, pero al ver la expresión de tristeza en el rostro de María, sintió que debía seguir hablándole. Cogió las manos de su mujer en un gesto de complicidad y se las apretó como queriendo infundirle toda la fuerza y el apoyo que sus palabras le estaban robando sin piedad alguna. Y prosiguió:

—Es imposible, María. Olvídalo. Mi madre te ayudará a tenerlo como ha ayudado a todas las mujeres de mi familia. Y quiero que sepas que yo también estaré contigo. No te preocupes. Todo saldrá bien.

Aquella explicación de Nasrad sobre cómo estaba la situación en el país había roto por completo el sueño de María de dar a luz en un hospital, como siempre había imaginado que sucedería, como estaba establecido en su cabeza, como creía que ella tenía derecho como toda mujer. Pero al parecer, en ese país, no.

8

Llegó el día en el que María sintió romperse por dentro. Sentía como una especie de río salvaje corría entre sus piernas y que el dolor le obligaba a doblarse, impidiéndole mantenerse erguida.

Enseguida las mujeres le ayudaron, llevándola hasta una habitación de la casa que días antes había sido acondicionada con unos colchones y unas mantas cuando supieron que María daría a luz en aquel lugar.

Ella lloraba, gritaba, maldecía, no podía aguantar el dolor y lo que le pareció peor, sabía que nada le darían en aquella circunstancia que pudiera calmarle. María intentó mantener la calma, pero le resultó imposible. Intentaba obedecer, seguir las pautas que le iban dictando sus cuñadas en cuanto a la respiración; algo que le resultó muy complicado porque María seguía sin entender el idioma en el que hablaban y en ese momento Nasrad no estaba para traducirle nada. Su presencia en el parto estaba prohibida por las propias mujeres.

María intentaba poner en práctica lo que había visto mil veces en las películas. Procuraba recordar en qué momento tenía que coger aire y en cuál expulsarlo, aunque el ritmo de este ejercicio lo podía seguir fácilmente María mirando los gestos de las mujeres que allí la acompañaban.

Cuando su suegra le dijo que iba a rajarle un poco para que el niño saliera con mayor facilidad, María se reclinó, cerró los ojos y se encomendó a su destino. Sólo quería que aquello terminara pronto. Sintió que la cuchilla desgarraba su carne, pero al contrario de lo que pensaba, apenas notó dolor. Los dolores del parto estaban siendo tan fuertes que seguramente actuaron como improvisada anestesia. Cuando la suegra terminó de rajarle, todo fue más rápido. Justo cuando María creyó que iba a desfallecer y que ése era el momento en el que se despediría del mundo, escuchó a su suegra: «Es un niño, María. Has tenido un hijo. Pequeño, pero viene sano, al menos no le falta nada».

Había estado cinco horas de parto, pero a María le parecieron tres meses, y eso que el alumbramiento, aunque con más dolores de los que María había imaginado, no presentó ninguna complicación seria. Su suegra le colocó a su hijo sobre su regazo para que viera lo que había traído al mundo. Alguien lo había lavado previamente y envuelto en una tela limpia. María, con las pocas fuerzas que le restaban después de cinco horas alumbrando, separó los pliegues de la tela que cubría el cuerpecito de su hijo para asegurarse de que todo estaba bien, tal y como su suegra le había augurado. Se enterneció cuando vio las piernecitas, los bracitos, y el abultado ombligo. Se extrañó de lo pequeño que era, pero pensó que no podía esperar más de un niño tan prematuro. Calculó que pesaría aproximadamente dos kilos. Deseó que su pequeño hubiese nacido en Europa para que lo pesaran, lo midieran, comprobaran que su estado era el idóneo, se aseguraran de que todo iba bien y que ningún problema podría presentarse que amenazara la vida de su pequeño. Anheló que una enfermera viniera a recogerlo para colocarlo en una cuna limpia y preparada con todo lujo de detalles al lado de la cama de su madre, y le dispensara al pequeño todo tipo de mimos y cuidados, los que requiere y merece un recién nacido, y le confeccionara el cuadro de vacunas al que todo niño tiene derecho. Pero allí no. Allí no había médicos, ni tratamientos, ni vacunas. Allí no había nada, excepto una mujer recién parida y un hijo recién nacido. En ese momento le sobrevino un temor que hasta entonces no había aparecido. Tuvo la certidumbre de que el niño moriría, que era demasiado pequeño e indefenso para poder sobrevivir en aquel paraje y en aquellas circunstancias. Quería llorar, pero ya no le quedaba más agua en su interior para expulsar. Le besó, le abrazó contra su cara y pensó en la ilusión que le haría a Nasrad saber que había tenido un hijo varón. El sexo de su hijo fue algo que ningún ginecólogo en Londres les pudo asegurar con seguridad, por lo que cuando su suegra le comunicó a María que había tenido un niño, se alegró por su marido. Él prefería un hijo varón. Según le había comentado su marido durante el viaje que les llevó a Afganistán, en la civilización de la que él procedía tener una niña era más problemático. Nadie quería a las niñas. No servían para nada. En cambio los niños crecerían, ayudarían a mantener económicamente el hogar y serían ellos los que se ocuparían de los padres una vez éstos se hicieran mayores y no pudieran valerse por sí mismos. A María le pareció horrible aquella mentalidad y dio gracias por no tener que vivir en un país donde repudiaban a un recién nacido por el simple hecho de ser niña.

Después de unos segundos, las mujeres le quitaron al pequeño de sus brazos porque tenían que curarla. No hubo puntos para unir la carne destrozada después del parto. Su suegra le untó en la herida abierta una especie de pasta hecha a base de hierbas naturales, agua y barro con el fin de que cicatrizara lo antes posible. Debía mantenerse con las piernas cerradas, completamente quieta y alguien debía cambiarle aquella curiosa cataplasma por una nueva cada dos o tres horas. María estaba tremendamente cansada y dolorida, y sólo tenía ganas de abandonarse al sueño. Pero el ajetreo a su alrededor era tal que difícilmente lo pudo conseguir.

Finalmente cerró los ojos, y aunque notaba un molesto escozor en la herida del parto, intentó dormir, no sin antes pensar en lo distinto que hubiese sido aquel alumbramiento en Londres, en Mallorca o en cualquier lugar que no fuera aquel donde se encontraba. «Hasta en la Edad Media vivirían mejor y daría a luz a sus hijos en otras condiciones.»

La despertó Nasrad con un beso en la frente. Su marido le acariciaba el pelo, que María notaba húmedo, sin duda por el sudor acumulado durante el esfuerzo del parto y por la fiebre que aún tenía.

—¿Has visto a tu hijo? —preguntó María, que ya lucía en su mirada, probablemente sin ella saberlo ni proponérselo, un halo de maternidad.

—Sí. Es precioso. Gracias, María. Muchas gracias. Me has hecho el hombre más feliz del mundo. Y todo te lo debo a ti.

Por primera vez María vio a su marido llorar, y aquel descubrimiento indiscreto la llenó de alegría y le dibujó una sonrisa que estuvo presidiendo su cara durante buena parte de la tarde. Nasrad no cesó de besar y acariciar a su mujer, de hacerle confidencias al oído que versaban sobre un futuro mejor y, desde luego, lejos de aquel lugar. María sujetaba con fuerza la mano de su marido. Quería asegurarse de que no se fuera de su lado. No podía dejar de pensar que todo hubiese sido más sencillo y llevadero si su marido hubiese estado a su lado en el momento del parto, para ayudarla, para apoyarla. Tan sólo el sonido de su voz hubiese tranquilizado bastante a María, como solía sucederle.

Pero estaba contenta y esperanzada

Ya habían hecho lo más difícil. Dar a luz a su hijo. Ahora restaba tan sólo recuperarse del parto y planear la vuelta a casa. Y en esa ocasión, serían tres. María sonrió al pensar que ya eran una verdadera familia.

Aquel pensamiento lleno de felicidad le hizo transportarse con el pensamiento, y durante unos minutos, hasta su Mallorca natal. Pensó en lo feliz que se sentiría su padre al saber que había tenido un nieto.

9

En los días posteriores, el cuerpo de María no estaba para muchas fiestas, pero su marido le anunció la proximidad de un festejo al que no era conveniente que faltase: la celebración que su familia había preparado con motivo de la llegada de su primer hijo. Nasrad le explicó *grosso modo* a su mujer en qué consistía la curiosa ceremonia. Cuando su marido terminó con la exposición, María no dejó de sonreír, pero difícilmente pudo evitar abrir los ojos y pensar «¡qué horror!, ¿y a mi pobre hijo le van a hacer eso?». Supo que no podía oponerse a que la familia ofreciese el recibimiento tradicional al nuevo miembro de la familia.

Asistió a todo aquel ritual con cierta sensación de angustia y de miedo a lo imprevisible, a pesar de la información facilitada por su marido. O precisamente por eso.

Tal y como le había confiado su marido, nada más nacer el pequeño, los familiares de Nasrad habían cogido al niño y habían colocado debajo de su lengüecita una suerte de pasta de dátil, de textura similar a la mermelada, que habían elaborado horas antes, algo que María no había podido ver porque se hallaba exhausta después del esfuerzo que le supuso el parto. Después de siete días, el ritual continuó y fue cuando un familiar le susurró al oído derecho del niño una plegaria en la lengua natal de los allí presentes. María no pudo entender nada, pero su marido le comentó que todo eran parabienes y deseos de un futuro mejor. María no lo tuvo muy claro, pero prefirió no preguntar más. Era una plegaria tradicional y punto.

Después de que todos los miembros de la familia se reunieran a rezar, con la consabida separación entre hombres y mujeres, estas últimas ocupando siempre un lugar por detrás de los hombres, le adjudicaron al pequeño el nombre elegido por Nasrad, Abdulah, y que a María le había parecido bien. A partir de ese momento comenzó la fiesta.

Apareció en escena un hombre al que María no había visto con anterioridad. Creyó entender que no era nadie perteneciente a la familia, sino un amigo que se encargaría de llevar a cabo la ofrenda con motivo del nacimiento de Abdulah, que no era otra que degollar un cordero ante los allí presentes.

La visión de la sangre manando a raudales por la profunda herida del animal le desagradó tanto a María que por un momento temió perder el equilibrio y la conciencia. Pero aquella visión le pareció un juego de niños cuando se percató de que aquel hombre se disponía a untar con la sangre del animal degollado los pies, las manos y también la cabeza de su hijo. Y lo hizo ante una María que se veía superada por los acontecimientos y a la que una extraña fuerza la mantuvo paralizada durante todo el ritual. María no veía el momento de retirarle a su pequeño toda aquella sangre seca que había formado una desagradable costra al contacto con la arena, porque, siguiendo las indicaciones de no supo exactamente quién, tuvo que hacer que las extremidades de su hijo manchadas de sangre tocaran la tierra de aquel lugar.

Sin embargo, esperó a limpiarle para no ofender las creencias y la dedicación con la que los presentes estaban llevando a cabo el ritual de bienvenida a su hijo.

Cuando todos estaban inmersos y entretenidos en la preparación de la comida, abundante como nunca, algo que también llamó la atención de María —quien jamás había visto semejante cantidad de comida desde que llegó a aquel lugar—, se alejó con su hijo en brazos para retirarle en lo posible los residuos de la sangre del animal que aún quedaban esparcidos por sus manos y sus pies. Como no tenía agua suficiente, María decidió limpiarle utilizando su propia saliva.

Así transcurrió la primera jornada festiva con motivo del nacimiento de su hijo. Esa misma noche María le preguntó a su marido cuándo tenía pensado que abandonaran aquel país. Quería que su hijo fuera visto por un médico y ella también lo necesita. Tenía miedo a una posible infección, dadas las condiciones del parto, y quería asegurarse de que el niño no presentara ninguna anomalía. Su marido le prometió que en unos días estarían viajando hacia Londres. El tiempo suficiente para que María se recuperase totalmente y pudiera iniciar el viaje en unas condiciones físicas adecuadas.

Y así lo hicieron.

10

Los días posteriores fueron duros para María. Nadie la visitó ni a ella ni a su hijo para comprobar que todo iba bien y que su recuperación estaba siendo correcta. Al tercer día, María ya se preparaba y se colocaba ella misma la pasta elaborada a base de hierbas, agua y barro que ayudaba a cicatrizar la herida. Sus cuñadas insistían en que la manera en la que trajo al mundo a su primer hijo fue sin duda la mejor. Para convencerla, no dudaron en contarle historias de mujeres que habían fallecido después de ponerse en manos de los matasanos y de los hechiceros del lugar, que eran lo más parecido a un médico que existía en aquellos parajes, aunque aquéllos no tenían ni estudios ni preparación, y basaban su medicina en las tradiciones rurales que se habían mantenido de generación en generación. Incluso una de sus cuñadas se animó a mostrarle la enorme y deforme cicatriz que lucía a lo largo y ancho de su vientre debido a una cesárea que le había realizado uno de estos brujos que aseguró ser médico. Estuvieron a punto de morir ella y su hijo, y de recuerdo aquel impostor le había dejado aquella cicatriz que la acompañaría el resto de sus días para recordarle que un día cometió la imprudencia de ponerse en manos indoctas. Al observar María aquella desproporcionada cicatriz, se consoló pensando que al menos ella no había sufrido complicación durante el parto y que su herida, aunque luciera aquel espantoso estado, la tenía en un lugar oculto. María no volvió a mencionar la posibilidad de una consulta facultativa. Desterró para siempre esa opción hasta su vuelta a Londres.

Su suegra la ayudó bastante en aquellas primeras semanas posteriores al parto. Como María no tenía mucha leche en sus pechos, ya que el niño había nacido demasiado prematuro y su organismo no tuvo el tiempo requerido para producir la leche suficiente para alimentarle, la madre de Nasrad la ayudaba hirviendo leche de cabra que aguaba con un poco de agua y que introducía más tarde en la membrana de una ubre arrancada a un animal para que pudiera hacer las veces de tetina. Esto cubría la escasez de leche materna.

María tenía un sentimiento parecido a la admiración hacia su suegra. Veía lo mal que lo había pasado ella y que seguía pasándolo con el nacimiento de su primer hijo, y pensó en lo que debió de sufrir ella para dar a luz y criar a doce hijos —nueve niños y tres niñas—, y hacerlo, además, en plena trashumancia de un pueblo a otro, huyendo de la guerra, de las ocupaciones y de los problemas que todo ello acarreaba.

Mientras alimentaba a su hijo, María pensaba muy a menudo en su familia. Hacía mucho tiempo que no había hablado con ellos. No había compartido con ningún miembro de su familia su nuevo estado civil ni mucho menos el nacimiento de su primer hijo. Ni siquiera sabían que vivía en Londres, ni mucho menos había tenido ocasión de explicarles su paradero ni su situación. Quería ahorrarles disgustos y preocupaciones y si compartía con ellos su presente, sin duda les alarmaría.

Se pasaba horas pensando en lo feliz que se sentiría su padre al saberse convertido en abuelo. Ése era uno de los alicientes con los que contaba María. Y a él se aferraba con fuerzas y con grandes dosis de ilusión y esperanza. Se prometió a sí misma que en cuanto saliera de aquel lugar, una de sus primeras decisiones sería ir a visitar a su familia a Mallorca. Ya era hora de normalizar su situación familiar. Ahora, con su hijo en brazos, lo entendía mejor que nunca. Ahora sabía lo que significaba cuidar y atender a una familia. Y creyó que había pasado demasiado tiempo sin verles ni dedicarles el tiempo necesario.

11

Por fin llegó el deseado día en el que María se sintió totalmente recu-
perada y pudo dar el visto bueno a su inmediato regreso a casa.
Habían pasado dos meses largos desde que llegaron a Pakistán y
era hora de volver. Nasrad se encargó de realizar todos los trámites
relacionados con el viaje de vuelta.

La despedida fue rápida y amable. María llevaba a su hijo en
brazos y no podía ni quería desprenderse de la sonrisa que presidía su cara.

Viajaron en el mismo coche con el que el hermano de Nasrad
les recogió a su llegada al país. María apenas miró el paisaje que
podía apreciarse a través de la ventana del automóvil. Parecía tener
sólo ojos para su hijo.

Cuando llegaron al aeropuerto, María y Nasrad se despidieron del
hermano, ya que nadie más de la familia les había acompañado.
Tampoco en aquella ocasión hubo beso ni abrazo a María por parte de su cuñado, pero ni siquiera lo extrañó. Esta vez sus brazos
estaban llenos. Y no cabía nadie más.

Cuando llegaron a Londres, una fina pero intensa lluvia les dio
la bienvenida y María no pudo dejar de entenderlo como un buen
presagio. Y sonrió.

Los días posteriores los invirtió en presentar a su pequeño a sus
conocidos. La primera en conocer al primer hijo de María fue su
amiga Julia, que no podía dar crédito cuando conoció en qué condiciones había traído a aquel pequeño al mundo. Y eso que María no
quiso imprimir mucho dramatismo a su relato y decidió ahorrarse
varios detalles que hubiesen escandalizado aún más a una atónita Julia.

—Te dije que serías capaz de cualquier locura por ese amor que
sientes, y veo que no me equivoqué nada —Julia creyó que era el
momento de insistir en su recomendación amistosa—. María, no
he conocido a nadie como tú. Jamás creí que una persona podía
llevar su enamoramiento tan lejos como lo llevas tú. Ten cuidado
con ese amor y hasta dónde puede llevarte.

María estaba feliz. Lucía como madre orgullosa y eso le encantaba. Daba todos los días interminables paseos con el carrito del bebé. Se recorría los parques, las calles, las plazas. Sentía la necesidad de mostrar a su hijo todo lo que aquella ciudad le presentaba ante sus ojos y también ella se sabía en la necesidad de comprobar cada día que despertaba que efectivamente se encontraba en Londres y que la aventura vivida en Afganistán habría quedado atrás. Como un recuerdo. Como un episodio franqueado y superado.

María no olvidó la promesa que se hizo a sí misma estando todavía en Afganistán. Sabía que no quería ni podía tardar mucho más en organizar el viaje que la llevaría a visitar a su familia en Mallorca. No podía dejar de pensar en ellos, sobre todo cuando tenía a su pequeño entre sus brazos. «¿Cómo estará mi padre? ¿Me habrá perdonado por marcharme sin explicarle nada? Seguro que cuando me vea me obsequiará con una de sus charlas sobre la responsabilidad que tanto le gustan y que en igual medida me sacan a mí de mis casillas. Pero se le pasará en cuanto conozca a su nieto. ¡Se va a volver loco!, con lo que le gustan a él los niños. Y mi hermana Rosie, y mi hermano Pedro. Ellos seguro que sí me comprenderán. Ya deben de estar acostumbrados. Son tan buenos. La verdad es que tengo muchas ganas de verles.»

María cogió una agenda marrón que guardaba en uno de los cajones de un pequeño aparador que había en su habitación.

Sabía que allí encontraría el número de su hermana Rosie. Lo sabía desde que llegó a Londres. Lo sabía desde hacía casi siete años en los que había decidido guardar silencio y distancia con su familia. Hubo, sin embargo, muchos momentos en los que estuvo tentada de abrir ese cuadernillo repleto de historias pasadas y marcar aquel número de teléfono que representaba el encuentro familiar. Pero nunca encontró la fuerza suficiente ni la necesidad para realizar finalmente esa llamada. Sin embargo, aquella vez era distinto. Quería hacerla. Necesitaba marcar ese número.

Se apresuró a buscar el teléfono entre las hojas de aquella libreta. Mientras lo hacía, no entendió la razón de su búsqueda porque

María recordaba perfectamente el número de su hermana Rosie. Pero siguió haciéndolo porque creyó sentirse más segura, disfrutaba dilatando en el tiempo el encontrar aquel número y le gustaba verse buscando esa información que llevaba grabada en su memoria desde hacía muchos años. Rosie siempre era la persona que, pasara lo que pasara, María siempre encontraría dispuesta a ayudarla. Nunca fallaría.

María sonrió cuando encontró escrito el número de teléfono. Comprobó el número y vio que su memoria no le había fallado. Por su mente pasaron mil vivencias junto a su hermana que siempre habían comenzado marcando aquel número. Y lo volvió a marcar.

—¿Rosie? Soy María. Soy tu hermana.

Durante unos segundos, sólo pudo escucharse un largo e interminable silencio que hizo temer a María que o bien se había confundido al marcar o que ese número ya no correspondía a su hermana, después de tantos años. Pero no se había equivocado.

—¿María?¿De verdad eres tú? No me lo puedo creer. María, ¿cuánto tiempo ha pasado? ¿Por qué no has llamado antes? ¿Estás bien? ¿Dónde...?

—Rosie, no me hagas más preguntas, que no vamos a tener de que hablar cuando nos veamos. He pensado, si no os parece mal, viajar hasta Mallorca para haceros una visita. Rosie, tengo muchas cosas que contarte. Me he casado y tengo un hijo.

Rosie no sabía si darle la enhorabuena o echarle en cara que no le hubiese dicho nada hasta entonces. Y decidió seguir escuchándola.

—Y quiero que le conozcáis. ¿Qué te parece? ¿Puedo hacerlo?

A Rosie le extraño que su hermana le preguntara por la posibilidad de hacer algo cuando siempre había hecho lo que había creído oportuno sin pedir permiso ni dar explicaciones.

—Pues claro, María. ¡Cómo no me va a parecer bien! Pero ¿dónde estás? ¿Desde dónde me llamas? ¿Dónde has estado durante todo este tiempo?

—Estoy en Londres. Vivo aquí. Pero te he dicho que no me hagas ahora más preguntas. Mira. Me voy a acercar a la agencia de viajes a comprar el billete y cuando sepa qué día y a qué hora llego, te vuelvo a llamar para decírtelo. Por cierto, ¿cómo está papá?

—Está bien. Con sus achaques, el hombre. Pero seguro que se va a alegrar mucho de verte. Igual que todos, María.

—Yo también me alegraré de veros a todos. Te llamo en unos días y te cuento, Rosie. Estoy deseando verte, hermana.

María comenzó a organizar su viaje. Decidió que lo más conveniente sería ir sola, con la única compañía de su hijo y así se lo comunicó a su marido. Nasrad lo entendió perfectamente y accedió al deseo, más bien decisión, de su mujer.

María continuaba sintiendo cierto temor a un posible rechazo familiar, en especial por parte de su padre, por la raza y la religión de su marido. Comprendía que la sorpresa sería excesiva y no quería disgustos, ni discusiones, ni momentos tensos en el reencuentro con su familia. Por eso también determinó no ir con velo a verla. No podía ni realmente quería imaginarse la reacción de los suyos cuando la vieran llegar con aquella indumentaria. Era una historia demasiado larga y complicada de contar para que su familia llegara a una conclusión, seguramente equivocada, ante la simple visión de una María envuelta completamente en un traje amplio y con la cabeza totalmente cubierta. Necesitaba más tiempo y sobre todo ganas para explicarle a su familia el porqué de aquella transformación tan radical. Y la idea tampoco le apetecía mucho. «Iré poco a poco. No quiero prisas. Será mejor.»

Decidió desempolvar sus vaqueros y sus camisetas, aquellas que tanto le gustaban cuando llegó a Londres y por las que se recorría media ciudad en busca de las más bonitas. Pero de poco le sirvió. Se dio cuenta de que la mayoría de aquella ropa había quedado pasada de moda y que después del parto María había cambiado sus medidas y aquella indumentaria le quedaba algo estrecha. Decidió salir a comprarse algo de ropa nueva, aprovechando también para adquirir algún regalo para su familia.

A los pocos meses de su llegada de Afganistán, María volvía a subirse a un avión. Esta vez, con su hijo en brazos y con destino al aeropuerto de Mallorca. Se despidió de Nasrad, quien la había acompañado hasta el aeropuerto y que no dejaba de observarla por la forma en que iba vestida. Pero no era una mirada de desaprobación. Sencillamente, llevaba años sin ver a su mujer vestida de aquella manera y le costaba reconocerla. Pero le hacía gracia.

—A ver si no vas a volver y me abandonas aquí en Londres —bromeó Nasrad.

—Y si fuera así, ¿irías a buscarme como en las películas, para llevarme otra vez contigo? —le siguió la broma María.

—No sé. Vestida así... no sé.

Ambos se besaron y Maria le prometió que estarían en contacto. Estaría con su familia aproximadamente un mes o quizá algo más, aprovechando el buen tiempo que el verano sin duda llevaría hasta la isla.

A María el viaje se le hizo corto teniendo en cuenta que los últimos realizados se perdieron en innumerables escalas que lograban agotarla. Esta vez no. Fue un vuelo rápido y sencillo, lo que agradeció más por el niño que por ella.

El reencuentro con su familia después de tantos años fue cordial y lleno de emociones. Hasta el aeropuerto se habían acercado su hermana Rosie y su hermano Pedro. En casa la esperaba su padre. Rosie le explicó que llevaba unos días que no se encontraba bien y que había preferido quedarse en casa para esperarles.

Cuando por fin llegaron a la casa familiar, María se fundió en un fuerte y largamente extrañado abrazo con su padre. Había imaginado aquel momento muchas veces y de muchas maneras. Pero sin duda aquel instante superó con creces lo que su imaginación había creado para tan conmovedora ocasión. La emoción se multiplicó cuando el padre de María cogió en sus brazos a su nieto. No pudo dejar de besarle, de hablarle, de colmarle de mimos, de observar todos y cada uno de sus movimientos infantiles, de reírse con sus gracias. Le miraba como si fuera un regalo de Dios, como si aquélla hubiese sido la mayor y mejor sorpresa que en su vida hubiera recibido. El padre de María estaba feliz de tener en su casa a su hija y de que ésta no hubiese llegado sola. El nieto parecía haberle devuelto la salud que según su hermana Rosie había ido perdiendo en los últimos meses. No dudaba en tirarse por el suelo para jugar con el pequeño. Se ofrecía voluntario para bañarle, para darle de comer, para vestirle, para sacarle a dar un paseo por la calle. Sencillamente, le encantaba presumir de nieto.

Lo que ya no le gustó tanto, aunque tampoco insistió en que se hiciera demasiado patente, es que su hija, la niña de sus ojos, se hubiese casado con un hombre musulmán. No encajó bien la noticia, pero no quiso que se le notara en exceso. No entendía cómo su hija no se había encontrado a alguien de su misma religión, sus mismas costumbres y con idéntica concepción de la vida. Y eso que Maria no estuvo prolífica en detalles sobre su nueva vida, aunque se lo había prometido a su hermana. Más bien al contrario. No les contó nada sobre su conversión al islam, sobre el uso del velo y mucho menos les detalló su viaje a Afganistán y su experiencia como parturienta primeriza en aquellas tierras. Estaba convencida de que aquello ya no le haría tanta gracia como cuando decía a sus conocidos, medio en broma pero también como manera de quitarle hierro al asunto e ir aceptándolo mejor, «mi hija se ha casado con un moro. Y se acabó. Se ha casado con un moro y punto».

Las semanas pasaron pronto, y María decidió no alargar más su estancia en Mallorca porque echaba de menos a Nasrad. Conversaba con él por teléfono, pero cada vez que lo hacía, se quedaba triste, casi no hablaba y no aparentaba tener muchas ganas de estar con el resto de la gente. Su marido la animaba a quedarse más con su padre y sus hermanos si así lo deseaba, pero ella lo echaba demasiado en falta.

María decidió cerrar su vuelo de regreso y despedirse de su familia. Hubo promesas de llamarse a menudo, de no cortar la comunicación entre ellos, de que no transcurriera tanto tiempo hasta que se volvieran a ver y de hacerlo pronto.

Besó uno a uno a todos los hermanos que habían ido a despedirla al aeropuerto y tuvo que ir recogiendo todos los regalos que le habían comprado sus familiares para que se llevara a Londres, en especial artículos de alimentación.

—Al final voy a ir como los catetos, con tres mil ensaimadas, una encima de otra. ¡Me va a mirar todo el avión como suelo yo hacer cuando les veo entrar con semejante torre de cajas!

Lo más doloroso fue la separación del padre de María y de su recién conocido nieto. A María le dolió y no terminó de entender por qué su padre besaba al niño como si no fuera a volverle a ver en la vida. Pudo apreciar en el rostro de su padre una tristeza de anciano que no había visto nunca con anterioridad. La mirada de su padre le pareció la más triste del mundo y se sintió sobrecogida. Besó a su progenitor y le prometió que volverían a verse muy pronto y que se fuera preparando para viajar hasta Londres porque allí le esperaba su nieto para llevarle de la mano a dar una vuelta.

Aquélla fue la última vez que aquel hombre vio a su nieto. Y ninguno lo sabía.

12

Pasaron meses y a María se le había olvidado toda la batería de promesas que le había realizado a su familia. O al menos no sentía tener tiempo ni demasiadas ganas para poder llevarlas a cabo. Desde que llegó de Mallorca a Londres, María había estaba muy ocupada con el niño y con su vuelta al trabajo, lo que le robaba tiempo y le restaba las energías necesarias para llegar a casa por la noche y no optar por abandonarse y acomodarse en el sillón junto a su marido y olvidarse de realizar esa llamada. «Mañana les llamaré. Total, tampoco hay ninguna novedad que contarles.»

Ni siquiera tenía tiempo material para reunirse con Julia como hacían antes de que su primer hijo naciera. Sus tardes de té con pastas y largas conversaciones se habían convertido en breves lapsos de tiempo, apresurados y sin sentido que a la larga decidieron espaciar aún más hasta convertirlos casi en inexistentes. Apenas se veían a no ser que se encontraran en las escaleras o en alguna calle de Londres, y era entonces cuando decidían compartir un té rápido y hacerse unas cuantas confidencias que no alcanzaban la categoría que tuvieron en tiempos pasados. Pero el cariño permanecía y la amistad sobrevivía al ritmo que habían adquirido sus vidas.

Quizá por eso Julia no supo nada de la llamada que recibió Nasrad y que haría cambiar la vida de su amiga y confidente.

Nada le pudo contar María porque todo fue demasiado precipitado.

Una mañana, Nasrad recibió la llamada de un familiar. No era habitual que nadie le llamara desde Afganistán. Demasiado caro para la economía de aquellos parientes de su marido, que como ella pudo comprobar tiempo atrás, era precaria, nadaba en la necesidad y en una pobreza que a María le seguía pareciendo surrealista. Pero la expresión de la cara de Nasrad mientras escuchaba lo que la voz misteriosa al otro lado del teléfono le decía hizo suponer a María que algo sucedía. Y parecía grave. María tenía en brazos al pequeño Abdulah pero no podía dejar de observar a su marido. Estaba deseando que le hiciera alguna señal, que tapara el auricular del teléfono por el que hablaba para pronunciar alguna palabra que le diera alguna pista de lo que sucedía. Pero nada de esto consiguió María.

Se estaba poniendo nerviosa por momentos y lo notaba. Decidió dejar al niño en el suelo para que se entretuviera un poco con sus juguetes y evitar transmitirle la intranquilidad que iba creciendo por segundos. María se sentó en una silla, justo enfrente de su marido. Necesitaba saber algo. Quería enterarse de la razón de aquella expresión de preocupación que se había apoderado de su marido desde hacía unos minutos. Pero Nasrad no pareció darse cuenta hasta que no colgó el teléfono.

María se le quedó mirando. Como tampoco la inquisición visual que intentaba infundir con su mirada le dio resultados, decidió optar por preguntarle directamente a su marido, antes de que la dominara un ataque de nervios.

—¿Qué pasa, Nasrad? ¿Qué sucede, mi amor? Estás descompuesto desde que has recibido esa llamada.

—María, mi padre se está muriendo. Tengo que ir a Afganistán. Tengo que estar con él. Y tengo que ir ya.

María creyó que el mundo se le caía encima y que no iba a ser capaz de sujetarlo para evitar el desastre. No pudo reaccionar durante unos segundos. No podía pensar con claridad porque cada vez que sus oídos registraban la palabra *Afganistán*, un rosario de desagradables imágenes y malos recuerdos se apoderaban de su mente y le dificultaban poder pensar con claridad. «A Afganistán otra vez, no. Por favor, otra vez no.»

La sola idea de imaginarse de nuevo en esas tierras le hizo estremecerse durante un instante hasta que la nebulosa en la que parecía estar encerrada se rompió al escuchar el sonido de la voz de Nasrad.

—Debo salir cuanto antes, María. No sé la vida que le puede quedar a mi padre. No han sabido decirme. Sólo que está mal y que no son optimistas. Todo el tiempo que pierda puede ser crucial para poder ver a mi padre con vida.

María no quería escuchar aquellas explicaciones. De hecho, no quería seguir escuchando más porque no estaba en condiciones de asimilar todo aquello.

—Esta misma tarde iré a comprar el billete. Viajaré hasta allí y volveré pronto. En una semana, quizá quince días, estaré de vuelta.

María tenía claro que no podía ni quería dejar ir solo a su marido hasta Afganistán. No había conocido durante mucho tiempo aquel país, pero sabía que en cualquier momento podría suceder algo que le detuviera en aquellas tierras y le imposibilitara volver a reunirse con ella. Y a eso no estaba dispuesta. Bajo ningún concepto. No quería separarse ni un minuto de su marido. No podría soportarlo. Prefería volver a Afganistán antes que hubiera una mínima posibilidad de que su marido no volviera. Por eso le formuló su proposición.

—Yo me voy contigo, Nasrad. No estoy dispuesta a quedarme aquí sola con el niño preguntándome si estarás bien o si te habrá pasado algo. Eso me mataría en vida. Y no estoy dispuesta. El niño y yo nos vamos contigo.

—No creo que sea buena idea, María. Ya sabes cómo está allí la situación. Y ahora está aún peor que cuando fuimos la última vez. Creo que deberías quedarte aquí esperándome. Te insisto en que tardaré sólo unos días. No más. Lo que tarde en ver a mi padre y saber qué le ocurre.

Nasrad intentó convencerla, pero la cabezonería de María era algo que ya conocía y le resultó difícil que entrara en razón.

—Ni hablar, Nasrad. Yo me voy contigo. Y no hay más que hablar. Iremos a comprar los billetes y esta tarde haré el equipaje. Estamos juntos en todo. Y esto no va a ser una excepción. Yo de ti no me separo ni loca, ¿lo entiendes? Ni loca.

Esa misma tarde compraron los billetes. Nasrad decidió ir al banco antes de que cerraran sus puertas para retirar algo del dinero que tenían ahorrado. No sabía lo que podía encontrarse en su país natal, desconocía cuáles serían las dificultades y pensó que se sentiría más cómodo y seguro sabiéndose poseedor de un cierto capital que le garantizara un bienestar que, de otra manera, no tendría opción a conseguir.

A la mañana siguiente, emprendían de nuevo viaje a Afganistán. En esta ocasión no comunicaron sus planes de viaje a nadie. Tan sólo llamaron al trabajo para decir que necesitaban un par de semanas libres y así se lo concedieron.

María no podía terminar de creerse que de nuevo se encontrara rumbo a Afganistán. Pero iba con su marido, y eso le compensaba. Mientras facturaban su equipaje, María recordó las palabras de Julia: «Ten cuidado con ese amor, María. Tienes que aprender a controlarlo. Eres una persona que por amor harías lo que fuera. Que irías donde fuera necesario. Y eso puede ser peligroso».

María sonrió y se sintió orgullosa del amor que sentía por Nasrad. Sabía que aquel amor provocaba envidias, admiración y sorpresas por igual.

Lo que desconocía era que ese amor estaba a punto de conducirla a la mayor aventura de su vida.

SEGUNDA PARTE

ENCERRADA EN AFGANISTÁN

1

Después de dos días de viaje en el coche de su cuñado haciendo miles de kilómetros por carreteras de arena y de piedra, el cansancio hacía mella en el rostro y en el cuerpo de María. Pero intentaba no quejarse, no quería complicar aún más las cosas, no quería que su marido creyera que tan sólo era una carga para él. Al fin y al cabo, había sido ella misma la que había insistido hasta la saciedad en acompañar a su marido. No soportaba la idea de estar separada de él ni por un instante. Sólo de pensarlo se ponía enferma. María se esforzaba por aparentar normalidad, como si las situaciones que estaba viviendo fueran parte de su rutina diaria. Pasaba horas y horas convenciéndose a sí misma de que sólo serían unos días, unas semanas a lo sumo, y que pronto se marcharían de allí y regresarían a Londres. «Ya me queda poco. Pronto estaremos en Londres y olvidaremos todo esto. Tengo derecho a vivir de esa manera. Ya me queda poco.» Al menos, eso creía.

Cuando faltaban un par de kilómetros escasos para llegar a la frontera de Pakistán con Afganistán, el cuñado de María paró el coche y lo dejó aparcado en un lugar donde no molestara ni levantara sospechas. Les había recomendado que no cruzaran la frontera con el equipaje encima, si no querían que los militares de la frontera les quitaran la mitad de las cosas que llevaban. Era una práctica habitual que los afganos conocían perfectamente. El pillaje estaba a la orden del día, y los funcionarios lo practicaban con la misma facilidad con que respiraban y sin el menor reparo, ya que estaban convencidos de que sus actos delictivos no recibirían ninguna represalia por parte de ningún organismo oficial o de control. El despotismo en estado puro. Cada funcionario ganaba una cantidad de dinero mensual correspondiente a 20 euros. El sueldo era reducido y por eso no tenían el menor problema de conciencia a la hora de quedarse con algunos artículos que los viajeros llevaban en sus maletas. Y si era dinero lo que en ellas llevaban, mejor que mejor. Todo ello con la garantía de que nadie iba a protestar, que nadie iba a ofrecer resistencia y, por supuesto, nadie iba a denunciar esa tiranía. El verbo *denunciar* no estaba dentro del vocabulario de la realidad afgana.

Nasrad y María no lo dudaron y decidieron seguir los consejos del hermano. Él era el que mejor conocía aquellas tierras. ¿De quién si no iban a fiarse? Llevaban ropa, jerséis, camisetas, calcetines, pantalones y algunos productos, no muchos, para la higiene personal. Y portaban también en su equipaje 7.000 dólares que habían logrado ahorrar con la intención de poder vivir sin muchas dificultades durante el tiempo que planeaban quedarse en casa de los padres de Nasrad. 7.000 dólares era una fortuna en Afganistán, más aún en Kabul, y no podían saber lo que significaba en el pueblo de sus suegros, situado a unos 400 kilómetros de la frontera. «Seguro que no han visto tanto dinero junto en su vida. No lo han visto todo el pueblo junto, no sólo sus padres», pensó María.

Era además el único dinero que tenían María y su marido. No dejaron nada en Londres. Ni un dólar quedaba en los bancos. Pensaron que les haría más falta en Afganistán, y que era preferible volver con el dinero que les restara que no pasar calamidades por su falta. Sabían, gracias a la corta pero suficiente primera experiencia por aquella tierras, que las cosas no estaban bien y querían evitar problemas de escasez, más con un niño a su cargo. Estaban convencidos de que si los funcionarios de la frontera veían toda esa cantidad de dinero, se quedarían con buena parte de ella, y además les obligarían a pagar un porcentaje muy alto en concepto de introducción de divisas para dejarles pasar los 7.000 dólares.

Así que decidieron que lo más conveniente sería hacer lo que les recomendaba su familiar. De hecho, era algo habitual e incluso Nasrad y sus hermanos lo habían hecho en más de una ocasión cuando cruzaban la frontera para comprar comida, ya que en Pakistán era mucho más barata.

—¿Y qué hacemos? ¿Cómo pasamos las maletas, el dinero y la documentación? —preguntó María con más preocupación que curiosidad.

—Como todos —dijo Nasrad señalando con la mirada al nutrido grupo de personas que rodeaban a unos niños de no más de doce años que, con la destreza que da la necesidad y el descaro que otorga el hambre, cargaban en sus carretas el equipaje de los viajeros.

—Nosotros entramos directamente cruzando la frontera y ellos bordean toda la montaña con el equipaje para evitar que pase por el límite fronterizo establecido. Se les da una propina generosa, cuanto más generosa mejor, y se les espera al otro lado. Y así todos contentos: ellos se ganan un dinero que les vendrá muy bien a su familia, y nosotros evitamos que nos desplumen en la frontera. No tiene mayor misterio, María. Estate tranquila, que no va a pasar nada.

María dejó de mirar la extraña escena que tenía ante sus ojos: centenares de personas adultas poniendo sus bienes y confiando sus pertenencias a niños que no levantaban dos palmos del suelo, que miraban a sus confiados interlocutores con la misma dureza en sus ojos que tenían los mercaderes de sesenta años. Dejó de observarla porque su campo de visión estaba ocupado desde hacía unos segundos por la enorme montaña que se suponía tenían que subir y bajar aquellos chavales con los equipajes de los viajeros.

—Nasrad, son niños. ¿Vamos a dejarles a ellos nuestro equipaje, con todo lo que llevamos en él? ¿Van a poder?

A María le pareció una locura, pero desde luego, no sería ella la que dijera nada más al respecto. Se tragaría sus dudas, se ahorraría las preguntas y se aguantaría la inquietud y el miedo que le provocaba toda aquella situación. Estaba en un país donde la mujer callaba y obedecía. Y las había que habían muerto por obviar esa ley máxima. Y por mucho menos.

María se quedó observando durante unos minutos cómo funcionaba el negocio de la montaña. Los hombres regateaban con los niños el precio de llevar su equipaje a través de la montaña. Pudo ver cómo los niños habían desarrollado una maestría inusual para su edad en el manejo de la oferta y la demanda. Tenían una facilidad pasmosa que sólo asombraba a María, porque el resto ya estaba acostumbrado a aquel teje y maneje y observaba todo aquello como si tal cosa. Los hombres negociaban con los niños y las mujeres observaban la escena unos metros detrás. Como siempre. Como debía ser. Como estaba estipulado.

Cuando Nasrad y su hermano se acercaron a la nube de niños transportistas, María se quedó relegada en un tercer o cuarto plano, pero sin perder detalle de todo lo que pasaba ante sus ojos. Y todo era demasiado. María veía cómo su marido y su cuñado charlaban con los niños de forma airada, especialmente con uno, pequeño, el más bajito, moreno pero que parecía ser el que más entendía de aquel curioso negocio. Gesticulaban como si estuvieran contrariados, como si algo no fuera bien, como si aquel mocoso que inspiraba todo menos ternura estuviera a punto de hacer saltar la negociación por los aires. «Demasiado acalorados», pensó María. Llegó un momento donde la tensión fue máxima y el niño que estaba intentando cerrar el trato con Nasrad y con su hermano, en un gesto brusco pero tan natural que pareció estar ensayado hasta la perfección, les dio la espalda y se puso a atender a otros futuros clientes que ya estaban esperando su turno.

Nasrad y su hermano volvieron contrariados. María vio cómo se acercaban hablando entre ellos, y haciendo aspavientos con las manos de no entender nada. Parecían enfadados. Lo estaban. Algo no estaba saliendo como ellos querían.

—¿Qué ha pasado, Nasrad? —preguntó María.

—Nada bueno. Que como somos turistas quieren cobrarnos más, mucho más. En cuanto han visto tu pasaporte de española, te han visto sin velo ni burka ni nada que te cubra la cabeza y se han dado cuenta de que venimos de Londres, quieren exprimirnos todo lo que puedan, estos mocosos desgraciados. Nos piden mucho más que si fuéramos dos simple afganos. ¡Qué país!... siempre igual.

Esta última frase de su marido hizo que María olvidara por unos instantes el problema que se les avecinaba por culpa de su condición de extranjeros, y abandonara sus pensamientos en las dos palabras que acababa de pronunciar su marido: «Siempre igual». A María la embargó de pronto una tristeza que entraba en competencia directa con la impotencia y la incertidumbre que se había apoderado de su estado de ánimo. «¿Cómo va a cambiar el país si los que están haciendo los tratos en la frontera son niños de siete, ocho, como mucho diez años? Cuando crezcan todo será incluso peor. Ya irán con la lección bien aprendida», pensó María.

Cuando María volvió en sí tras poner en orden sus pensamientos, se percató de que Nasrad y su cuñado la miraban, como si llevaran un tiempo esperando alguna respuesta suya, algún tipo de reacción por su parte.

—María, ¿nos has escuchado? ¿Dónde tienes la cabeza? —le requirió Nasrad—. ¿Qué te parece la idea? Creo que al menos así evitaremos que nos timen esos niñatos y que nadie nos robe en la frontera. ¿Qué dices, mujer?

—Vale. Pero explicádmelo otra vez. Es que estoy un poco desconcertada.

María se había quedado corta en la descripción de su estado de ánimo, por no hablar de su estado físico. Estaba desconcertada, sí. Cualquiera lo estaría en su lugar. Pero también estaba perdida, agobiada, al borde de un ataque de ansiedad, muerta de miedo, secuestrada por el pánico, cansada, apesadumbrada, desconcertada, sumergida en un oasis de apatía del que veía difícil salir y del que nadie parecía dispuesto a sacarla. Se sentía fuera de la realidad, quería pensar que aquello no le estaba pasando a ella. No acertaba a entender por qué, quien fuera responsable de ello todavía no le había librado de aquel caos y le había devuelto a su tranquila y en esos momentos, idílica realidad londinense. A la realidad de una muchacha veinteañera occidental y con ganas de vivir y, sobre todo, de disfrutar la vida.

—Es mejor que te hagas pasar por una mujer afgana. Con ese aspecto físico nadie tendrá la menor duda de que eres foránea y no nos va a dar más que problemas, María. Te tienes que poner el velo y también ropa más amplia. Cúbrete todo lo que puedas, sobre todo la cabeza. Así, ni los niños ni los militares de la frontera notarán nada y evitarás que te digan algo. Creerán que eres una más y punto.

—Está bien. Si así podemos salir de aquí —miró a Nasrad esperando encontrar en su mirada lo que siempre encontraba: comprensión y apoyo. Pero en esos instantes, la mirada era de absoluta preocupación, de impaciencia, y María optó, en esta ocasión, por dejar de buscar nada en los ojos de Nasrad—. Ahora mismo me lo pongo. No tardo nada. Quédate con el niño. Así levantaré menos sospechas.

María se retiró unos metros de donde estaba y se dirigió a un lugar apartado que aparentaba ser un laberinto de paredes sin salida, medio derruidas, como si estuvieran intencionadamente diseñadas para el rodaje de una película. Llevaba consigo la nueva indumentaria en una bolsa que apretaba contra su pecho con tal fuerza que hasta a ella misma la sorprendió. Temía algo pero no sabía el qué. Sentía el peligro pero no sabía dónde. «Será el estrés», pensó.

María se cambió rápidamente, apenas invirtió unos segundos en ponerse un vestido amplio de color marrón oscuro, en calzarse unas zapatillas más cómodas, y en colocarse el hiyab sobre su cabeza. Era fino, de color amarillo. A ella misma la sorprendió la destreza que había llegado a adquirir a la hora de ponérselo.

En ese momento su mente se vio ocupada por un recuerdo en forma de imagen: el del primer día que se puso el velo islámico porque así se lo pidió su marido y porque así lo sentía ella, después de haberse convertido al islam, como en ella era habitual, por amor. Fue una noche que invitaron a unos amigos a comer a casa. Eran dos parejas, dos amigos del trabajo de Nasrad y sus respectivas novias. En aquellas cenas las conversaciones siempre versaban de lo mismo: de la situación de sus países, de sus familias, de sus creencias religiosas, del Corán, de sus costumbres. Y fue entonces cuando una de las mujeres le preguntó a María si no había pensado ponerse en velo. María contestó sonriente e ilusionada, como si fuera una niña de seis años a la que le estuvieran preguntando si tenía ya su disfraz listo para la función del colegio, que todavía no, pero que estaba deseando hacerlo.

—Voy a necesitar que alguien me enseñe y me dé unas cuantas clases prácticas si no quiero salir a la calle de cualquier manera con el velo —explicó María.

—Yo misma te enseño. Es más fácil de lo que crees. Si quieres, ahora mismo vamos a tu habitación y te lo muestro. ¿Quieres? —le propuso la novia de uno de los amigos de Nasrad.

María no se esperaba una clase de iniciación en el uso del hiyab tan rápida, pero no pudo negarse a la invitación y asintió con la cabeza.

—Claro. Por qué no. Si es tan fácil como dices, no nos llevará mucho tiempo.

Las dos se adentraron en el cuarto donde dormían Nasrad y María. Allí delante de un espejo y después de unas pertinentes y acertadas indicaciones de la chica, se obró el milagro: María, convertida en una mujer afgana. Y efectivamente no había sido tan complicado. María se sentía feliz y además se veía guapa. Quizá porque sabía que a Nasrad le iba a gustar que la mujer que amaba llevara el velo, como todas las mujeres honradas y decentes en su país, algo que, sin duda, le haría muy feliz. Y de eso se trataba.

—Ahora tienes que acostumbrarte a ponértelo sin necesidad de estar enfrente de un espejo, que te sea tan sencillo como ponerte el abrigo o una bufanda. Más vale maña que fuerza, María.

«Más vale maña que fuerza.» Aquella frase de la novia de un amigo de Nasrad, que le enseñó a ponerse el velo islámico, resonó durante unos instantes en su subconsciente.

María no pudo por menos que sonreír tímidamente, como felicitándose en su fuero interno, sintiéndose orgullosa de haber llegado a necesitar sólo unos segundos para que el velo quedara como debía, como lo haría cualquier mujer musulmana. «Si hay que ser una mujer afgana más, lo seré, y no habrá ningún problema.»

Cuando se disponía a irse, y mientras guardaba su ropa en la bolsa, María se dio cuenta de que en el suelo había un trozo de cristal roto. Era pequeño, puntiagudo, y a juzgar por su estado y por lo sucio que estaba, debería llevar allí tirado bastante tiempo. Dudó unos instantes. Inclinó un poco su cabeza hacia la izquierda, hasta que la pared detrás de la que se encontraba le permitió ver dónde estaban Nasrad y su cuñado, y lo que hacían. Les vio esperando, hablando de sus cosas, metiendo la mano en el bolsillo del pantalón y sacando papeles que se intercambiaban y mirando su equipaje una y otra vez como si hubiera algo que no entendieran. Como les vio entretenidos y no observó ningún movimiento que alertara de un estado de nerviosismo, María volvió a situarse detrás de la pared y miró de nuevo aquel vidrio cristalino que parecía como si alguien lo hubiese colocado allí en forma de tentación de pecar. No sabe por qué se sintió como Eva frente a la manzana que le ofreció la serpiente en el Paraíso. «Qué tontería. No creo que esto pueda considerarse precisamente un paraíso», pensó.

Dudó durante unos instantes, pero María se atrevió. Se deshizo de todos los fantasmas que merodeaban por su mente diciéndole cada uno una cosa distinta y decidió coger aquel trozo de espejo y situárselo enfrente de su cara. Cuando esperaba que su imagen le fuera devuelta, tuvo que pasar su mano por la superficie del espejo porque no se veía nada de la suciedad que había acumulado. Y ahí estaba ella: una española convertida en una mujer afgana por amor a un hombre. Se quedó mirándose unos instantes. No vio si estaba guapa o fea, triste o alegre, si tenía buena o mala cara, si había signos de cansancio en su cara o si habían desaparecido las ojeras que se habían adueñado de su orondo rostro desde hacía dos días. No se percató de si los ojos le habían dejado de llorar o seguían dando ese aspecto vidrioso que se había apoderado de ellos desde que bajó del avión en Pakistán. No vio nada de eso. Sólo vio a una mujer afgana. De eso se trataba. Y quedó satisfecha.

María se apresuró a meter toda su ropa en la bolsa, e hizo lo propio con aquel pedazo de espejo. No sabía exactamente por qué se apropiaba de él, desde luego no era el recuerdo ideal ni el souvenir más apropiado para llevarse, pero lo único que sabía es que se lo quería llevar consigo.

Cuando estaba llegando al lugar donde le esperaba su marido, notó que los ánimos se habían tranquilizado un poco. Nasrad ya no tenía esa crispación en sus ojos, lo que sin duda tranquilizó a María. Ella pensó que el cambio en el estado de ánimo quizá se debía a verla con el velo islámico, porque así lo podrían ver también los demás. Y la visión de «los demás» era muy importante en el país en el que estaban a punto de entrar.

—Así está mucho mejor —le confesó Nasrad a su mujer—. Incluso si te cubres algo más el rostro, si sólo te dejas los ojos al descubierto, te sentirás mejor. Mira cómo va el resto —señaló Nasrad a un grupo nutrido de mujeres ataviadas todas ellas con el conveniente burka. Aquella visión horrorizó a María. «Dios mío, cómo pueden andar con esa cosa puesta. Qué horror.» Así que María decidió extender el dominio del velo sobre la casi totalidad de su rostro. Realmente no le importó. Sólo quería cruzar esa frontera, llegar al pueblo de Nasrad, pasar lo mejor posible su estancia allí y volverse rápidamente a su casa en Londres.

—Cruzaremos los tres juntos la frontera. Así levantaremos menos sospechas. La documentación y el dinero irán en el equipaje. No quiero tener que darles ni un dólar a esos militares. Nos ha costado demasiado ganarlos —dijo Nasrad, tan convencido de que todo aquello parecía realmente fácil y que nada de lo que estaban a punto de acometer entrañaba dificultad ni riesgo alguno—. Ahora ya estamos listos.

—Yo sigo pensando que sería mejor que yo fuera con el equipaje... por si acaso —comentó el cuñado.

—No habrá ningún problema. Al chaval le hemos dado una buena propina y sabe que cuando nos devuelva el equipaje al otro lado, le espera otro buen pellizco. Y sabemos quién es. Nos hemos quedado con su cara. No hay riesgos. Además, nos vendrá bien que nos acompañes. Hace mucho que no entro en este país. Cuando vinimos la otra vez nos quedamos en la frontera, a pocos kilómetros de donde estamos ahora. Y quizá no conozca tan bien a los afganos como yo creo. Me sentiré más seguro si estás a nuestro lado, hermano.

2

Por fin llegó el deseado momento. El momento en el que se disponían a cruzar la frontera. María estaba nerviosa. Todo aquel revuelo la intimidaba. Nunca le habían gustado las aglomeraciones de personas y mucho menos la intimidación que suponía toda fuerza de seguridad. Agradeció llevar un vestido amplio porque así nadie podría darse cuenta de que le temblaban las piernas desde hacía un buen rato. María rezaba porque no le entrara la tiritona propia del nerviosismo que le solía entrar y que le hacía chocar sus dientes sin atisbo alguno de poder controlarlo, lo que dejaba escuchar al que estaba al lado un curioso tintineo de dientes que a sus amigas les hacía gracia.

Mientras avanzaba en la cola para cruzar la frontera, María y Nasrad no hablaron mucho. Quizá porque pensaban que el silencio haría pasar más rápidamente el tiempo. Cuando tan sólo quedaban dos o tres personas para que les llegara a ellos su turno, Nasrad miró a María y le dijo:

—No te preocupes, María. Todo va a salir bien. Tú calladita, déjame hablar a mí. Ni te mirarán. Y si te cubres aún más el rostro, dejando visibles sólo los ojos, mejor que mejor, María. Más tranquilos. Y mejor nos saldrán las cosas.

María asintió y obedeció. Él nunca sabría lo que María agradeció sus palabras en ese momento. Hubiese preferido poder abrazarle, besarle, sujetarse fuertemente a él y no separarse de su cuerpo ni un centímetro. Pero en aquel instante, esas palabras fueron el mejor bálsamo para los sentidos de María. «No te preocupes, María. Todo va a salir bien.» No hubiera habido valeriana suficiente en todo el mundo que hubiese podido calmar con el mismo acierto con que lo hicieron las palabras de Nasrad. En ese momento María respiró fuerte y profundamente, y supo que no se había equivocado. Que ni el corazón ni la cabeza la habían traicionado, que no era cierto el velo que la sombra de la duda había dejado caer sobre ella desde que salieron de Londres con destino a Afganistán. Que aquél era el hombre de su vida, que la persona que la miraba con aquellos ojos negros que traspasaban todo lo que se le pusiera por delante y que en más de una ocasión le había dejado sin respiración era el amor de su vida, y que eso sería siempre mucho más fuerte que cualquier contratiempo o que cualquier problema que pudiera presentarse. María notó cómo la embargaba en ese momento una extraña sensación de tranquilidad, de seguridad en sí misma.

No tardaron mucho en llegar al lugar exacto donde estaban los militares. Nasrad y su cuñado tomaron la iniciativa y eran los encargados de contestar a las preguntas rutinarias pero incisivas que formulaban los soldados. Daba la impresión de que aquellas personas serias y desagradables en el trato eran conscientes de lo que su sola presencia solía motivar en la persona que tenían enfrente y disfrutaban imponiendo ese miedo que podían notar en los ojos sus interlocutores.

María asistía a aquella escena como si estuviera fuera de ella, como si permaneciera metida en una burbuja que le permitía ver todo lo que pasaba a su alrededor pero no tener contacto directo con ello. Sentía como si hubiese salido de su cuerpo y estuviera observando todo aquello desde otra realidad alejada y segura. Intentaba seguir la conversación que mantenían su marido y su cuñado con los militares de la frontera, pero su desconocimiento del idioma se lo imposibilitaba. Sin olvidar que no era nada conveniente que el personal de la frontera advirtiera que María no era una mujer afgana, porque entonces los problemas aumentarían y ninguno de los tres estaba en disposición para manejar la situación si esto ocurriese. Por eso María se limitó a bajar la cabeza, a mirar al suelo y a sujetar a su hijo de la mano con fuerza.

Después de unos minutos, que a María se le hicieron interminables, sempiternos y pesados como nunca en su vida, los tres alcanzaron el deseado «otro lado». Por fin estaban en Afganistán y todo había salido según lo planeado. Ahora sólo cabía esperar al niño transportista que les traería sus pertenencias y después, encaminarse rápido a la casa de los padres de Nasrad para ver cómo seguía su padre de su enfermedad.

—¿Tardará mucho? —preguntó María con cierto temor de que la respuesta fuera afirmativa.

—Un poco. Tampoco puede ser muy rápido. Mira cómo es la montaña, María —le señaló Nasrad—. Costaría subirla y bajarla sin bultos, imagínate con ellos. Pero pronto estará aquí. Quizá una hora. Dos a lo sumo.

Se sentaron junto a unas piedras que alguien habría puesto junto a uno de los lados del camino. El cuñado de María fue a por unas botellas de agua, para hacer más soportable la espera. Hacía un calor sofocante, un bochorno asfixiante, nada que ver con el clima al que estaba acostumbrada María. El polvo que levantaban las miles de personas que cruzaban la frontera durante todo el día se pegaba a la piel y se metía hasta los pulmones, con lo que la tos era continua y seca. Tan seca que la garganta se convertía en un enorme desierto que impedía algo tan cotidiano como tragar saliva sin que ello supusiera un dolor denso y cerrado que subía desde la garganta hasta los oídos. María pensó que tampoco se diferenciaba tanto Afganistán de Pakistán: la tierra era la misma, la arena y el polvo se metían en los ojos y en la boca con la misma facilidad, y el paisaje, si a eso se le podía llamara paisaje, era el mismo.

María permaneció callada durante gran parte del tiempo. Nasrad y su hermano todavía se cruzaban alguna palabra, aunque a juzgar por el nulo entusiasmo de las respuestas, no se trataba de nada trascendente. María sentía cómo el cansancio la invadía poco a poco. Notaba cómo los hombros se negaban a mantenerse rectos y se venían abajo, y la espalda renegaba de su postura erguida. El cuerpo le pesaba, los pies se le habían hinchado por momentos. La presión que sentía en los riñones y en su costado derecho debido a la postura que adoptaba cuando cogía en brazos a su pequeño y el cansancio generalizado le impedían siquiera tener hambre o sed, a pesar de que llevaba bastante tiempo sin ingerir alimento alguno. María batallaba para que no se le cerraran los ojos y no siempre lo conseguía. Seguramente a ello ayudó bastante la continua y monótona visión de un grupo de personas haciendo lo mismo de manera mecánica, como si tampoco pensaran mucho en lo que hacían: cruzaban la frontera, recogían los bártulos, pagaban a los niños transportistas y se encaminaban con paso ligero en dirección contraria a la frontera que acababan de cruzar, desvaneciéndose, al cabo de unos minutos, la imagen borrosa que inconscientemente proyectaban, tras una nube de polvo. María pensó que parecían más un rebaño de ovejas que un hatajo de personas. Y por un momento pensó en cómo serían vistos ellos.

Unas palabras pronunciadas por su cuñado sacaron a María de su letargo, en el que sin saber por qué llegó a encontrarse hasta cómoda.

—Esto ya no es normal —dijo el cuñado de María con la seriedad labrada en su rostro y pasándose su mano ruda y grande, herencia de su trabajo en el campo, desde la frente al cuello, bordeando toda su cara, como queriendo borrar el semblante de preocupación que la inundaba—. Está tardando demasiado. No es normal. Algo pasa.

María se dio cuenta entonces de que había anochecido. Su estado de semiinconsciencia anterior provocado por el pertinaz cansancio había durado demasiado y no le había permitido darse cuenta de que el tiempo corría a velocidad de la luz, la misma luz que había desaparecido casi en su totalidad.

Entonces fue cuando tomó conciencia de la realidad. Habían pasado ya cinco horas desde que cruzaron la frontera. Todos los que habían cruzado junto a ellos esa línea divisoria se habían ido y probablemente a esas horas estarían en su lugar de destino. Todos menos ellos. Una mezcla de intranquilidad e impotencia comenzó a apoderarse de María, que se levantó dando un respingo de la piedra rectangular donde se había acomodado hace cinco horas sin apenas darse cuenta.

—¿Dónde está el chico? —preguntaba alterada María mirando indistintamente a Nasrad y a su cuñado—. ¿Dónde están nuestras cosas? —María sintió como las entrañas le ardían y el estómago escalaba por su interior hasta alcanzar la garganta con el justificado propósito de salir al exterior y engullir a alguien—. Nasrad, tenemos en esas maletas 7.000 dólares y nuestra documentación, nuestros pasaportes. 7.000 dólares y documentación, Nasrad, que necesitamos, que necesitamos si no queremos morirnos de asco en este país, y que ese mocoso no puede robarnos, ¡porque le mato! ¡No puede! ¡No puede! —María sentía que los ojos se le salían de las órbitas y por la expresión que lucía Nasrad en los suyos, estaban a punto de conseguirlo—. Nasrad, contéstame y dame alguna explicación antes de que me caiga redonda aquí mismo con tu hijo, que llevo en brazos desde que salimos de Londres.

—Tranquilízate, María, le habrá pasado algo, algún contratiempo en la montaña. Seguro que está a punto de bajar. Pero, sobre todo, tranquilízate —le espetó Nasrad.

Ni él mismo se creía lo que le estaba intentando vender a su mujer. Por supuesto que no era normal. Por supuesto que algo iba mal. Muy mal. Y por supuesto que si aquel mocoso que no levantaba tres palmos del suelo se había dedicado a husmear entre el equipaje y hubiese encontrado toda aquella cantidad de dinero y, sobre todo, la documentación, lo último que iba a hacer era bajar a entregarlo a sus legítimos dueños. La necesidad de los habitantes de aquel país, la pobreza que les comía desde pequeños y la desesperación por conseguir una vida mejor sin tener medios ni recursos para poder alcanzarla no dejaba lugar a locuras de ese tipo. No había sitio para la honradez. Había que estar muy loco.

Con esa cantidad de dinero, con 7.000 dólares, aquel niño que vestía harapos, a quien la suciedad le comía el pequeño cuerpo, quien lucía cicatrices por toda su piel como si fueran medallas de guerra y quien mostraba los callos de sus manos como garantía de trabajador curtido en mil encargos, podía considerarse un nuevo millonario en Afganistán. Y eso no sería todo. La documentación encontrada le podía suponer, y de hecho le suponía, su pasaje a otro mundo mejor, a un mundo soñado desde pequeño... desde más pequeño. Un pasaporte en Afganistán no tenía precio. Era sencillamente un sueño imposible. Un pasaje al paraíso. La posibilidad de salir de la miseria, del trabajo forzado, del hambre, de la necesidad, del futuro incierto, y conocer nuevos mundos.

En el peor de los casos, aquella documentación significaba dinero, mucho dinero. La posibilidad de vendérselo a alguien que lo necesitara con urgencia, con premura, con angustia, con auténtica desesperación, cuanto más mejor, porque mayor sería el valor y, por supuesto, el precio de ese documento. Era el momento deseado por todos y aquel niño lo tenía a su alcance. Él lo tenía en su mano, él era el artífice, él podía cambiar su vida y la de su familia, que le estaría esperando en casa para ver cómo le había ido el día. Él era el protagonista de ese momento. Y él no iba a bajar de la montaña para devolvérselo a sus dueños. No sabrían apreciar nunca lo que significaría la renuncia del tesoro encontrado. Nunca la gratitud sería suficiente para compensar el tirar por la borda la oportunidad de su vida. Aquel mocoso, aquel niño de doce años, aquel crío que sería parte del sustento de la familia, aquel chaval tenía ante sí la posibilidad de empezar una vida. Y también de acabar con la vida de otras tres personas: María, Nasrad y su hijo. Aquel chico de doce años no lo sabía. Pero tampoco le importaba.

Cuando la realidad se hizo pesada como una losa y cayó sobre ellos, cuando ya no había lugar para la esperanza, ni para las falsas conjeturas, Nasrad se arrodilló para quedar a la altura de su mujer, sentada en una piedra y con el niño en sus rodillas, y le habló.

—María, amor. Hay que ser fuerte. Nos han robado, se han quedado con nuestro dinero, y con nuestras pertenencias. Y lo que es peor, con nuestra documentación. No nos han dejado nada más que lo puesto. Nos complican las cosas, María, pero estamos juntos. Hemos superado muchas cosas, cariño, y esto también lo superaremos. Verás como todo se arreglará. Sé fuerte. Hazlo por mí y por nuestro hijo. Te quiero —le susurró Nasrad casi al oído.

María deseaba más que esperaba un beso como broche final de todo aquel discurso de su marido, pero no llegó. Estaban en tierras afganas. Demasiada gente mirando, incluso su cuñado no entendía, en su foro interno, por qué Nasrad le tenía que dar tantas explicaciones a su mujer. Les han robado, hay que seguir y punto. Sin más contemplaciones.

A estas alturas, e ignorando lo que se le venía encima, María ya había aprendido a aceptar el destino tal y como le venía dado. Con sus injusticias, con sus contratiempos y con sus sinrazones. María hizo lo imposible para recomponerse y para aguantar el llanto. Estaba acostumbrada a acallarlo hasta la noche, cuando decidía soltarlo todo, aprovechando el sueño profundo de su marido y la complicidad que suele ofrecer la oscuridad y el silencio. Lloraba y lloraba hasta quedarse vacía, completamente seca, hasta que la congestión nasal ocasionada por tantas lágrimas y la opresión que sentía en las sienes y en el centro de la frente, como si la estuvieran apretando con una piedra, le hacía incorporarse durante unos segundos para poder respirar, y luego caer rendida y abandonarse en los brazos de Morfeo, ya que no quería despertar a su marido para abandonarse en los suyos, como hacía todas las noches desde que se conocieron.

María no tenía capacidad para pensar en más allá que en el robo del que acababan de ser víctimas. Sin dinero y sin documentación iba a ser mucho más difícil realizar una pronta, fácil y segura salida del país. Quizá tendría que quedarse algo más en Afganistán. Acarició la cabeza de su hijo, una y otra vez, y miró a su alrededor fijando la vista en la especie de desierto rocoso que tenía ante sí. Cogió a su hijo en brazos y emprendió camino junto a su marido y a su cuñado. Le quedaban por delante muchos kilómetros que realizar en el coche del hermano de Nasrad. Tenía ante sí una noche larga y un rosario de experiencias que no era capaz de imaginar. Por un instante, se percató de su andar pesado, de su indumentaria, y de su situación con respecto a Nasrad y a su cuñado, un metro o dos por detrás de ellos, y se volvió a sentir mujer afgana. «Ahora sí que lo soy. Nadie puede dudarlo.» De eso se trataba.

3

No sabría decir María cuántas horas habría permanecido recostada sobre el asiento, en la parte trasera de aquel coche incómodo, viejo, destartalado y con un olor fuerte y desagradable impregnado en todo el interior, que dejaba adivinar una mezcla de gasolina, plástico quemado y arcilla mojada, olor que después de tantas horas llegó a alojarse en la garganta de María, convirtiéndola en un territorio áspero y seco. María intentó tragar un par de veces, pero desistió al comprobar que aquella operación fisiológica, tan nimia en cualquier otra circunstancia, le resultaba toda una proeza que no era capaz de alcanzar con éxito. Y cuando lo lograba, un sabor desagradable que procedía de la tráquea se le instalaba en la cavidad bucal y sentía como el estómago se le revolvía, dando la impresión de que cobraba vida propia y se negaba a responder a las órdenes de su cerebro, al cual le obligaban constantemente a quedarse quieto y no alterarse demasiado. Sin duda, las numerosas curvas que marcaban el trayecto desde la frontera de Pakistán con Afganistán hasta la capital, Kabul, no ayudaron a que su estómago se quedara en el mismo lugar donde siempre había estado.

Así que, ante semejante panorama, María optó por intentar permanecer en la misma posición, sin moverse, sin tragar, sin abrir los ojos. Sin pensar.

Desde luego fueron muchas horas en esa misma posición, pero el cansancio, los nervios y el sofocón del robo del dinero y la documentación por parte de un mocoso que no levantaba un palmo del suelo habían sumido a María en un sueño superficial, intranquilo y tan frágil que cualquier bache en el camino, que eran muchos, o cualquier palabra pronunciada por su marido o por su cuñado, la obligaba automáticamente a levantar sus pesados párpados, y a observar por la ventanilla, cubierta de arena, barro y lo que parecía una suerte de restos orgánicos de algún pájaro, el paisaje natural del que sería su país durante un tiempo: arena, grandes rocas, polvo denso y piedras. Eso era todo. Eso era, para María, la nada.

Por fin llegaron a Kabul. Estaba amaneciendo, pero María no estaba para dejarse llevar por detalles que, en otro momento y en otras circunstancias, quizá le habrían llevado a mirar a Nasrad con complicidad y a esbozar una tímida sonrisa.

María continuaba sin moverse, permanecía inerte en la parte trasera del coche. Sólo el vaivén del vehículo, que hubiese jurado, a juzgar por los bruscos zarandeos del vehículo, que no contaba con los correspondientes amortiguadores, desplazaban su cuerpo y en especial su cabeza de un lado a otro, de izquierda a derecha. María pensó por un momento que la inercia de su cuerpo debía de estar proyectando una imagen similar a la de aquellos perros de juguete que ponen algunos conductores en la bandeja trasera del coche y que mueven la cabeza a un lado y a otro dependiendo del movimiento de la máquina.

En un momento, el coche paró. María tuvo la misma sensación que cuando era pequeña y su padre las llevaba de excursión a ella y a sus hermanas. Cuando María se había abandonado a la duermevela, su padre decidía parar para tomar algo en algún bar de carretera, y entonces ella prefería hacerse la dormida, antes de salir a tomarse un vaso de leche caliente en un local lleno de personas que estaban de paso. Tuvo la misma ocurrencia que entonces, pero el sonido de una voz nueva hizo que cambiara de opinión y logró trastocar sus planes de hacerse la dormida. Abrió los ojos y pudo observar cómo Nasrad y su cuñado hablaban con alguien que llevaba una especie de tienda de campaña de tela que lograba cubrir todo su cuerpo y le otorgaba un aspecto fantasmal. Era de un color azul, tenía una especie de rejilla a la altura de los ojos y María observaba como la persona que estuviera debajo de aquellos metros de tela intentaba mirar entre las ventanas del coche para adivinar quién era el ocupante de la parte trasera.

En ese momento, María se incorporó y pensó que lo más oportuno sería salir de aquel vehículo. Se sentía observada y la situación, lejos de agradarla, la incomodaba. Le costó incorporarse. Demasiado tiempo en una misma postura y además incómoda, pero lo consiguió y finalmente abrió la puerta del coche. En un primer momento lo agradeció, ya que al salir y posar un pie en la tierra, María pudo notar como una fina ráfaga de aire chocaba cálidamente sobre su rostro desnudo y por unos segundos lo agradeció. La sensación le duró poco. Enseguida pudo escuchar una voz que procedía del interior de aquel trapo de inmensas dimensiones. «Será mejor que te vuelvas a meter en el coche. No vas tapada y corres peligro. Y nos lo haces correr a nosotros.»

María pudo constatar que aquella voz procedía de las cuerdas vocales de una mujer, pero lógicamente no entendió ni una sola palabra de lo que le había dicho. María buscó ayuda en la mirada de Nasrad, que no tardó mucho en traducírselo:

—María, ella es mi hermana. Dice que es mejor que vuelvas al coche. No vas tapada y corres peligro. Y nos lo haces correr a nosotros. Será mejor que le hagas caso.

María no entendía nada. No es que esperase un recibimiento apoteósico ni glorioso, se hubiese conformado con un abrazo y un par de besos y el recurrente saludo de «bienvenida a Kabul, ¿qué tal el viaje?». Pero en vez de esto, encontró una invitación nada cálida y provista de cierto acaloramiento a volver dentro del coche en el que había pasado las últimas siete horas.

Sin saber muy bien por qué, María obedeció inmediatamente y volvió a introducirse en el automóvil. De nuevo ese olor seco y profundo, que volvió a alojarse en su garganta... y esta vez le provocó una tos seca. Al instante entraron Nasrad y su cuñado en la parte delantera del coche y la mujer cubierta por el enorme paño se alejaba unos metros hasta entrar en un local.

María no pudo ni quiso darle tiempo a su marido para que le explicara y enseguida le preguntó.

—¿Pero qué sucede, Nasrad? ¿Qué pasa? No entiendo nada. ¿Ésa es tu hermana? ¿Y por qué me dice que me meta en el coche nada más salir? ¿Y ahora por qué se ha ido? ¿Me puedes explicar qué demonios sucede? —María no sabía si aquella situación surrealista la divertía, la molestaba o la desconcertaba, pero no alcanzaba a unir las piezas de aquel puzle que le desbarataba por momentos.

—María, esa mujer es mi hermana. Y lo que sucede es que estamos en Kabul. Y aquí las mujeres van tapadas con el burka porque si no, su vida corre peligro y la de sus acompañantes también —Nasrad le hablaba como si María tuviera tres años y se hubiese olvidado de algo muy importante que le había dicho con anterioridad un adulto, cuando en realidad ella no sabía ni entendía nada de lo que estaba pasando.

—María, esto es otro mundo. No tiene nada que ver con lo que podemos conocer fuera. Es mejor que aquí hagas lo que te dicen. Es por tu bien y por tu seguridad. Las cosas están complicadas para todos en este país, pero en especial para las mujeres. Pero no quiero que te preocupes, sólo que pongas atención, que estés atenta a lo que te dicen. Nada más. Mi hermana te ayudará.

Al pronunciar estas últimas palabras, Nasrad miró a través de la ventanilla del coche, y al ver que su hermana, que seguía cubierta por aquel trozo de tela gigantesca, salía del local donde había entrado minutos antes, hizo un ademán con la cabeza en forma de señal para que María mirase.

—¿Ves? Te ha comprado un burka.

—¿Que me ha comprado un burka? ¿Y yo me tengo que poner eso, Nasrad?

—Va a ser mejor, María. Por tu bien. Si no quieres o te cuesta ponértelo, no lo hagas. Pero se darán cuenta de que eres extranjera, y podríamos tener problemas. En especial tú.

En ese momento su cuñado dijo unas palabras en su lengua natal que Nasrad tradujo después de mirarle con cierta preocupación.

—Dice mi hermano que aquí la vida de un extranjero puede ser moneda de cambio para muchas cosas. Te pueden secuestrar y si no logran el dinero o el material que quieren, te pueden matar —Nasrad miró fijamente al suelo del coche durante unos instantes e inmediatamente levantó la vista hasta dar con los ojos de María y mirándola atentamente le dijo—: María, ponte el burka.

A María le dio la impresión de que Nasrad no le había traducido todo lo que su cuñado le había dicho, pero decidió no preguntar más y confiar en la capacidad de síntesis de su marido.

Cuando la hermana de Nasrad entró en el coche, se sentó al lado de María. Después de mirar a un lado y a otro, se levantó tímidamente la tela que le cubría enteramente el cuerpo. Fue la primera vez que María pudo verle la cara a la hermana de Nasrad. Le sorprendió que no se pareciera a su marido. Pudo ver que era de piel tostada, que tenía unos ojos negros enormes, que llevaba el pelo largo y recogido en una especie de cola que descansaba a la altura de la nuca y que su expresión denotaba cierta simpatía, quizá porque la acompañó con una sonrisa que dirigió a María. Pronunció unas palabras en aquella lengua que María no lograba entender. Le acercó un paquete a María y volvió a taparse apresuradamente con aquel trapo.

Aunque María no podía dejar de mirar a aquella persona que se había sentado al lado, tuvo que mirar a su marido, que ya había comenzado a traducirle lo que su hermano le había dicho.

—Dice que es un placer conocerte. Y te que te ha comprado un burka para que te lo pongas. Quizá no te quede bien, pero mi hermana dice que no sabía muy bien tus medidas. Pero que no te preocupes, que ya habrá tiempo de hacerte otro a tu medida.

A María no le sonó demasiado bien esta última apreciación de Nasrad. «¿Ya habrá tiempo? ¿Qué tiempo? ¿Es que nos vamos a quedar mucho más tiempo en este lugar?» Pero en esos momentos prefirió dejarse llevar por la situación, que lejos de parecerle peligrosa, como antes le había advertido su marido, casi rozaba lo divertido. Abrió con cierta emoción aquel paquete que le había entregado la hermana de Nasrad. En él había un burka, de una tela parecida al que llevaba la hermana y del mismo color azul. Más tarde le explicaría que había distintos colores de burka: el verde para las mujeres militares, el blanco, para las enfermeras y también para las niñas, el negro, para las mujeres viudas y el azul, que era el más habitual y el que más se veía en las calles.

María desplegó aquel pedazo de tela en la medida que pudo, ya que las dimensiones del vehículo no dejaban lugar para casi nada. A continuación, observó atentamente a los que la acompañaban con una mirada llena de preguntas. La hermana de Nasrad le indicó por gestos que se lo pusiera. María sonrió, asintió con la cabeza y respondió a su requerimiento.

Cuando se lo puso, pudo notar el tacto áspero y rudo de aquella tela con su piel. María se quedó quieta, con los ojos abiertos durante unos segundos y casi conteniendo la respiración. Y soltó una carcajada.

—Nasrad. ¡No veo nada! ¿Qué es esto? Pero ¿por dónde miráis aquí dentro? —decía en voz alta María, que no hacía más que dar vueltas a aquella tela y lo único que lograba era empeorar las cosas.

Ni la hermana de Nasrad ni su cuñado lograban entender por qué María se reía después de haberse puesto el burka y la expresión de sus caras evidenciaba este desconcierto. Nasrad llegó a sentirse un poco incómodo ante esa situación, que María no alcanzaba a entender, y menos debajo de esa tela que le impedía ver nada ni percatarse de las miradas que unos y otros se intercambiaban dentro del coche.

—Pero ¿dónde están los cuadraditos? ¡Es que no los encuentro! —seguía preguntando María en un tono amable y casi divertido, mientras no dejaba de moverse ni de darle vueltas a aquella tela, buscando un orificio por el que poder salir o al menos asomar alguna extremidad.

—Espera, mujer, es que no te lo has puesto bien —Nasrad no sabía tampoco por dónde empezar a ayudar a su mujer. Sus dedos se perdían entre tanta tela y los de María tampoco ayudaban mucho. Finalmente entre tanto forcejeo, María quedó de nuevo con la cabeza despeinada como si estuviera recién levantada de la cama y con parte de su cuerpo al descubierto. Entonces pudo darse cuenta de la seriedad que imperaba en los rostros de los que la acompañaban en aquel coche, incluido el de su marido.

—¿Quéééé? Es la primera vez que me pongo una cosa de éstas. No querrás que muestre un dominio sorprendente. Alguien me tendrá que decir cómo se pone.

Nasrad miró a su hermana, que intentaba poner orden en aquel amasijo de pliegues en el que se había convertido el burka de María, que minutos antes lucía bien doblado y planchado. La hermana miró a María y forzando una sonrisa que a María le pareció menos sincera que con la que le obsequió con anterioridad, le indicó pacientemente la parte del burka que correspondía a la cabeza. Le señaló mediante gestos lo que María había llamado instantes antes «cuadraditos», que era lo que les permitía ver algo, y finalmente se lo colocó sobre su cuerpo, con la misma facilidad con la que se impone una corona. «Más vale maña, desde luego. Ella llevará años poniéndoselo. Así cualquiera», pensó para sus adentros María.

Aquella vez María logró ponerlo en su sitio y la situación ya no le hacía gracia ni le parecía tan divertida. Ahora que el burka estaba bien colocado, no le gustaba imaginarse su imagen desde el exterior. Y mucho menos el torbellino de sensaciones que le recorrió su interior. Se sentía presa, enjaulada. Era como si alguien la hubiera atado o amordazado dentro de un saco de patatas, a juzgar por lo hosco que resultaba al tacto aquella tela que ahora la cubría por entero y que no tardaría en convertirse en su segunda piel. No podía respirar normalmente y notaba como por momentos le faltaba el aire. Notaba una presión en la cabeza, como si alguien le hubiese puesto un cubo pesado sobre ella y se lo hubiese encajado a conciencia. La tela le picaba, la notaba áspera y ruda en contacto con su piel. Las piernas y los brazos parecían haberse quedado paralizados, no respondían a los deseos de María de salir corriendo de allí. Por unos instantes, pensó en arrancarse el burka y respirar profundamente. Pero algo se lo impedía. Además, aquella tela desprendía un olor nuevo y raro para María, y eso entorpecía el normal ejercicio de la respiración.

El silencio reinó durante unos segundos, quizá minutos en aquel coche. Hasta que unas palabras en aquel idioma imposible para María la despertaron de su atolondramiento y la hicieron ser más consciente de lo que sucedía y de la situación en la que se encontraba.

Al tiempo escuchó la voz de su marido.

—María, ¿estás bien? —Sin esperar respuesta, Nasrad continuó—: Dice mi hermana que no te agobies, que al principio impresiona pero que te acostumbrarás. Dice que es un poco complicado, pero que esa sensación pasa pronto y que llega un momento que ni lo notas.

Era la primera vez que María veía a través de un burka y no le gustó ver al hombre que amaba a través de aquellos minúsculos, absurdos y ridículos cuadraditos. En aquel momento a María la embargó una ansiedad que no supo cómo canalizar, y mediante un brusco movimiento, levantó la parte del burka que tapaba su rostro y se quedó mirando fijamente a Nasrad.

No pudo verse, pero sabía que sus ojos eran fiel reflejo de la agonía que en esos momentos la invadía por dentro y que como un río salvaje y desbordado, no podía controlar ni amainar. Hubiese dado lo que fuera por poder luchar y salir de aquellas dimensiones impuestas, aunque fuera golpeándose por los lados. Pero en esos momentos Nasrad cogió la cara de María con sus dos manos y la acarició desde las mejillas hasta las sienes. Lo hizo de forma repetida, sin decir nada. Sólo mirándose ellos dos. María ya no reía. Sólo podía mirar hipnotizada a su marido, que mantenía una seriedad y una dureza en sus ojos que le confirió, no supo por qué, cierta seguridad. No se dio cuenta de que había empezado a llorar hasta que no sintió las lágrimas escapándose de entre los dedos de Nasrad, que intentaba borrarlas con sus caricias.

—Te prometo que pronto saldremos de aquí. Te lo prometo, María. Y nos reiremos como siempre lo hemos hecho. Y todo esto nos parecerá incluso divertido. Te lo prometo, María. Y necesito que confíes en mí.

Nasrad sintió que aquella situación no podía prolongarse ni un segundo más, y volvió a cubrir a su mujer con el burka, mientras él volvía a sentarse correctamente en el lugar del copiloto. Después de escuchar cómo su marido y cuñado intercambiaban unas palabras que por supuesto ella no entendió, María se reclinó despacio, casi en cámara lenta, sobre el asiento que antes había hecho las veces de incómoda cama durante el largo trayecto que la trajo de la frontera hasta Kabul.

4

A pesar de su estado de semiinconsciencia, María pudo notar cómo el coche volvía a ponerse en marcha y cómo su cuerpo había adquirido tal rigidez que ni siquiera el irregular camino de piedras por el que se deslizaba el coche lograba provocar alguna oscilación en su cuerpo.

María sintió que la situación empeoraba por momentos. La sensación de morir ahogada se hacía cada vez más perceptible y cobraba más visos de realidad, y María sintió cómo de un momento a otro su cuerpo iba a responder a toda aquella situación mediante el vómito o el desmayo. María rezaba porque fuera este último. No hubo suerte.

María intentaba buscar de manera apremiante en la puerta del coche el artilugio que le permitiera bajar la ventanilla. Pero el mareo que se iba apoderando de ella y la torpeza que el burka imprimía a sus acciones se lo impedía. María quería bajar la ventanilla. Primero para lograr devolver todo lo que su estómago no quería ya guardar. Y segundo para tomar algo de aire. Hubiese dado media vida por quitarse el burka en aquel momento, pero por lo que le habían explicado, podría dar, sin ella quererlo ni poder evitarlo, la vida entera.

No supo que la mano que la ayudó a encontrar la manivela en la puerta del coche para poder bajar la ventanilla era la de la hermana de Nasrad, pero lo agradeció. No tardó ni un segundo en sacar la cabeza y respirar de manera exagerada. Cogía aire como si le fuera la vida en ello y se negaba a soltarlo, como si quisiera acumularlo y almacenarlo dentro del burka, siendo consciente de que le iba a hacer falta más tarde.

Tampoco la operación de respirar resultó muy agradable, ya que, aunque el coche iba a poca velocidad, la carretera era de tierra y piedras, que en contacto con las ruedas provocaba que se levantara una densa humareda de polvo que iba a parar a los pulmones de María.

Mientras se empeñaba en coger aire y en espirar profundamente, María notó algo extraño. No estaba segura de lo que había pasado, de lo que su cuerpo había provocado a espaldas de su dominio y su capacidad motriz, pero creyó que en aquella exagerada contorsión pulmonar se había tragado su propio vómito. No sintió asco, ni temor, ni miedo. Ni quiera preocupación. Casi lo agradeció. Además estaba concentrada en no dejar ni una molécula de oxígeno en el exterior y hacerse con una buena reserva en su interior.

En aquel momento escuchó hablar a la hermana de Nasrad y luego a éste, por lo que supuso que le traducía sus palabras.

—María, ¿te encuentras bien, quieres que paremos el coche un momento?

María abrió los ojos, que venía manteniendo cerrados, y notó un ligero escozor. Se dio cuenta entonces de que estaba llorando y de que ni siquiera se había dado cuenta. Entonces sí la invadió una congoja que a duras penas pudo controlar, aunque lo hubiese agradecido, sobre todo por no tener que dar explicaciones, aunque fuera a su propio marido.

—¿María? —insistió Nasrad—, dime algo. ¿Estás bien, quieres que paremos?

No supo de dónde sacó las fuerzas, quizá del aire que había estado inspirando, pero María logró recomponerse y contestar a su marido, que ya comenzaba a intranquilizarse.

—Estoy bien, Nasrad, mi amor. Es que debe de ser la alergia, que como está todo tan seco, hace que me quede sin aire y esté moqueando —María sabía que no era buena mintiendo, y en aquel momento se arrepintió por ello—. O quizá me he resfriado. Eso será lo más seguro, Nasrad. Me he resfriado, ayer mientras esperábamos a que nos devolvieran las maletas. Pero no te preocupes, que voy bien. Tiene razón tu hermana, esto es acostumbrarse, y tampoco es tan difícil.

María sintió que hablar con Nasrad, como siempre le había sucedido, la tranquilizaba y lograba que se sintiera bien. Por eso intentó prolongar la charla con él. Y lo hizo. Pero pronto escuchó como el resto de los ocupantes del coche también se metían en la conversación, y como Nasrad tenía que traducir lo que decían unos y otros, hasta que nada de aquello tenía sentido.

Además María notaba como Nasrad hablaba mucho más en su lengua natal contestando a su hermana y a su cuñado que con ella, y le dio la impresión de que, en realidad, estaban discutiendo. María tuvo la sensación de que su marido estaba acalorado, porque el tono de voz así lo daba a entender.

—¿Qué pasa, Nasrad? ¿Qué ocurre? ¿Estás enfadado? ¿Te han dicho algo? —Después de mucho pensarlo, María se atrevió a formularle la pregunta a su marido—: ¿Acaso han dicho algo de mí? ¿Es que no les gusto? ¿Se están riendo de mí? ¿Están metiéndose conmigo?

María se intranquilizó al ver que su marido no le respondía rápidamente, porque seguía exaltado. Pero al final llegó su voz, y en el idioma que ambos entendían.

—No, María. No es nada de eso —María notaba que la voz de Nasrad sonaba como si estuviera cansado, o triste, o quizá ambas cosas—. Más bien al contrario. Creen que como hablamos en un idioma que ellos no conocen, te estás quejando, y les estás criticando. Y me preguntan que qué te pasa, y que por qué has venido. Pero ya les he dicho que no te estás quejando, que estás resfriada y que lo que estás es cansada del viaje.

—Pues les puedes decir que he venido porque quiero estar con mi marido. Porque no quiero separarme de él ni un segundo y porque sencillamente me da la gana.

María no entendía tanta incomprensión hacia su persona nada más llegar. No era justo. Ella venía de otra civilización, de otro país, de otro mundo, y sólo llevaba unas horas en aquella tierra, que no podía haberle recibido peor: robada, engañada, timada y ahora tapada por una tela porque, de lo contrario, podrían secuestrarla y matarla. «No sé por qué les cuesta tanto entender que me va a llevar un tiempo asimilar todo esto», pensaba María.

5

Por fin aquella extraña comitiva llegó a la casa de la hermana de Nasrad. María abrió la puerta para apearse del coche y notó como su cuñada la cogía del brazo izquierdo ejerciendo una presión que hizo que los cuadraditos del burka se orientaran en la dirección donde estaba ella. Pronunció unas palabras en su lengua y Nasrad advirtió a su mujer:

—Dice que tengas cuidado al salir del coche, no vayas a pisarte el burka y te caigas al suelo.

María agradeció el consejo. «Sólo faltaba que me cayera para continuar con el espectáculo», pensó María.

Así lo hizo, pero a pesar de la advertencia recibida, María tuvo que ir casi a tientas, bordeando el coche sin dejar de tocarlo y sin apartar ni un segundo su mano de la chapa hasta que logró situarse justo enfrente de la puerta de la casa donde entraba el resto de la comitiva. Por supuesto que se tropezó con el burka, que se lo pisó en cuatro o cinco ocasiones, pero al menos no cayó al suelo, que era lo que intentaba evitar a toda costa.

Una vez traspasó el umbral, reinó la oscuridad más absoluta. A María le dio la impresión de haber entrado en el cuarto oscuro con el que siempre la amenazaban de pequeña si no se portaba bien. Se quedó quieta. Intentó alargar la mano para encontrar un cuerpo, a ser posible el de su marido. Pero se dio cuenta de que el burka se lo impedía y que por mucho que alargara el brazo, no conseguiría nada más que caer al suelo. Por fin Nasrad apareció.

—María, estoy aquí. Justo a tu derecha. Te puedes retirar el burka. Ya estamos en casa de mi hermana. Aquí dentro no hay peligro y en casa puedes ir sin él.

María lo agradeció inmensamente y no tardó ni un segundo en quitarse de encima aquella tela rugosa. Se sentía agotada y perdida, extrañamente perdida. Todo aquello le recordaba más a la escena de un secuestro que tanto había visto en las películas que a una realidad que ella misma estaba protagonizando. Subió con Nasrad las empinadas escaleras que llevaban al descansillo primero de aquel portal en el que se habían introducido. Una vez dentro pudo ver la pobreza que reinaba en esa casa. No había apenas muebles. Ni siquiera unas cortinas colgaban de las ventanas, que a María le dio la impresión de que estaban pintadas de negro, cuando no tapadas con una especie de cartón. En el suelo había tres o cuatro colchones de algodón, y sobre ellos unas cuantas mantas, raídas y que daban buena cuenta del paso del tiempo. No tardó mucho en comprobar María que esos mismos colchones hacían las veces de cama por la noche y que en ellos dormían mínimo tres personas.

A pesar de la pobreza que pudo palpar María, en aquella casa todos se volcaron desde el primer momento para que no le faltara de nada, aunque todo le faltara, a ella y a los propios inquilinos. La hermana de Nasrad, ya sin el burka que solía envolver su persona, no paraba de hablarle y de dirigirle todo tipo de gestos y de señas para que se sentara en una de esas colchonetas, para que bebiera el té que le acababa de preparar, para que comiera una extraña torta de pan que sabía a harina con alguna especia que María no pudo distinguir.

María se notaba algo aturdida. Sentía como incluso los oídos se le habían taponado, y los ojos se le cerraban a la menor ocasión que la dejaran tranquila, lo cual no sucedía todo lo que ella hubiese deseado. Estaba deseando poder acostarse, caer dormida y soñar con otro lugar distinto a aquel en el que estaba. Sólo quería cerrar los ojos y dormir. Huir de aquella habitación. Pensó que no era mucho pedir.

Cuando despertó al día siguiente, María no pudo recordar el momento justo en el que el cansancio la pudo la noche anterior y sus ojos se cerraron sin tiempo para poder avisar y mucho menos pedir permiso. Permaneció un tiempo acostada, después de mirar que el cuerpo que descansaba a su lado izquierdo era el de su marido y el que aparecía junto a su lado derecho era el de su hijo. Intentó recorrer e inspeccionar con los ojos el lugar en el que estaba, pero la luz que entraba a duras penas por las ventanas se lo puso realmente difícil. «¿Por qué habrán pintado las ventanas de negro? Entraría más luz de la otra manera. Quizá no quieren que les vea algún vecino curioso o quizá tengan roto el cristal y lo hayan tapado con esos cartones», vaticinaba María para sus adentros.

Cuando giró ligeramente el cuello para ver con lo que la parte derecha de la habitación la sorprendía, pudo atisbar que sobre otra colchoneta descansaban lo que contabilizó como tres cuerpos de otras tantas personas. Pudo distinguir la silueta de la hermana de Nasrad, y otras dos mujeres a las que no conocía y desde luego no recordaba de la noche anterior. Cuando con sus ojos abrió el campo de visión, María sintió que el corazón le daba un vuelco al ver como la hermana de Nasrad tenía los ojos bien abiertos y la observaba fijamente como si su retina se hubiese congelado. María creyó morirse del susto. Eran unos ojos enormes y parecía que la vigilaban. Enseguida pudo ver como aquel rostro, que parecía fantasmagórico en aquella media oscuridad, le regaló una sonrisa. María se la devolvió, más por inercia que por cortesía. Vio como, desde la otra colchoneta, la hermana de Nasrad le hacía un gesto para que se levantara y María lo hizo.

La llevó a un cuarto en el que la noche anterior no había estado, y que por lo que allí pudo ver, hacía las veces de despensa. María vio como su nueva cuñada le hacía un gesto como preguntándole si tenía hambre, y María afirmó con la cabeza. Allí mismo comenzó a sacar paquetitos marrones que posteriormente fue abriendo en la pequeña cocina del piso. En menos de una hora, la hermana de Nasrad había preparado pan reciente y té para el desayuno.

El resto no tardó en levantarse, aunque desde luego no fue por el ruido que ellas hacían. No hablaron, y María pudo darse cuenta de que la hermana de Nasrad intentaba impregnar de un silencio casi religioso todas sus acciones, como si tuviera miedo de despertar o de molestar a alguien.

Cuando todos se reunieron a desayunar, lo hicieron en la misma habitación donde antes habían dormido, que era la misma donde la noche anterior habían estado tomando un té. Recogieron las mantas, colocaron las colchonetas de otra manera y allí mismo se sentaron a tomar el desayuno.

María miraba aquel pan y aquel té que la hermana de Nasrad había preparado para la primera comida del día, y no hacía más que preguntarse, aunque no se atrevió a formular esas cuestiones en voz alta, dónde estarían el café, la magdalenas, las galletas o alguna tostada. Nunca llegaron. Y María jamás las pidió.

Ellos seguían hablando en su lengua nativa y Nasrad traducía lo que podía o quería a María. Así pudo saber que allí estarían un par de días más y que luego pondrían rumbo al pueblo de los padres de Nasrad, donde les esperaban desde hacía algún tiempo.

María quiso pensar y deseó con todas sus fuerzas que aquel lugar fuera un poco más acogedor que aquel donde se encontraban, aunque ella no podía tener ninguna queja de la hospitalidad de los familiares de Nasrad. «A quien da lo que tiene, no se le puede pedir más.» ¡Cuántas veces escuchó a su padre pronunciar esta frase! Y ahora entendía el sentido mejor que nunca.

Nasrad le informó de que aquella mañana saldría a la calle, y María se alegró. Quería acudir a alguna comisaría para intentar interponer una denuncia por robo de documentos y de dinero. Quería dejar cuanto antes solucionado el tema de los pasaportes. Pero no le duró mucho aquel improvisado júbilo. Los planes que hablaban de salir al exterior quedaron anulados por una serie de disturbios que sucedieron en la ciudad. Por lo que pudo entender María a juzgar por los gestos y lo poco que Nasrad le traducía, por falta de tiempo o por no acrecentar la preocupación que ya reinaba en el ánimo de su mujer, se trataba de unos soldados que habían atentado contra alguien en la calle y que la población estaba aterrada y prefería quedarse en casa. Más tarde María se enteró de que una mujer había sido asesinada de la manera más cruel que hasta entonces había escuchado: la desgraciada mujer había sido enterrada hasta la cintura, iba enteramente tapada por un burka y fue apedreada cruel e inhumanamente hasta la muerte. Fue la primera vez que María escuchó hablar de los talibanes. Y supo que aquel nombre no era nada bueno para la mujer.

Como había hecho tantas veces cuando la realidad lograba superarla, María optó por permanecer en silencio, completamente callada. Sus labios estaban literal y físicamente pegados, no se separaban ni para respirar. Se mantenía abstraída en sus pensamientos, mirando a un punto fijo. El mundo se detenía para María y nadie podía imaginarse lo que en esos momentos pasaba por la cabeza de aquella mujer.

6

Se cumplieron los planes anunciados un par de días antes, y María y Nasrad se encaminaron a la aldea donde sus padres vivían. María pudo notar cierto nerviosismo en el comportamiento de su marido, que no dudó en atribuir a la excitación de volver a encontrarse con sus padres después de tantos años.

Casi no hablaron durante las primeras horas del trayecto, excepto cuando Nasrad se giraba sobre sí mismo para interesarse por el estado de su mujer. María iba igual de tapada que cuando llegó a la ciudad hacía tres noches. Le alegró escuchar a Nasrad decir que quizá en el pueblo, al ser más pequeño y diferente a la capital, no tendría por qué ponérselo, y que podría quitárselo cuando llegara a su aldea. María se sintió aliviada.

Tardaron tres días en llegar al pueblo de los padres de su marido, porque las carreteras eran peligrosas y difíciles y porque a partir de las diez de la noche, no se permitía el tránsito de coches. Tampoco era conveniente para la seguridad y la integridad de las personas. Quien desoyera esta ley estaba expuesto a sufrir cualquier percance, y no precisamente bueno. Así que tuvieron que parar y hacer noche en lo que Nasrad llamó «hotel». A María aquel nombre le parecía una ironía. No pudo saber exactamente a qué se refería su marido cuando hablaba de hotel porque aquello donde ella estaba no podía tener semejante calificación.

Pasó dos noches en dos edificaciones diferentes, pero en ambas sólo encontró una habitación de unos diez metros cuadrados con dos colchones de algodón en el suelo. Y así pasaron las dos noches María, su marido y su hijo en uno de los colchones y la hermana de Nasrad y su marido.

Por fin llegaron al pueblo natal de Nasrad. Allí había nacido el hombre al que amaba, por el que cubría su cuerpo y su identidad bajo un burka nada más llegar a Kabul y por el que aguantaba todo lo que el destino tuviera conveniente echarle encima. Si bien María desconocía cuánto iba a ser.

María se retiró el burka para no perderse ni un detalle de la casa de los padres de Nasrad y lo colocó en el asiento trasero, a pocos centímetros de donde ella iba sentada, tal y como su marido le había comentado al salir de Kabul. Pudo ver entonces como la casa de sus suegros estaba situada en un descampado en medio de la nada, una extensión de tierra más o menos amplia y custodiada por una gran cantidad de árboles. No pudo entender María cómo en un lugar tan seco y tan árido como aquél, con tanta tierra y tanta piedra por metro cuadrado, podría haber tanta arboleda. Pero ahí estaba. Cuanto más iba adentrándose en aquel terreno, pudo vislumbrar con más claridad la casa de los padres de Nasrad. Era pequeña y construida en su totalidad a base de piedras. Tenía un tejado de color marrón que parecía construido a base de un material de color negro que María no pudo ni supo distinguir, y con una serie de palos de madera cruzados, a modo de estructura. La casa tenía varias ventanas, pero ninguna de ellas presentaba cristales. Fue por aquellas mismas ventanas por las que María pudo ver asomarse a algunas personas que luego desaparecían rápidamente en cuanto eran conscientes de haber sido descubiertas.

Cuando el coche finalmente paró, todos bajaron, incluida María. Era sin duda la persona que más miradas atraía y ella era consciente. No le molestó. Pero aumentó su nerviosismo.

Cuando por fin pudo acceder al interior, María pudo ver que la distribución de la casa no ofrecía muchas posibilidades de intimidad. La casa tenía dos habitaciones. Y nada más. Ésa era toda la repartición del inmueble. Los mismos colchones que ya había visto en otras localizaciones, idénticas mantas, otras telas de diferente género distribuidas irregularmente por el suelo y la misma carencia de todo a lo que su vista ya se iba acostumbrando, muy a pesar suyo. María no pudo entonces imaginar en qué empleaba aquella gente el dinero que le enviaba Nasrad desde Londres y confió en que después de haber inspeccionado y curioseado por otros rincones de la casa, encontraría una respuesta satisfactoria. Pero no tuvo oportunidad de hacerlo, porque algo les requería desde el exterior.

Allí se había congregado al menos una veintena de personas que María sinceramente no sabía de dónde habían salido. Nasrad empujaba a María para presentarles a todos y cada uno de ellos, y María no hacía más que sonreír y asentir con la cabeza, y como venía siendo habitual desde que llegó a Afganistán, sin entender nada de lo que le decían ni de lo que sucedía a su alrededor. Cuando todavía su marido no había acabado con el rosario de nombres, parentescos y presentaciones en un idioma que no era el suyo, todos comenzaron a gritar y a aplaudir. María dirigió su mirada hacia el corrillo que habían formado los que hasta hace unos segundos sólo tenían ojos para ella. Pudo ver como, en el centro de aquel gentío, una persona tenía agarrado con fuerza a un cordero, justo por el lomo. No tardó mucho en comprobar María que aquel cordero iba a ser sacrificado con motivo de su llegada a la aldea. Lo supo cuando el hombre que le tenía aprehendido elevó bruscamente con la mano la mandíbula del animal y allí mismo le degolló. María no pudo, aunque quiso, cerrar los ojos para no ver la cantidad de sangre que manaba por la profunda herida que el cuchillo había provocado en la garganta de aquel animal. Nunca había visto tanta sangre, y menos todavía saliendo a esa velocidad, de un ser vivo. Ni siquiera podía compararse con el ritual de bienvenida que aquella misma familia escenificó coincidiendo con el nacimiento de su primer hijo. Aquel animal que ahora observaba atónita María era tres veces mayor y por su herida brotaba sangre a mansalva. Pero lo más sorprendente, lo que a punto estuvo de dejarla sin respiración, estaba aún por venir.

Cuando todavía no se había recuperado de la gran impresión que le supuso la visión de la sangre saliendo a raudales del cuello del cordero, uno de los familiares de Nasrad recogió con sus manos parte de la sangre de aquel animal y se dirigió hacia María. Tentada estuvo de retroceder unos metros hacia atrás, al ver la seguridad con la que el hombre iba aproximándose hacia ella. Pero no pudo, entre otras cosas, porque Nasrad la tenía sujeta por el brazo y porque aunque no entendía por qué, María asistía a todo aquel espectáculo como si fuera una espectadora ajena a todo lo que allí sucedía, cuando en realidad era la estrella invitada.

Cuando el hombre que traía la sangre del animal recién sacrificado estuvo lo suficientemente cerca de María, le cogió sus manos y ante la incredulidad y la sorprendente inmovilidad de María, las cubrió con la sangre del cordero. María notó como la sangre de aquel animal empapaba sus manos. Las notaba pegajosas y podía percibir perfectamente el calor que aún conservaba la sangre. A María le dio la sensación de que aquella sustancia viscosa que se iba resbalando lentamente entre sus dedos le pesaba demasiado y le producía una sensación de total repugnancia, difícilmente controlable. Cuando aún se encontraba perdida, intentando dar un sentido al cúmulo de sensaciones que le recorría el cuerpo en un segundo, pudo ver cómo aquel hombre iniciaba el mismo ritual, pero ahora con los pies. María nunca supo en qué modo lograron descalzarla para que la sangre de aquel cordero, que hasta su llegada estaba lleno de vida, apareciera untada en sus pies y en sus manos. Mientras aquel hombre ejecutaba este increíble ritual, iba diciendo unas palabras que María entendió como una especie de plegaria, en el mismo idioma del que María no lograba entender ni una sola palabra desde que había llegado al país de su marido. A continuación, y sin darle opción a entender lo que estaba pasando, la obligaron a tocar el suelo con las manos y con los pies, porque al parecer, aquel rito así lo estipulaba. María incluso notó cierto alivio cuando sus manos tocaron la tierra y pudo adivinar que parte de la sangre que había en sus manos y en sus pies era arrastrada y limpiada por aquella tierra. No podía entender cómo aquella situación la sobrecogía de tal manera y le impedía reaccionar con mayor naturalidad y sosiego habiendo estado presente en el ritual de bienvenida a su hijo Abdulah. Era extraño, pero le pareció estar viviendo todo aquello por primera vez.

Todos parecían estar celebrando algo grande, se mostraban felices, alegres, hablaban alto, prácticamente a gritos y emitían sonidos que María no se atrevió a comparar con canciones.

Cuando la sorpresa y el estado de *shock* desaparecieron, en parte, del cuerpo de María, supo que todo aquello que había vivido en primera persona era fruto de una tradición.

Cuando alguien nuevo llegaba a la familia, en especial una mujer, o cuando algún miembro regresaba a casa, y éstos eran el caso de María y de Nasrad, el resto de la familia les recibía con este ritual de muerte, sangre y grito.

La celebración duró prácticamente todo el día, y María no tuvo ni un solo momento para estar a solas con Nasrad. No pudo recordar ni un solo momento en el que toda esa gente alrededor no pararan de hacerle preguntas o incluso de mantener conversaciones entre ellos sobre su persona sin que nadie le tradujera lo que estaban diciendo. El máximo nivel de intimidad que llegó a tener con su marido fueron las miradas que se dirigieron durante la jornada, y en las que María podía ver a un Nasrad feliz y sonriente, como hacía días que no le veía, y que con sus ademanes invitaba a María a que disfrutara de la situación y se uniera a la fiesta. Lo malo es que no le explicó cómo.

María sabía que estaba siendo bien recibida. Pero no pudo desprenderse de esa sensación que la estremeció desde el primer momento que sus ojos se cruzaron con los de la madre de Nasrad. Tuvo que bucear mucho María en sus recuerdos para cerciorarse de que nada malo había pasado entre ellas. Al contrario, María recordaba cómo aquella mujer la había ayudado a traer a su primer hijo al mundo y aunque no fue agradable, nada recordaba sobre alguna desavenencia o algún resto de rencor en el pasado. Pero lo tuvo claro. No era ningún espejismo. María supo que aquella mujer no sería nunca su amiga, su confidente, su aliada ni su compañera, ni mucho menos su apoyo en aquel lugar.

Pudo observar, y no sólo en el semblante de la madre de Nasrad, que los allí presentes, sobre todo las mujeres, la miraban y la observaban como si María no fuera de las suyas, como si su presencia allí, aunque celebrada con aquel ritual de bienvenida que marcaba la tradición, hubiese significado realmente una decepción para ellos. En su cara todo eran sonrisas, movimientos de cabeza afirmativos, palmadas, aplausos, saludos, alegría y comadreo. Pero cuando volvían la cara, aquella complicidad se convertía en peligro. La familia de Nasrad sabía que su hijo se había casado con una española, pero no imaginaron que aquella mujer luciera aquel aspecto. Y es que María se había quitado el burka antes de bajar del coche y no se dio cuenta o no le dio mayor importancia a como iba vestida: un pantalón vaquero y una camiseta de tirantes, que en el lugar al que acababa de llegar poco o nada correspondía con la vestimenta de las mujeres, que lucían vestidos amplios y pañuelos en sus cabezas, incluso algunas de ellas aparecían con burka. Sus padres, sus hermanos, hermanas y demás familia sabían que María procedía de España, pero nunca imaginaron que una mujer española lucía de aquella manera, sencillamente la imaginaban más similar a ellas y su hijo no les había explicado que se había casado con una mujer de origen español.

7

Aquel primer día, fue una sorpresa para todos. Y no precisamente positiva o negativa en igual medida.

Cuando la celebración terminó, todos se despidieron y cada uno se dirigió hacia un lugar. En aquel descampado había como dos casas diferentes: la principal, donde residían los padres de su marido y donde se quedarían Nasrad, María y el pequeño Abdulah, junto a otros dos hermanos solteros y otro tercero recién casado, todos en la misma habitación. Y otra casa aún más pequeña donde sorprendentemente vivían otro hermano casado con once hijos y otro que tenía trece hijos. A este número había que añadir las distintas mujeres que tenían los hermanos de Nasrad, así como primas, sobrinas y cuñadas.

Cuando su marido le indicó que les correspondía la casa principal, María respiró aliviada porque durante el día y al ver a tantas personas, llegó a pensar que dormiría en una tienda de campaña que alguien habilitaría para ella y su marido en aquel descampado. Pero la alegría de despreciar la idea de la tienda de campaña se le disipó enseguida, al descubrir que en la casa no había ni agua ni electricidad.

María no podía dar crédito.

—¿Y cómo consiguen el agua, Nasrad? —preguntó en voz baja María, intentando que nadie pudiera averiguar o intuir de lo que hablaban, pero sin poder resistir tanta curiosidad sobre la procedencia del líquido elemento.

—Van a los pozos que están situados casi al principio del recinto. ¿No los has visto al entrar? Hay dos. Uno a cada lado. Las mujeres van todos los días, tres o cuatro veces, llenan las garrafas y las traen —Nasrad se lo había explicado con tal naturalidad a María, que ésta se sorprendió al escuchar que su marido, que estaba hecho igual que ella a las mismas comodidades que ofrecía el mundo moderno, parecía no darle ninguna importancia a lo que ella creía que correspondía más a la Edad Media que al siglo en el que vivían.

—¿No tienen grifos, ni saben lo que son? —insistió tímidamente María, quien se negaba a dar crédito a la información que sus oídos le ofrecían—. ¿Y tampoco tienen luz, no conocen la electricidad? —planteó aún más sorprendida cuando vio como los hermanos de Nasrad colocaban una lámpara de gasolina en cada habitación de la casa—. Es increíble. Es como en las películas.

—María, ¿qué esperabas? —respondió Nasrad, ligeramente contrariado. No sabía muy bien si por la actitud de su mujer o por el sentimiento de culpa por no haberla disuadido para no ir—. Ya te dije que Afganistán es un país pobre, donde la mayoría vive por debajo de unas condiciones razonables de bienestar.

—¿Bienestar? ¿Has dicho bienestar? Nasrad, tu familia no sabe lo que es el bienestar. Ya sé que me dijiste que era un país pobre, pero yo imaginé que sería como me contaban mis abuelas cuando vivieron la guerra civil y la posguerra. Desde luego no imaginé esto —María recorrió con la mirada lo que la rodeaba y volvió a plantearle una pregunta a Nasrad, sin ni siquiera mirarle. ¿Y tú has nacido aquí, en este lugar? ¿Y cómo has podido...?

—Ya te dije que no vinieras, María. Éste no es lugar para ti. Y menos con el niño. ¿Es que no lo entiendes? Tú estás acostumbrada a otras cosas. Y yo también, pero yo sé que existe esto que ves y que tanto te sorprende. Y sé lo que es vivir de esta manera, y te puedo asegurar que se puede vivir en estas condiciones. Yo lo hice —Nasrad mantuvo silencio durante unos segundos—. No tenías que haber venido. Ni tú ni el niño. Ha sido un error y la culpa es mía.

María sintió como si aquellas palabras que acababa de pronunciar Nasrad se hubiesen convertido en cuchillos que se le habían clavado en el pecho provocándole un dolor inmenso. Y se sintió cruel, egoísta, caprichosa y malcriada por los comentarios que acababa de hacerle a su marido, ignorando que aquél era su hogar y su familia.

—Perdóname, Nasrad. No he querido decir eso. Estoy feliz de estar contigo, no me importa si es aquí o en el mejor palacio del mundo. Yo lo que quiero es estar contigo y todo lo demás me da igual. Créeme, por favor. Prefiero estar contigo a cualquier otra cosa. Además —añadió María con el fin de rebajar tensión en aquella situación—, esto tampoco está tan mal. Se parece a los campamentos que hacía de pequeña. Y tampoco lo pasé tan mal. Y tienes razón, Nasrad. Aquí se puede vivir. Sobre todo si estoy contigo.

Ni ella misma se creía lo que salía de su boca. Su tono había sonado demasiado infantil para ser creíble. En su vida había estado en un lugar donde estas dos necesidades que ella consideraba como básicas no estuvieran cubiertas. Pero decidió que de ahora en adelante, y para no hacer sufrir ni un segundo a su marido, se ahorraría los comentarios sobre el estado de la casa, para no empeorar aún más las cosas. Necesitaba hacerse nuevamente la dura, dar la sensación de que nada pasaba, y si pasaba, a ella no le afectaba.

La primera noche la pasaron a oscuras, con el tímido resplandor que devolvía la luna, la cual afortunadamente para María estaba casi llena y se colaba por las ventanas de la casa. Aquella noche tuvieron suerte: sus padres le habían permitido quedarse ellos solos con el crío en una habitación de la casa. La otra estaba ocupada, sólo por aquella primera noche, por cinco personas distribuidas como pudieron en dos colchones. Las noches posteriores María y Nasrad dormirían con la compañía de su madre, inseparable de su hijo, para desgracia de María.

Al día siguiente, las cosas no mejoraron. María se había levantado, como en ella era habitual, con unas ganas enormes de orinar. Intentaba no beber mucho líquido antes de acostarse para evitar ese deseo de ir al servicio tan fuerte y tan descontrolado, pero aun sí, cada vez que se despertaba, no podía aguantar más que unos segundos para correr al cuarto de baño y allí desahogarse en lo posible.

Pero aquella primera mañana en casa de sus suegros, no lo tuvo tan fácil. Se levantó con prisas y estuvo un buen rato buscando el cuarto de baño por cada rincón de la casa. Bien es cierto que esta operación de rastreo en busca del cuarto de aseo no le llevó mucho tiempo, ya que la casa no gozaba de unas grandes dimensiones. En su precipitada y agobiada exploración visual tampoco encontró la cocina, en la que llegó a pensar durante unos instantes como segunda opción para encontrar cierto sosiego fisiológico, viendo que el cuarto de baño se le resistía.

Al ver que aquello era imposible y menos sin ayuda, corrió de nuevo hacia donde aún dormía su marido y le preguntó:

—Nasrad, cariño, no encuentro el cuarto de baño y no aguanto más. ¿Dónde está, dónde lo tenéis escondido?

María pudo atisbar un amago de sonrisa en el rostro de su marido ante su pregunta, pero la urgencia que se apoderaba de su vejiga no le dio opción a distraerse en la comprobación de este detalle.

—Fuera. Está fuera, María —dijo Nasrad señalando hacia la ventana.

María se quedó ciertamente anonadada mirando en la dirección que apuntaba el dedo de su marido. No podía creérselo. Miró a su marido, interrogándole con la mirada para buscar una confirma-

ción que le asegurase que aquel lugar alejado de su campo visual
más inmediato que señalaba era el lugar indicado.

—¿Fuera, dónde? —María comenzaba a temer aquella respuesta.

—Pues fuera. María, hay un enorme agujero en la tierra, justo
al lado de esos árboles que tanto te llamaron la atención ayer cuando llegamos. Detrás de ese pequeño cobertizo medio derruido, ¿lo
ves? Pues ahí está. Cuando termines de hacer lo que tengas que
hacer, hay una pala apoyada en uno de los árboles. Cógela. Es para
echar arena sobre el agujero que acabas de utilizar.

María creyó que su marido le estaba tomando el pelo. Y sinceramente, aquella mañana no tenía humor para hacer frente a ese
tipo de bromas. Aunque procedieran de él.

—¿Estás bromeando, Nasrad?

—No, María. Si quieres te acompaño y te lo muestro. No estoy
bromeando.

María sencillamente se incorporó dignamente, se dio media
vuelta y sin mirar a su marido, de manera intencionada, salió por
la puerta principal de la casa. «Bueno, vale. No pasa nada. Son
sólo quince días. Y mi padre solía decir que quince días se pasan
hasta en la cárcel. Así que, María, no pasa nada. Nada. Nada.»

Cuantas más veces repetía en su interior la palabra *nada*, más
fuerza sentía para dar un nuevo paso y llegar hasta aquel agujero
que, al parecer en aquella casa, hacía las veces de cuarto de baño.
No pudo evitar pensar en cómo sería allí la ceremonia de la ducha,
o del baño, y sintió un escalofrío. Decidió desterrar rápidamente
ese pensamiento y concentrarse en lo que tenía ahora entre manos.
Más bien, entre piernas.

Nasrad pudo ver por la ventana como su mujer se dirigía presta
al lugar por él mismo indicado con anterioridad. Cuando llegó al
punto indicado, María inspeccionó durante unos segundos el lugar,
seguramente para asegurarse de que nadie estuviera cerca observando lo que se disponía a hacer. Vio que efectivamente allí estaba
el agujero y allí también descansaba la pala de la que le habló su
marido, apoyada en un árbol. María se agachó, hizo lo que tenía

que hacer, tardó unos instantes en levantarse y cuando lo hizo, acabó con el ritual de la pala y la tierra. Prueba superada.

A la vuelta de su mujer a la casa, la conversación no dio para mucho. Sin embargo, Nasrad lo intentó:

—¿Mejor?

—Mucho mejor. Gracias.

8

La familia entera se juntó para degustar el desayuno, que consistía en té, pan y azúcar. Durante este encuentro matinal y familiar María se sintió francamente incómoda, ya que no sólo no faltaron miradas curiosas dirigidas a su persona, algunas de ellas inquisidoras, sino que los padres, hermanos, hermanas, cuñadas e incluso sobrinos de Nasrad no pararon de hablar entre ellos, aunque María tenía la certeza de que el tema de conversación versaba sobre ella. En un par de ocasiones requirió la mirada de Nasrad en busca de la consabida traducción de lo que allí se estaba hablando. Pero llegó un momento que desistió, ya que cada vez hablaban más deprisa y como si se mostrasen enfadados, incluido el propio Nasrad. A María le dio la impresión de que estaban discutiendo y nadie ni nada de lo que pudieran decirle con posterioridad lograría quitarle de la cabeza que el motivo de la acalorada riña era ella. Se sentía enojada y se sabía apartada. Tenía la seguridad de que no les había caído bien y sus miradas impertinentes y descaradas así lo certificaban.

Apenas comió aquella mañana. Tampoco tenía hambre. Lo que quería, y así se lo hizo saber a Nasrad, era acercarse lo antes posible a Kabul para intentar de nuevo denunciar el robo del que habían sido víctimas y tramitar su pasaporte para poder salir cuanto antes de aquel lugar. Nasrad le aseguró que así sería, pero que antes tenía que cambiar su físico y sobre todo su forma de vestir.

—Si vas vestida así, tendremos problemas. Unos intentarán pedirte dinero porque creen que al ser extranjera nadarás en la abundancia, y otros podrían fusilarte, y no sólo con la mirada. Mis hermanas y mis cuñadas te ayudarán a vestirte adecuadamente y luego iremos a tramitar lo que quieras.

María aceptó el trato. Entendía que la ropa que había traído no era la adecuada. Ni vaqueros, ni camisetas, ni shorts, ni faltas cortas, ni nada. Además, después del robo que sufrieron en la franja limítrofe de Pakistán con Afganistán, tampoco le había quedado mucho para poder vestirse.

María logró hacerse con la complicidad y la amistad de la prima de su marido, hija de su tía por parte de madre y mujer de su hermano. Al principio a María le costó entender que los parentescos no eran ningún impedimento para obrar como se creyera oportuno, sobre todo a la hora de que dos personas unieran sus vidas, y más tarde descubriría que tampoco la edad lo era. Aquella joven con la que logró entenderse desde un primer momento se llamaba Motau, y su marido le explicó que su nombre significaba luna en español. Se volvieron inseparables, pasaban todo el día juntas. Se convirtieron en cómplices, amigas, confidentes llegando a la categoría de hermanas. Tenían prácticamente la misma edad y María notó enseguida que Motau era diferente al resto de las mujeres que allí vivían, que tenía otras expectativas, otra mirada, otro carácter, otras inquietudes. Incluso otra sonrisa. María hubiese jurado que aquel rostro correspondía más al perfil de una mujer occidental que a una mujer afgana.

Gracias a la inestimable colaboración y la infinita paciencia de Motau, María fue aprendiendo sus primeras palabras en aquel idioma que tantas trabas supuso al principio para poder entenderse y que logró construir un muro casi insalvable entre ella y el resto de la familia de su marido. Ese primer aprendizaje hizo sentirse un poco mejor a María. Siempre había sido muy inteligente a la hora de estudiar y había mostrado infinitas actitudes para el aprendizaje rápido.

Fue Motau quien, con la ayuda de otra cuñada de Nasrad, le hizo a María un vestido largo apropiado para su estancia allí. Mientras permanecían en el recinto de sus suegros, no era necesario que llevaran el burka, pero tenían que ir con vestidos largos y con la cabeza y el pelo tapados con un trozo de tela, pudiendo dejar al descubierto, si así lo querían, la cara. Pero muchas de las mujeres que vivían allí, en especial las esposas del resto de hermanos de Nasrad, preferían ir cubiertas completamente con el burka. María quiso que le diera el aire en la cara, como la mayoría de las mujeres jóvenes. Además, desde que había llegado a casa de sus suegros, no había salido de los límites del recinto, por lo que no se había visto en la necesidad de ponerse el burka.

María seguía insistiendo en la necesidad de ir de nuevo a la capital, Kabul, e intentar dar con el paradero de la embajada española. Necesitaba denunciar el robo que había sufrido en la frontera y sentía que cuanto más tiempo pasara, más complicaciones le pondrían.

Los días iban pasando. Y también el plazo previsto inicialmente de quince días para permanecer en el país. María tenía fe en el trabajo de la embajada, aunque en su breve estancia en Kabul no había conseguido averiguar ni dónde se encontraba ni los pasos que tenía que dar para recuperar su identidad, algo que echaba tanto de menos en aquellos momentos. Necesitaba explicarles a los funcionarios de la delegación de su país que era una ciudadana española a la que habían robado todo el dinero y la documentación y que necesitaba salir junto a su marido y su hijo de Afganistán.

Por eso, y por otras muchas razones más que ni siquiera había compartido con su marido pero que anidaban en su interior, una mañana temprano, antes de que la frenética rutina se apoderara de aquella casa y de sus habitantes, María logró levantarse antes que nadie, algo que constituyó todo un prodigio tratándose de María. Quería que aquel día fuese el señalado para que por fin se dispusiera a salir de los límites de aquella casa, que por momentos iba convirtiéndose en una cárcel para ella. Antes de volver a plantear de nuevo la necesidad de viajar hasta Kabul para poner al día su situación administrativa, debía conseguir vencer la primera traba:

volver a cubrirse con el burka. De otra manera, no podía enfrentar-se a la realidad de la calle.

María se fue directa a por él. Estaba en el mismo lugar en el que lo había dejado el día que llegó a la casa de sus suegros. Sólo Motau la acompañaba. No sabía cómo, pero existía como una espe-cie de conducto interno que las unía, y que cuando una se levanta-ba tiraba de la otra, por algún tipo de ciencia infusa. Cuando tuvo de nuevo aquel burka azul entre sus manos, María no pudo evitar recordar lo mal que lo pasó en el trayecto desde Kabul a casa de la hermana de Nasrad. Pero intentó desterrar de su memoria esa evo-cación inoportuna, para evitar arrepentimientos de última hora que truncaran su buen propósito de primera hora de la mañana. Miró a Motau. Cuando se quiso dar cuenta de la situación, en la habi-tación todas las miradas se centraban en ella. Allí estaban Nasrad, sus suegros, gran parte de sus cuñados y algunos hijos y esposas de éstos. Parecía como si todos quisieran ver si aquella mujer extran-jera que había venido del brazo de Nasrad sería capaz de convertir-se en una mujer afgana. María volvió a posar sus ojos en aquel trozo de tela. La desenvolvió con soltura y con decisión, tanta que incluso a ella le sorprendió la iniciativa que mostraba. Y sin espe-rar más ni detenerse en más contemplaciones, María se colocó el burka tal y como la hermana de Nasrad le había indicado en el coche, cuando nada más llegar a Kabul, le compró ese mismo burka.

Pasaron dos, tres, cinco, diez segundos. Y María no pudo. «Me asfixio. No puedo. No puedo respirar, no puedo ver, no puedo hablar. Me voy a caer al suelo y va a ser peor. No puedo. No puedo.»

Tiró violentamente del burka, logrando quitárselo de encima y arrojarlo al suelo con un amago de desesperación que llegó a doler a Nasrad, quien observaba la escena con preocupación y con un sentimiento de culpa que le venía consumiendo desde hacía unos días, cada vez que miraba a su esposa y se percataba de lo mal que lo estaba pasando.

María lo había intentado a escondidas tres veces en la última semana, pero su ímpetu inicial siempre terminaba igual: en desesperación contenida, en un principio de ataque de asma y en un llanto ahogado que intentaba acallar sentada en el suelo, en el rincón más frío de la casa, con la cabeza apoyada en las rodillas y los brazos abrazando con fuerza su regazo.

Se sentía ridícula con el burka. No podía remediarlo. Y esta vez no había sido diferente. Tampoco entonces lo logró. Pero necesitaba salir a la calle, necesitaba ir más allá del recinto de sus suegros. Motau le decía que tenía que ser con burka o no sería. Su marido le explicaba que aquella prenda injusta y vergonzosa sin embargo la guardaría de las miradas de los demás y le evitaría posibles atentados sobre su persona. Sus suegros le pedían que lo hiciera por ellos, por respeto, por el qué dirán. Pero también por miedo. María quería respetar la petición en forma de súplica de sus suegros sencillamente porque eran los padres del hombre al que amaba, de su marido.

—Déjalo, María. Mañana lo intentamos de nuevo, y verás como mañana sí. Mañana será —la intentó tranquilizar Motau, al ver que aquello se estaba convirtiendo en un suplicio. Y encima público, por la cantidad de ojos que no querían perderse el espectáculo.

—No. Será hoy. Será ahora mismo. No puedo comportarme como una estúpida occidental. Ahora no. Soy extranjera y quiero llevar burka por mi propia seguridad. Y cuanto antes lo entienda, antes saldremos de aquí.

María recogió del suelo el burka que acababa de arrojar en plena crisis de ansiedad. Cogió aire. Inspiró tan profundamente como solía hacer cuando se encontraba en una situación complicada o cuando el estrés le jugaba una mala pasada. Solía servirle esta operación para calmar los nervios. Y pensó que en aquellos momentos también le funcionaría. «¿Cómo me ha podido cambiar tanto la vida? Si vieran mi vida por un agujero, no dirían que soy española.»

María miró a Nasrad, que seguía contemplando atónito toda aquella situación. No recuerda si en ese momento le sonrió, pero quiso hacerlo. Durante un instante su pensamiento se fue hasta Londres, al mercado de Covent Garden donde compartieron su primer café y protagonizaron su primera cita.

María atrajo todo el aire que pudo a sus pulmones, cerró los ojos y se colocó el burka. No pudo afirmar con seguridad si pasaron dos minutos o dos horas. Pero supo que de momento resistía y que, al menos de momento, había ganado aquel pulso al maldito burka.

—Ya está. Ya nos podemos ir.

9

Aquella mañana, Nasrad decidió llevar a su mujer a desayunar a un pueblo cercano. Simplemente le apetecía y sentía que era una especie de ayuda o recompensa para su mujer después de tantos esfuerzos realizados por lo que él entendía una responsabilidad suya. Les acompañaba Motau, su marido, dos hermanos más de Nasrad y algunos niños, entre ellos Abdulah.

Aquel día el desayuno fue algo especial y distaba mucho del escaso y aburrido té con pan que solían desayunar en casa de sus suegros. Y sobre todo, habían salido de aquellas cuatro paredes y de una rutina que estaba ahogando principalmente a su mujer. Pero María pudo ver cómo aquella sociedad la seguía sorprendiendo. Al llegar al recinto donde iniciarían su primera comida del día, vio que una división espacial la separaba de su marido. María junto al resto de las mujeres que iban en la comitiva se sentaron en un extremo del local, mientras que los hombres se situaron en otro, mucho más amplio, luminoso y mejor aclimatado. Tuvieron que comer separados, porque así estaba establecido.

María no lograba acostumbrarse a estas, para ella, ridículas normas de comportamiento. Le daba la impresión de estar viviendo en la época de sus bisabuelas y la situación le cargaba por momentos. Pero no tenía más remedio que aceptarla si no quería contrariar a su marido. Todo menos eso.

María se dio cuenta de que en aquel apartado destinado a las mujeres, éstas se retiraban el burka para poder ingerir los alimentos con más tranquilidad y normalidad. Pero ella sintió demasiado miedo, un miedo que se le alojaba en la boca de su estómago en forma de nudo y que le tiraba fuertemente cada vez que intentaba levantarse la parte frontal de aquella tela. Por eso decidió disfrutar de aquel desayuno, metiéndose cada porción de comida a ingerir por debajo del burka. Se sintió humillada. Pero no protestó.

Cuando terminó el desayuno y salió a la calle para dar un paseo por aquel pueblo, María simplemente no veía. Los diminutos cuadraditos del burka a modo de rejilla, situados estratégicamente a la altura de sus ojos, apenas le dejaban entender lo poco que percibía a través de ellos. Se sentía torpe con el burka puesto. Tropezó en más de una ocasión, lo que a veces le hacía separarse del resto de la comitiva, en especial de Motau, a la que tenía de referencia y de la que intentaba no alejarse pasara lo que pasara.

Pero los pies de María no lograban mantener el equilibrio. Cada dos o tres pasos se pisaba el burka, y no tenía donde agarrarse. Su aturdido andar le hacía arrastrar los pies por miedo a caer y lo único que conseguía era levantar una considerable polvareda que le obligaba a pararse para toser.

Se tranquilizó al darse cuenta de que nadie la miraba. Deambulaba por la calle como un fantasma, torpe, pero como un fantasma. Sin rostro, sin habla, sin ojos, sin nada.

Se podía haber caído, la podían haber atropellado, la podían haber secuestrado, incluso matado, que nadie le hubiese dirigido una mirada. Era sencillamente un bulto sospechoso. Ni siquiera eso, porque no levantaba la mínima sospecha ni el mínimo interés. Esa indiferencia que provocaba en los demás, que años antes podía haberle molestado e incluso indignado, le parecía muy gratificante aquella mañana. Le devolvía una extraña seguridad en sí misma.

Pero de repente supo que algo no iba bien. Se paró. Miró a su alrededor, a un lado y a otro, para lo que necesitaba mover todo su cuerpo, como un movimiento autómata que le confería un aspecto de androide, a consecuencia del burka. Las casas, los edificios, los carros, los coches, los hombres que iban y venían, los niños que corrían... nada le resultaba familiar. María creyó que la persona detrás de la que se había situado nada más salir de aquella cafetería era Motau. Pero cuando quiso darse cuenta, comprendió que no era ella. Estuvo tentada entonces de levantarse el burka, pero de nuevo aquel dolor en el estómago que le avisaba de un posible peligro. María intentó mirar con más atención a través de la rejilla del burka pero fue inútil. No lograba encontrar la figura de Motau que le servía de referencia, casi de brújula en su deambular callejero. Se había perdido. La primera vez que había salido de casa de sus suegros con burka y se había perdido. Estaba sola. Una mujer, extranjera, sin papeles y sin su marido en mitad de un pueblo a cientos de kilómetros de Kabul. Perdida. María se sentía morir por momentos y no sabía si gritar, si llorar, si pedir socorro, si echar a correr o sencillamente si quedarse quieta, sin mover un solo músculo. Al menos así pasaría desapercibida y nadie podía malinterpretar ningún movimiento suyo. En aquel momento de incertidumbre, a María la embargó un sentimiento de terror y de miedo profundo, que no sabía controlar.

De repente sintió como alguien le cogía del brazo y tiraba de ella. Después de unos segundos en los que pareció haber estado en parada cardiorrespiratoria, escuchó la voz de su marido.

—¿Pero María, dónde vas? ¿Te has pensado que esto es Londres? —le preguntó Nasrad, que no lograba entender qué había llevado a su esposa a encaminarse en solitario y abandonar al resto de la comitiva familiar.

—Si es que me he perdido, Nasrad. No veo nada. Y me creía que aquella mujer era Motau y me he puesto a seguirla, y cuando me he querido dar cuenta no era ella y... ¡Como todas llevamos casi los mismos burkas, pues no me he dado cuenta! —María respiró más tranquila al notar el contacto físico con su marido—. Menos mal que estás tú. ¿Y cómo te has dado cuenta de que era yo?

—Por los zapatos, María. Bueno, por tus zapatos y porque parecías un pato andando —bromeó por un momento Nasrad—. María, fíjate siempre en los zapatos si no quieres volver a perderte. Deben ser tu referencia, al menos hasta que te acostumbres —Nasrad cambió el tono de su voz, hasta hacerlo más cálido, porque sospechó que María lo necesitaba—. Me has dado un susto de muerte.

—Pues imagínate el que me he llevado yo.

Fue un duro golpe para María el haberse perdido y casi más el sentirse perdida, sola y abandonada durante unos instantes. Estaba acostumbrada a aparentar ser más fuerte de lo que en realidad era. Le gustaba hacerse la dura delante de todo el mundo, y creía necesario mostrarlo también en aquella situación que estaba viviendo como consecuencia de su amor por su marido. No podía fallarle. No podría soportar la idea de que su marido pensara que ella sólo significaba una carga para él. Más cuando fue ella quien insistió en acompañarle en este viaje. Por eso decidió seguir aguantando. Seguir soportando aquella prueba que cada día se le hacía más pesada y cuesta arriba. Pero todo valía la pena por Nasrad.

10

María veía que los días pasaban y que no aparecía ninguna novedad sobre una pronta salida de aquel lugar. Le había ganado la primera partida al burka, pero todavía no había conseguido acercarse a Kabul. Las grandes nevadas que sorprendieron a todos aquel año hicieron intransitables las carreteras, que significaban el único nexo de unión con la capital. Las cosas se presentaban complicadas para María, que optó por concienciarse de que tendría que pasar en aquel país una temporada más larga de lo que en un principio había pensado. Con eso tenía que conformarse y cuanto antes lo entendiera, mejor. De momento, no había otro camino.

Motau seguía siendo el principal apoyo de María cuando Nasrad no estaba, que era bastante a menudo, ya que acompañaba a su hermano en el trabajo para intentar obtener algo de dinero que poder aportar a la casa familiar. Desde que llegaron, vivían de la caridad de su familia y eso no le hacía mucha gracia ni a Nasrad ni a

María, que se sentía cohibida y sin derecho a solicitar nada, aunque fuera algo de primera necesidad. En las largas ausencias de su marido, que podían durar todo el día, si no más, María intentaba no separarse ni un momento de Motau.

Fue ella la encargada de convertirse en la maestra perfecta que le iba mostrando a María las cosas que había que hacer en la casa mientras estuvieran viviendo bajo ese techo.

Le enseñó a cocinar el arroz que solían comer allí, que nada tenía que ver con el que María estaba acostumbrada a preparar, pero que era el único que conocían en aquel lugar y con el que se alimentaba toda la familia un par de veces al día. La instruyó en la complicada técnica, a los ojos de María, del encendido de las enormes estufas de leña para poder cocinar y calentar la casa antes de que anocheciera y la temperatura bajase radicalmente. Le indicó el lugar donde estaban los pozos de los cuales debía extraer el agua para poder beber y lavarse, aunque esto último no era algo que preocupase demasiado a la comunidad a la que acababa de llegar.

Le explicó cómo cada día deberían hacer cuatro o cinco viajes, con garrafas de cinco, diez y hasta veinte litros de agua de capacidad que deberían rellenar y regresar con ellas a la casa, lo que suponían un recorrido de una media hora caminando. También le mostró Motau cómo y dónde se lavaba allí la ropa, señalándole unos barreños enormes a los que iba a parar la mayoría de las prendas de vestir de los que allí convivían. Le advirtió cómo debía lavar para que no se le cansaran las manos después de que por ellas pasaran toneladas de ropa, y que no se viese obligada a parar y dejar de hacerlo porque las notara pesadas o directamente dormidas, debido al esfuerzo y al peso. Ni había excedente de jabón ni nadie lo echaba de menos. Y fue precisamente esta cuestión de la higiene personal lo que provocó las primeras desavenencias entre María y la madre de Nasrad.

María estaba acostumbrada a ducharse todos los días, algo muy extraño y nada entendido en aquel lugar. María utilizaba parte del agua que iba a recoger en las garrafas y que posteriormente cargaba en un carro, para ducharse. Separaba una cierta cantidad de agua, la calentaba en las estufas y así procedía cada día a su higiene personal. Pero la madre de Nasrad no lo entendía y un día María sorprendió a su suegra recriminándole a su hijo la actitud egoísta de su mujer. La situación era tan absurda que incluso el padre de Nasrad, el marido de aquella mujer que comenzaba a dar claras muestras de que no era nada partidaria de María, salió en su defensa, preguntándole a su mujer dónde estaba el problema si la chica quería ducharse todos los días, ya que ella misma se ocupaba de ir a por el agua y de calentarla, por lo que no se apropiaba de ninguna cantidad que correspondiera a otro. María quería mucho al padre de Nasrad porque siempre la trató con un cariño especial. Aquel hombre entendía y estaba encantado de explicarle a los demás que María era una refugiada por amor, que estaba allí por no separarse de su hijo y que había renunciado a todo lo que era y lo que tenía por estar con él. Lástima que el padre no estuviera en casa la mayor parte del día. Las cosas habrían sido diferentes para María.

La suegra de María siguió protestando. Gritaba, gesticulaba exageradamente con las manos y con todo su cuerpo, y parecía que se le escapaba la vida en cada movimiento.

María no podía dar crédito a la actitud de aquella mujer. Ella había intentado hacer todo lo posible para caerle simpática, para ganarse su confianza y sus favores. Pero todo había sido inútil. Y sinceramente no entendía por qué. Como tampoco entendía por qué su marido no le decía nada a su madre, por qué no intentaba sacarla de su error y de su absurda obcecación por aquel comportamiento normal de María. En definitiva, por qué no salía en defensa de su mujer, aunque nada hubiese hecho para que tuviera que defenderla. Pero María quería entender la postura de su marido como fruto del cansancio que venía acumulando durante todo el día. Salía por la mañana de casa con su hermano y se iban a buscar trabajo, el que saliese, para volver por la noche, cansado y muchas veces deprimido y malhumorado, porque regresaba con las manos vacías, sin dinero y sin haber podido conseguir comida para alimentar a su familia. Se sentía inútil y le atormentaba el hecho de no ser capaz de llevar dinero a su casa, que es lo que le habían enseñado desde pequeño que un hombre debe hacer. María entendía que lo último que necesitaba su marido eran problemas, y si su madre se los daba, ella no pensaba hacerlo. Así que, de nuevo, María callaba y aguantaba. De nuevo por amor. De nuevo por Nasrad.

Tampoco optó por transmitirle a su marido las necesidades que estaba pasando ni las humillaciones de las que estaba siendo objeto por parte de aquella mujer, todas consecuencia de la sinrazón de la actitud de su suegra.

María se cubría con el mismo vestido desde que llegó a la casa de sus suegros. Todavía recordaba el día que Motau y el resto de mujeres le obsequiaron con aquel vestido largo que le envolvía todo el cuerpo. La primera impresión que tuvo María al verlo fue pensar que aquello le iba a estar enorme y que le coartaría bastante su libertad de movimientos. Y así fue. Aquel día María dijo, con cierta tristeza y con notoria contrariedad, adiós a los vaqueros, a las camisetas y a las faldas cortas.

Desde entonces María no se había puesto otro vestido y se sentía francamente incómoda y sucia. Deseaba con todas sus fuerzas que alguien le diera otro vestido para poder cambiarse, y mientras poder lavar el primero. Pero quien debía hacer que este deseo de María se hiciera realidad, que no era otra que su suegra, no estaba dispuesta a concedérselo.

Los hombres solían traer algunas telas para las mujeres, que compraban cuando sobraba algo de dinero después de haber adquirido los alimentos necesarios. Sabían que esos trapos y telares serían necesarios bien para la casa, bien para el consumo privado de las mujeres. Pero toda aquella mercancía que llegaba al terreno era entregada de forma inmediata a la madre de Nasrad, que a su vez guardaba todo en un enorme baúl que cerraba con llave, en un gesto significativo de que no pensaba compartir todo aquello con nadie. De vez en cuando una extraña caridad se apoderaba de los actos de esta mujer y obsequiaba con algún trozo de tela a las mujeres de la familia. A todas, excepto a María. María lo pasaba francamente mal los días que tenía que lavar su único vestido, porque no tenía otro que ponerse. Muchas veces se veía forzada a envolverse en otra tela que le proporcionaba más dificultades a la hora de desenvolverse o a pedir algún vestido a alguna cuñada, pero esto resultaba muy difícil por distintos motivos. Primero, porque las tallas de las mujeres eran distintas y segundo, porque la suegra se enfurecía cuando veía que unas se ayudaban a las otras. Eso la sacaba de sus casillas, Era superior a sus fuerzas. Y sus enfados los solían pagar las mujeres.

Alguna vez María tuvo que ponerse el vestido recién lavado y todavía mojado, y podía ver como su suegra disfrutaba con todo aquello. No era la primera vez que había tenido que hacer algo similar. Cuando María se encontraba con la menstruación, lo pasaba realmente mal. Tenía que apañárselas con un trozo de tela, que tenía que lavar cada dos o tres horas. La imposibilidad de ponerla al sol o de colgarla para que se aireasе con el resto de la colada era evidente, ya que era el único trozo de tela que tenía. Así que María se tenía que volver a colocar aquel trapo húmedo, lo que aumentaba la incomodidad que sentía en esos días. Además, le daba mucha vergüenza que la vieran lavar esa pieza e intentaba ocultarlo como fuera. Los primeros días de la menstruación, cuando más abundante le resultaba, María vivía su particular infierno, que además no podía compartir con nadie.

En alguna ocasión, sus cuñadas, que eran conscientes de lo que pasaba entre María y su suegra, en un acto de generosidad le traían telas para que se cosiera ella misma la ropa. Pero los problemas volvían a aparecer, ya que María desconocía cualquier relación entre la aguja y el hilo, y menos si tenía que hacerlo a mano. Su suegra tenía una máquina de coser, pero se negaba a dejársela, por lo que María se veía obligada a acercarse a escondidas a casa de sus cuñadas para que éstas se lo cosieran. Muchas veces María se tenía que volver a casa con el trozo de tela tal y como lo había llevado, ya que sus cuñadas se habían negado a ayudarla por miedo a que su suegra se enterara y tomara represalias contra ellas por el mero hecho de haber echado una mano a María.

A lo que sí había accedido su suegra, e incluso insistido, era en la imperiosa necesidad de confeccionarle un nuevo burka a su nueva nuera. A María le pareció cruel que no pudiera tener acceso a ropa más práctica, como un vestido, y que sin embargo su suegra insistiera en la elaboración de un nuevo burka. «Uno a tu medida. Que sólo sea tuyo. Que sólo te pertenezca a ti y tú a él.» Odió a su suegra en ese momento. La excusa que esgrimió la suegra aquella mañana para la confección de un nuevo burka era que el que tenía tardaba mucho en secarse. Era cierto, María había lavado en un par de ocasiones el burka y tardaba más de un día entero en secarse, aunque se tendiera al sol o se pusiera al lado de la chimenea. Pero no era menos cierto que necesitaba más cualquier vestido que un nuevo burka.

Así que María tuvo que aguantarse e invertir más de media mañana en que le tomaran las medidas exactas. Comenzaron por su cabeza, y María pudo descubrir que aquello era el inicio de todo. El burka comenzaba siendo fabricado como si se tratara de un gorro. Un gorro bien apretado y pesado, que llegaba a oprimir la cabeza de la mujer, para luego abrirse diametralmente en la medida que fuera necesario hasta llegar a cubrir los pies. El nuevo burka de María era también de color azul, y María pudo observar que en su elaboración se habían utilizado más de cinco trozos de tela distintos, con lo que daba la sensación de que su nuevo burka era un mosaico de otros burkas que otras mujeres ya no utilizaban.

Mientras le iban tomando las medidas, María pudo verse en el espejo. «Joder, parece que estoy disfrazada. Menos mal que esto se me acaba en un tiempo y me vuelvo a Europa porque si no, me moriría. No sé cómo pueden llevar esto para toda la vida.» María volvió a mirarse en el espejo. No se reconocía, pero sin duda era ella la que mostraba la imagen. «Será algo para contar a mis nietos. Y seguramente cuando se lo relate, nos reiremos todos.»

El burka que estaba destinado a cubrir su persona lo tuvo en apenas una semana. El nuevo vestido que le permitiera una mayor higiene y comodidad tardó meses en llegar.

Lo mismo sucedía con cualquier tipo de artículo que trajeran los hombres en sus salidas. Todo iba a parar al enorme baúl que tenía la suegra y nadie podía tocar nada a no ser que ella lo decidiera así, en un gesto despótico y egoísta que la definía a la perfección.

María observaba cómo aquella mujer metía con una repugnante avaricia los trozos de jabón que le traían, lo hacía deprisa como si quisiera que nadie viera lo que habían traído para que no pudieran pedirle nada. Y luego colocaba una pastilla de jabón para uso colectivo de todos lo que convivían en aquel terreno. A María le parecía triste aquella escena. Igual de triste que le pareció no poder pedirle nunca unos calcetines. Todo había que hacerlo a escondidas de ella. María lloraba amargamente. No podía entender cómo había llegado a una situación donde un tampón, un jabón, unos calcetines o dos metros de tela podían convertirse en artículos de lujo. Y sin embargo, ella se estaba convirtiendo en la escribana de aquella realidad.

Le costó mucho tiempo y esfuerzo dibujar una sonrisa en su rostro. María sólo recordaba pasarse horas y horas llorando, pero le resultaba imposible evocar un momento alegre, de risas compartidas, de confidencias, de sueños, de conversaciones relajadas.

Sin embargo, también las hubo. Menos, pero existieron. Sobre todo los momentos que compartió con las mujeres de aquella familia, con sus cuñadas, con las hermanas de Nasrad, con sus primas, con sus sobrinas y en especial con Motau. Nunca con su suegra. Jamás.

María se entendía a la perfección con las más jóvenes, con las que compartía fecha en el calendario. Con ellas, uno de sus temas favoritos era la ropa interior. Fue lo que desde un primer momento más les llamó la atención: la ropa interior que María traía en su equipaje. Cuando María decidía hablarles de los distintos modelos y formas que se comercializaban en los países europeos, sabía que tenía a su auditorio rendido y que nada de lo que pasara a su alrededor podría distraerlo. María era entonces la más popular, la que más sabía, a la que todas admiraban, a la que todas querían parecerse. En aquel lugar, como mucho, las privilegiadas podían utilizar ropa interior de segunda mano, por lo que escuchar y observar algunos modelos que María había podido salvar del robo era un auténtico lujo para la vista de las mujeres.

Fue con aquellas mujeres con las que había conseguido sonreír María. Especialmente cuando se reunían para hablar mal de su suegra. Era uno de los mejores momentos. Todas ellas tenían una historia que contar del maltrato que les había dado aquella mujer en algún momento de su vida. María pensó que aquella puesta en común resultaba una buena terapia para aquellas mujeres que contaban episodios de auténtica crueldad protagonizados por la mujer que en esos momentos era objeto de sus mofas y de aquellos minutos de distensión.

Había días en los que de aquellas reuniones salían planes que luego ponían en práctica y que servían de nuevo para crear un ambiente especial y divertido entre las mujeres. Muchos fueron los días en los que aquellas mujeres se atrevieron a coger las ropas de su suegra y vestirse con ellas, para después no dejar de imitarla, proyectando siempre de ella una imagen mala, grotesca y perversa.

En una ocasión, cuando María y otras cuatro mujeres, entre ellas Motau, se encontraban pintando una de las casas, una de ellas utilizó su pincel para dibujar en una de las paredes un perfil poco afortunado de la suegra, lo que sirvió para que todas las allí presentes colaboraran, aportando un nuevo matiz artístico a aquella pintura que ridiculizara aún más la imagen de aquella temible mujer. Cuando quisieron darse cuenta, el suegro de María las sorprendió con aquel juego y les echó una buena regañina, no tanto por estar burlándose de su mujer, algo que sinceramente podía entender, sino por estar malgastando pintura, algo que no podían permitirse. Cuando el suegro se fue, las mujeres no pudieron evitar una sonora carcajada, lo que no les privó de borrar rápidamente aquella imagen de su suegra esparciendo más pintura sobre ella.

María se preguntó muchas veces qué pensaría su suegra si supiera cómo se reían de ella las mujeres a las que tanto había hecho sufrir. Y a su cabeza le venía la imagen de su suegra enfadada como nunca antes la había visto al sorprender a Motau y a María mojándose la una a la otra mientras lavaban la ropa de sus familiares. Aquella imagen lograba aportarle dosis extra de ímpetu para seguir adelante ante los cientos de injustificados desplantes y desaires de su suegra.

11

Los largos meses de invierno fueron duros, y no sólo por el frío que María soportaba a duras penas. Comparado con el resto de su particular calvario motivado por su suegra, eso era lo que menos le importaba. La relación con su suegra empeoraba por días, las ausencias de Nasrad, que salía de casa a primera hora de la mañana acompañando a su hermano en el camión y no volvía hasta bien entrada la noche, eran cada vez más largas, y las tareas encomendadas a las mujeres, y por supuesto a María, dentro de aquel terreno no eran del agrado ni de la astucia de ésta.

Su suegra le echaba en cara que no trabajaba lo suficiente, que no se esforzaba como el resto. No eran pocas las veces que la acusaba delante de todos de perder el tiempo y de ser una holgazana, dejando que el trabajo duro lo hicieran las demás mujeres. Y María se enojaba, se enrabietaba, sabía que su suegra mentía, que lo que contaba ella no era reflejo de la realidad, pero no podía hacer nada. Lo que sucedía es que María nunca había acometido esas labores con anterioridad y la maña que mostraba no podía ser la misma que la que tenían las otras mujeres que llevaban toda su vida haciéndolo.

Todo eran quejas en boca de su suegra. María no sabía cómo encender el fuego. Los primeros días que intentó hacerlo echaba demasiada gasolina, lo que provocaba una gran humareda y hacía que el olor se impregnara en toda la casa y en la ropa que estaba colgada para que se secara al aire.

Tampoco estaba conforme la suegra con la manera que María tenía de lavar la ropa. Aseguraba que no frotaba lo suficiente e insistía en que no sabía aclararla, con lo que cada dos por tres le ordenaba volver a lavar la misma ropa, que según pudo comprobar María, ella misma ensuciaba a propósito para dar a entender que estaba sucia.

Tampoco la hora de levantarse era aprobada por la madre de Nasrad. María estaba acostumbrada a dormir más horas que las que dormitaban ellos, y solía levantarse más tarde, lo que provocaba la ira de la madre y las continúas reprimendas.

Motau, así como el resto de las cuñadas e incluso los hermanos de Nasrad, le aconsejaban que no le hiciera caso, que la ignorara, que la suegra había hecho lo mismo con todas. Pero María notaba que con ella su suegra se esmeraba para mostrarse especialmente desagradable y candidata a ser la más odiada.

Aquella mujer, de aproximadamente 65 años, que María llegó a admirar por su coraje de sacar adelante 12 hijos, entre ellos al que hoy era su marido y gran amor, sencillamente no la quería, y parecía como si su único fin en este mundo fuera hacerle la vida imposible, o al menos, más difícil a María. No había posibilidad de acercamiento entre las dos mujeres. María sabía que se había convertido en su principal enemigo, porque su matrimonio con Nasrad había trastocado los planes que su suegra había elaborado hace años y que apuntaban a que su hijo se casaría con las mujeres que él quisiera y que su madre necesitara, para más tarde emplearlas, aprovecharse de ellas y ponerlas a su servicio. Pero con María no lo tenía tan fácil. Con ese matrimonio no había pensado aquella mujer.

Lo peor era cuando las broncas, las acusaciones y las regañinas las hacía la suegra delante de Nasrad. Le acusaba a él de haberse casado con una mujer inútil, que no sabía hacer nada bien y le animaba encarecidamente, casi le suplicaba, a que contrajera matrimonio con una sobrina suya, con la que Nasrad ya se había prometido hace años, a pesar de que en su día, su familia tuvo que pagar una dote económica para romper esta promesa, ya que Nasrad huyó del país en plena ocupación rusa y prometió no volver jamás. Su madre le aconsejaba este nuevo matrimonio ya que, aunque estuviera casado con María, allí en Afganistán estaba permitido tener hasta un máximo de siete mujeres. Y le inducía a que diera el paso por si alguna vez María decidía irse del país y él se fuera con ella, la suegra pudiera quedarse con una de sus mujeres para utilizarla como criada y sirvienta suya. Cuando María escuchó aquella proposición tuvo que controlarse mucho para no soltar por la boca todo lo que llevaba demasiado tiempo callándose.

Uno de los peores momentos los vivió María cuando su marido se ausentó por motivos de trabajo durante ocho días. La nieve había cubierto en su totalidad las carreteras que unían la aldea de los padres de Nasrad con el pueblo donde había ido a trabajar, con lo que tuvo que permanecer una semana fuera de casa. Todo este tiempo lo pasó María prácticamente sin comer. María fue testigo de cómo su suegra le daba como alimento todo aquello que se encontraba en mal estado y todo lo que el resto de la familia no había querido ingerir. Aquello era lo que según su suegra le correspondía, y si tenía algo que objetar, le invitaba a que lo hiciera cuando llegara su marido. Este argumento solía utilizarlo mucho porque sabía perfectamente que María no disgustaría a Nasrad contándole todas las faenas y el maltrato que le dispensaba su madre.

Pero mucho peor que la amenaza de morir por inanición fue el trato que la suegra dispensó a su nieto, a Abdulah. Ni un gesto de cariño, ni una atención, ni un mimo, ni una caricia. Nada, absolutamente nada que hiciera sospechar cierto amor de abuela hacia esa criatura se pudo ver en esa casa, lo que le dolía a María más que cualquier afrenta que le pudieran hacer a ella. Y eso no se lo iba a perdonar jamás. María no paraba de llorar cuando nadie la veía y abrazaba a su hijo contra su pecho, contándole lo mucho que su abuelo materno, que se encontraba lejos pero que algún día conocería, le querría en cuanto le viera, y jugaría con él, y le llevaría a dar largos paseos, y le compraría juguetes y golosinas, y le leería cuentos y compartiría con él todo lo que un abuelo debía compartir con un nieto. María pasaba horas llorando, noches enteras en vela sin la ayuda, el apoyo ni la compañía de su marido.

El niño pasaba frío y hambre y no lograba dormir bien por las noches, a pesar de que María hacía todo lo posible para que sintiera todo el amor y el calor del mundo en su cuerpecito.

Cuando Nasrad regresaba a casa, su madre parecía sufrir una metamorfosis que la convertía en lo que no era, una abuela cariñosa, pendiente de su nieto, que no paraba de besar ni de coger en brazos y que le colmaba de atenciones y de arrumacos. A María se le revolvía todo por dentro cuando contemplaba el ejercicio de cinismo que desplegaba su suegra sólo para engañar a Nasrad. Le pareció bochornoso, hipócrita, maligno y tentada estuvo de arrancar de aquellos brazos hipócritas a su hijo, que no paraba de llorar, sin duda extrañando esos brazos con los que nunca antes se había visto acunado.

María y su marido tuvieron sus primeras discusiones por estos desencuentros con la suegra. María le juraba que ella hacía todo lo posible, pero que para su madre todo estaba mal. Y Nasrad le pedía que se esforzara un poco más, lo que enojaba y enrabietaba sobremanera a María. No podía creer que su marido creyera a su madre y no a ella, dándole la razón sin tenerla por el mero hecho de ser su madre. Así que optó por no contarle nada y tragarse ella los disgustos, los lamentos y las injusticias que su suegra quisiera dispensarle, ya que sintió que nada se podía hacer.

Tuvieron que pasar muchas semanas y muchos meses hasta que Nasrad comprendiera lo que realmente estaba sucediendo entre su esposa y su madre. Fueron los propios hermanos y las cuñadas de Nasrad los que le hicieron ver que su madre mentía y que le estaba complicado la existencia a María.

—Tu mujer está pasando por lo que no te puedes llegar a imaginar nunca a no ser que te lo contemos. Y te lo voy a contar, Nasrad —le dijo su cuñada muy seria, mientras su marido, el hermano de Nasrad, escuchaba y ratificaba con un movimiento afirmativo de su cabeza cada palabra de su mujer—. Tu madre se levanta cada mañana con una sola idea en su cabeza: cómo hacerle la vida más complicada a María. Esa mujer te ama como no he visto amar a ninguna mujer: la he visto llorar, aguantar dolores, sufrir humillaciones, dar la espalda a las burlas de tu madre, trabajar como una mula, pasar hambre, consumirse en soledad, y todo sin decirte a ti una sola palabra para que no te preocuparas, para que nada te afectara, para que nada te dañara. Para que tú pudieras seguir con tu vida, mientras ella se ahogaba en la suya. Y todo porque tu madre no ha logrado verla como lo que es, una mujer enamorada de su hijo, por el que estaría dispuesta a hacer cualquier cosa. Y tú no has tenido ojos para ver nada, Nasrad. Todo pasaba ante ti y ni siquiera te has dado cuenta —su cuñada sabía que estaba siendo dura con Nasrad, al que quería mucho, pero era consciente de la necesidad de pronunciar esas palabras si quería ver algún tipo de reacción en su cuñado. Tomó aire, miró a su marido, cogió las manos de Nasrad y le volvió a susurrar—: Llévatela de aquí, Nasrad. Sácala de este lugar antes de que sea demasiado tarde o la mala conciencia te irá devorando hasta no dejar nada de ti ni de su amor por ti. Salid de aquí cuanto antes.

Cuando su cuñada terminó con su sincero y certero parlamento, Nasrad parecía haber envejecido dos lustros durante la conversación. No podía creer lo que su mujer había estado padeciendo en silencio y le resultaba duro descubrir que él no se hubiera dado cuenta de nada. Se preguntaba, martirizándose, qué clase de marido era y en qué clase de hombre se había convertido en su regreso a aquellas tierras que le vieron nacer. Nasrad se levantó como si una fuerza sobrenatural se hubiese apoderado de su cuerpo, agradeció la información, más bien confidencia, de su cuñada y de su hermano, y se dirigió a la casa donde le esperaba María. Como siempre, con una sonrisa y con su hijo entre los brazos. Si Nasrad había envejecido dos lustros en diez minutos, su mujer no se quedaba atrás. Y Nasrad lo decidió en ese momento.

—Nos vamos a ir a Kabul por una temporada, María. Ya va siendo hora, ¿no te parece? —Nasrad se sintió feliz al ver como el rostro de su mujer se iluminaba al escuchar la buena nueva—. Hace un año que vinimos, y sería bueno aprovechar la llegada del buen tiempo para encaminarnos hacia allí e intentar hacer todo lo que no hemos tenido tiempo de iniciar hasta ahora.

María no podía dar crédito a lo que escuchaba. Desde el primer día que llegó a ese lugar soñaba con este momento, en el que su marido le comunicara que se iban a Kabul. María está convencida de que su suerte cambiaría en cuanto pusiera un pie en la capital y pudiera tener la ocasión de acudir a la embajada española y desde allí iniciar los trámites.

María se abrazó a Nasrad y éste le devolvió el amor con el que venía impregnado aquel abrazo de María besándola, a ella y a su pequeño. No se dijeron nada. No hizo falta. Cada uno sabía que el otro estaba feliz y que era así como tenían que ser las cosas.

Aquella noche apenas se percató de los desplantes y las malas formas de su suegra. Aquella noche los desdenes no tenían licencia para abortar uno de los momentos más pletóricos que había vivido María en los últimos meses. Aquella noche era evidente que María y Nasrad tenían prisa de terminar de cenar para retirarse a dar un paseo o para irse a dormir. Tenían que hablar de muchas cosas. Tenían que hacer planes y no querían que nadie se enterara antes de tiempo. Ese instante era enteramente suyo y a nadie más le correspondía.

—¿Dónde iremos, Nasrad?, ¿cómo viviremos? No tenemos dinero ni apenas pertenencias. ¿Cómo nos las vamos a apañar? Ya no somos sólo dos. Tenemos a Abdulah —preguntaba María con más curiosidad que preocupación. Estaba tan feliz que la palabra complicación no entraba en sus planes.

—No te preocupes, María. Lo tengo todo pensado. En Kabul tengo familia: siete tíos paternos y cinco maternos. Ninguno de ellos son ricos, más bien al contrario, pero todos nos echarán una mano. Ellos nos ayudarán y tendremos tiempo para buscar la embajada y contarles nuestro problema. Probaremos suerte durante unos días en Kabul. Y luego ya veremos. Verás como todo se arregla, María. Lo siento. Sé que las cosas se van a arreglar y que no tendremos que volver nunca más aquí.

Nasrad señaló a través de sus ojos el terreno que le había visto nacer y que había visto nacer también a su hijo. Sabía que aquél había sido su principio, pero comprendió que no era vida ni para él ni para su mujer, ni mucho menos era la vida que había pensado para su hijo.

María recorrió con la mirada aquel lugar que se había convertido en su casa en los últimos meses, que no era su hogar. Cerró los ojos y deseó que nunca más esa imagen se quedara en su retina. Que aquélla fuera una de las últimas veces que sucediera. Aquella noche rezó por ello.

12

La noticia del viaje a Kabul no sentó demasiado bien a la madre de Nasrad.

—Y ¿qué tenéis vosotros que hacer en Kabul? Allí las cosas están mucho más difíciles que en el pueblo, y aquí necesitamos vuestra mano de obra. No creo que sea una decisión acertada, Nasrad. No lo creo. Deberíais replantearos este viaje, absurdo e innecesario.

María creyó que nunca conseguiría extraer del todo el desagradable sonido de la voz de la madre de Nasrad de su cabeza. La distinguiría entre un millón y creyó que realmente odiaba aquella voz, sus expresiones, sus giros, sus tonos y despreciaría siempre todo lo que de aquella boca pudiera salir. Pero había aprendido a disimular sus impresiones, a calmar sus reacciones y a aparentar que nada había escuchado.

—Tenemos que ir, madre, para intentar arreglar unas cosas. Sólo serán unos días y así aprovechamos y podemos traer algo de la capital —explicaba Nasrad sin mostrar mucho interés a las palabras de su madre—. Además, María tiene más posibilidad de iniciar los trámites que necesita con la embajada española en Kabul y de que éstos tengan éxito que si nos quedamos aquí. Será sólo por unos días, después regresaremos, madre. No se preocupe, que pronto estaremos de vuelta.

—Espero que lo que dices sea verdad. Sobre todo me preocupa que vuelvas tú y mi nieto —María no tuvo necesidad de mirar la expresión de su suegra, para saber que en ese momento, al pronunciar esas palabras y olvidarse de mencionar el nombre de María, la suegra la estaría mirando con odio y con el mismo recelo que siempre se apoderaba de sus ojos cuando la conversación versaba de María. Pero esta vez no le importó. Más bien al contrario: disfrutó con la escena—. Ya sabes cómo son las mujeres como la tuya, Nasrad. Cuando conocen esto, no son capaces de soportarlo y lo dejan todo. Así que ten cuidado con esos trámites. Y recuerda siempre quién manda en este matrimonio. No olvides nunca que tú eres el hombre y ella, la mujer. Y con eso, está todo dicho.

Nasrad miró a María y la complicidad se apoderó de ellos.

—Claro, madre. Descuide. Lo tengo siempre presente.

María y Nasrad se despidieron del resto de los familiares prometiendo también volver pronto. Pero en su fuero interno, María deseaba no volver a aquel lugar. Rezaba porque su próxima estancia en Kabul fuera fructífera, le sirviera para arreglar sus papeles y con un poco de suerte, no tuviera que volver jamás a aquel lugar. Pero eso nadie lo sabía. Ni siquiera María. Sólo hacía conjeturas. Nasrad ya se lo había advertido la noche anterior.

—María, nos vamos a Kabul para que tengas oportunidad de pedir ayuda a la embajada. Pero si la ayuda no es inmediata y no tenemos manera de sobrevivir en Kabul, quizá tengamos que volver a la casa de mis padres. Ten bien presente esto. No quiero que te hagas falsas ilusiones.

A María le quedó claro. Pero no quería que nadie le quitara su derecho a soñar despierta.

—Y recuerda, María —le dijo Motau mientras la abrazaba con fuerza—, cuando vuelvas de Kabul, tráeme algo de ropa interior, de esa tan bonita que os ponéis las occidentales y con la que lográis volver locos a los hombres. Ya sabes cuál es mi talla. Tráeme todo lo que puedas. ¿Me lo prometes, María?

María nunca pudo entender la obsesión que mostraban aquellas mujeres por la ropa interior. Al principio, no pudo disimular que aquella desmesurada curiosidad hacia la ropa íntima le hacía mucha gracia y fue uno de los desencadenantes de sus primeras risas. Pero luego se vio obligada a tomarse en serio la continua solicitud de información sobre los diferentes modelos, formas, colores, texturas de los sujetadores, las bragas, los tangas, los *culottes*. María se convirtió, sin ella quererlo ni imaginarlo, en una auténtica maestra en lencería fina. Y también de los zapatos de tacón. Era curioso, cuando a ella nunca le habían llamado la atención ni una cosa ni la otra en el tiempo que había estado en Occidente, fue llegar a Oriente y convertirlo en un tema estrella.

—Te lo juro, Motau. Te lo juro.

Se volvieron a abrazar como las dos hermanas que realmente eran. En aquel abrazo ambas visionaron los muchos momentos, buenos y malos, que habían vivido esas dos mujeres y que por mucho tiempo que vivieran, jamás su cerebro permitiría echarlo en el olvido.

—Te quiero, Motau.

—Yo también te quiero, María.

13

Apenas un mes duró su aventura en la capital. María no tuvo suerte en su peregrinaje callejero en busca de la embajada soñada. Todo eran datos contradictorios. Nadie le decía nada concreto. Nadie le mostraba una brizna de esperanza a la que pudiera aferrarse para continuar en su esfuerzo de volver a casa. Fueron veinte días perdidos, desperdiciados. Nada consiguieron, excepto gastar

el poco dinero que habían conseguido ahorrar y perjudicar la economía familiar de algunos parientes de Nasrad que habían tenido
la amabilidad de acogerles en su casa.

Durante aquellos días, María sólo tenía ganas de llorar por la mala
suerte que les acompañaba. Además de no encontrar la dichosa
embajada española, ya que todo el mundo al que preguntaba le
aseguraba que no existía, lo cual hundía más en la desesperación a
María, llevaba unos días que no se encontraba bien. Sentía vértigos
y mareos demasiado continuados. Pero todo este malestar lo atribuyó al cansancio y a la desgana que se apoderó de ella. No se sentía bien. Pero tampoco tenía motivos para hacerlo.

A los veinte días fue la propia María la que le planteó a Nasrad
la posibilidad de volver a casa de sus padres. No le hacía ninguna
gracia, pero aquella situación de desamparo absoluto en la que se
encontraban en Kabul no podía alargarse mucho más tiempo.

—Nos tenemos que ir, Nasrad, o terminaremos volviéndonos
locos. Ya probaremos más adelante. Quizá no era el momento. Mira,
ya nos hemos alejado durante un tiempo de tu madre, que es lo
que yo necesitaba. Ahora volvamos. Quizá ahora las cosas sean
diferentes.

Nasrad comprendió que su mujer estaba cargada de razón y aceptó su propuesta.

En dos días volvieron a la casa de sus suegros. Y María no podía
quitarse de la cabeza la imagen de su suegra. ¿Cómo la recibiría?
¿Se le habría pasado el odio que hacia ella sentía? ¿Agradecería de
alguna manera que volvieran? María prefirió no albergar mucha
esperanza de cambio en el carácter de su suegra.

14

Los temores de María se cumplieron como si de un perfecto guión
se tratara. Llevaba días que se notaba extraña, sentía su cuerpo
más delicado de lo que solía ser habitual, y más desde que llegó a

esas tierras. El periodo se le había retrasado más de lo habitual, aunque el ciclo menstrual tampoco María lo consideraba como indicativo de nada, ya que la precaria alimentación, el agua y el nivel de vida en el que se encontraba motivaba desajustes y desarreglos mensuales a los que María había logrado ya acostumbrarse. Pero las ganas de comer aparecían multiplicadas por diez.

María tenía hambre a todas horas, incluso cuando acababa de ingerir un cuenco de arroz o de garbanzos, sentía que su estómago le pedía más atenciones culinarias. María se sorprendió en más de una ocasión acudiendo a escondidas a la despensa para poder llevarse a la boca cualquier cosa que sus dientes pudieran masticar, sus glándulas salivares degustar y su estómago calmar esa sensación de hambre continua. Cuando se encontraba en pleno saqueo en la cocina, no podía deshacerse del nudo en el estómago que alertaba del peligro que supondría que su suegra apareciera y la pillara comiendo a escondidas. María prefería no imaginarse esa escena que alguna noche le motivó alguna que otra pesadilla que le hacía despertarse a medianoche entre sudores y alertando a Nasrad, que dormía plácidamente a su lado, hasta que el cuerpo convulsionado de María le arrancaba de su tranquilidad onírica.

Pero el retraso había alcanzado ya las siete semanas y aquello no era normal. María estaba embarazada de su segundo hijo. Se vio presa de un doble sentimiento, tan profundo como contradictorio: quería volver a ser madre, quería tener más hijos con Nasrad. Pero no allí. No podía soportar la idea de que su segundo hijo naciera también en Afganistán y prefería no imaginarse teniendo que pasar otra vez por la idéntica precariedad sanitaria a la que vivió durante el alumbramiento de su primer hijo. María estaba contenta, pero algo le impedía dejarse poseer y embargar por esa alegría. Había algo que le negaba poder disfrutar de aquella nueva buena como ella hubiese deseado. María sabía que no era el mejor momento para quedarse embarazada y que la noticia de la concepción de su segundo hijo iba a traer más de un problema a la familia. Pero, sobre todo, lo que temía María era la ira con la que su suegra acogería la noticia, ya que supondría que la mano de obra que representaba María se viera disminuida cuando, según la madre de Nasrad, tanta falta hacía.

Por eso decidió durante los primeros meses mantener la buena nueva en secreto. No quiso decir nada a nadie. Prefería gozar de ese tiempo de ventaja sobre el resto para pensar, planear y elucubrar posibles planes futuros antes de comunicar que estaba de nuevo embarazada. Ni siquiera se lo dijo a Nasrad, al padre de sus hijos, al hombre de su vida, para evitar que en un momento de debilidad o de descuido su marido se lo dijera a su madre y entonces los problemas no hicieran más que acrecentarse.

María tomó la decisión de disimular su segundo embarazo y para ello no podía mostrar ninguna señal del mismo. A pesar de que sentía un impulso compulsivo de devorar la comida que su suegra ponía sobre la mesa, María procuraba comer menos que nunca. Eso la obligaba a volver minutos más tarde a la cocina, donde comía lo único que entonces encontraba: media cebolla cruda. En otra situación, María nunca hubiese dado un mordisco a aquella hortaliza. No le gustaba; es más, le desagradaba, y más estando cruda. Pero las ganas de engullir aquel alimento eran superiores a ella y no dudó en darle un mordisco con la misma voracidad con la que le hubiese hincado el diente a una manzana. María masticaba con tal apremio aquel primer bocado de cebolla cruda que casi no sintió el sabor fuerte y característico de aquella especie de puerro. María notaba que sus ojos reaccionaban al contacto con la cebolla y comenzaron a picarle y a hacer agua, con lo que tuvo que restregarse los ojos con las manos, lo que acrecentó la reacción lagrimal. María comenzó a abrir y cerrar los ojos de manera automática. No podía perder la visión que tenía desde la cocina por si acaso su suegra aparecía y la sorprendía comiendo a escondidas.

Estas escapadas se repitieron durante los primeros meses del embarazo. Sobre todo a media noche, cuando todo parecía envolverse en una tranquilidad que María apreciaba y sentía como una coraza de seguridad frente a los demás.

Durante su primer embarazo María no había sentido antojo alguno. Quizá por el *shock* bajo el que se encontraba o puede que porque sencillamente nunca dos embarazos son iguales.

Con su segundo hijo, María sentía un irrefrenable deseo de comer queso. Soñaba con poder masticar un poco de queso. La sola imagen de este alimento lácteo activaba las glándulas de su boca de tal manera que se convertían en una máquina de hacer saliva, logrando una superproducción que María nunca había experimentado. Pero el antojo de queso era uno de los más difíciles de saciar en aquel lugar. Sencillamente no había, por lo que María tuvo que ingeniárselas como pudo para conseguirlo. Durante aquel periodo María se ofrecía como voluntaria para ordeñar las vacas y las cabras, algo que hasta ahora no le había retribuido muchos buenos ratos. Sin embargo, era la única oportunidad para que luego pudiera poner a hervir la leche en el fuego, hasta que el hervor motivara la aparición de una fina capa de nata que se iba formando en la superficie. Era entonces cuando María aprovechaba para retirarla y metérsela en la boca todo lo deprisa que los nervios y el miedo le permitían, asegurándose de que no hubiera ninguna mirada indiscreta que le descubriera. Esta operación la realizó María unas cuantas veces, y cuando su boca ya estaba saboreando lo que para ella era en aquellos momentos un manjar fruto del antojo, no podía evitar pensar en cómo su padre hacía exactamente lo mismo, pero siguiendo otro ritual bien distinto: su padre retiraba la nata que lograba hacerse una vez hervida la leche, la depositaba delicadamente sobre una estrecha y larga rebanada de pan y lo espolvoreaba con abundante azúcar. A María nunca le pareció un plato exquisito cuando veía a su padre disfrutar como un niño ante aquella exquisitez. Y sin embargo, ahora, su opinión al respecto había cambiado. Y se sintió más cerca de su progenitor.

María necesitaba tener algo constantemente en la boca. Su cuerpo requería estar permanentemente masticando algo. No fueron pocas las veces que incluso recogió alguna vinagreta de la tierra, la limpió como y cuanto pudo con la mano, y se la metió en la boca. Cualquier cosa valía.

Pero llegó un día en el que su embarazo era demasiado evidente. Además, en éste, María había engordado mucho más que en el primero, con lo que la confesión tuvo que hacerla antes de lo que ella pensaba. Fue una noche cuando se tomó la determinación de sincerarse.

—Nasrad, estoy embarazada —su marido se la quedó mirando entre confundido y extrañado por lo que acababa de decirle su mujer. María, al ver que de la boca de Nasrad no salía ni una sola palabra, continuó hablando para que el silencio no acrecentara aún más la tensión del momento—. Creo que estoy de cuatro, quizá cinco meses —calló durante unos segundos—. ¿No dices nada?

María temió que su marido fuera a reaccionar mal. Ella misma sabía que no era el mejor momento para quedarse embarazada, que la situación no era la más propicia para cargar con otro niño y que esto complicaría aún más sus planes. Pero su segundo hijo venía en camino y ya nada se podía hacer más que recibirlo en el mundo lo mejor posible.

—¿No te alegras, Nasrad? Tú querías tener más hijos, ¿no?

—Por supuesto que sí, María, claro que me alegro. Lo único es que no me lo esperaba así, tan pronto —Nasrad miraba a su alrededor mientras hablaba con su mujer, como intentando encontrar alguna explicación que en aquel momento se le estaba escapando—. ¿Por qué no me lo has dicho antes? ¿Por eso dormías tan mal, tenías pesadillas y te cansabas más haciendo las cosas? ¿Y cómo estando embarazada comías tan poco, María? ¡No lo entiendo, si te tenía prácticamente que obligar a ingerir algún alimento en la mesa!

—No quería que nadie se enfadara conmigo. Temía que si les decía que estaba en estado, se molestaran conmigo por la llegada de una nueva boca que alimentar. Además, tu madre... —María prefirió callar. No podría soportar el cansancio y el desgaste que una nueva discusión acerca de la actitud y la forma de ser de la madre de Nasrad podría suponerle.

—Pero, María, eso siempre es una buena noticia. Ya sé que quizá éste no sea ni el mejor momento ni el mejor marco para que nuestro segundo hijo venga al mundo. Pero lo importante es que ya está aquí.

Nasrad abrazó a su mujer y la besó. Nunca pudo imaginar lo que aquel gesto supuso para María, que había pasado meses guardando un secreto que la incomodaba, que le pesaba demasiado sobre su conciencia y que ahora parecía como si estuviera descargando toda la tensión acumulada en aquel abrazo.

15

Cuando Nasrad comunicó la noticia del segundo embarazo de María al resto de la familia, todo fueron felicitaciones y alegrías. María no pudo evitar atender al gesto de su suegra cuando escuchó de boca de Nasrad que estaba embarazada. Su rostro expresaba frialdad, sequía de todo sentimiento dulce, gratificante, carente de todo afecto y sensibilidad hacia la nueva situación. No le sorprendió la reacción de su suegra. Tampoco se esperaba otra. Pero le hubiese gustado equivocarse, aunque fuera por una vez.

No fueron fáciles para María los meses restantes de su gestación. Su suegra, lejos de aminorarle el esfuerzo y la dedicación del trabajo, se lo aumentó. Aseguraba que así el niño vendría más fuerte y más sano, y que allí las mujeres no dejaban de cumplir con su obligación por el simple hecho de estar embarazadas. Pero María se sentía más cansada cada día. Sus piernas se doblaban, la espalda se negaba a obedecerle y el corazón se le aceleraba con demasiada frecuencia. Por si fuera poco, la sensación de hambre la acompañaba las veinticuatro horas del día y la saciedad estaba lejos de poder conseguirse. Intuía que su segundo embarazo iba a ser más complicado que el primero y no se equivocó.

El día que se puso de parto, María creía saber con lo que se iba a encontrar. Al menos intentaba consolarse con esta idea, creyendo que la experiencia de su primer parto, también en aquellas tierras, podría motivarle cierto sosiego al saber lo que se le avecinaba.

También entonces fue su suegra la que la ayudó a traer al mundo a su primer hijo. Pero entonces la relación entre ambas no era ni mucho menos mala. Se acababan de conocer. María había llegado junto a Nasrad procedentes de Londres, llegaba embarazada y el parto se le adelantó casi dos meses. Así que fue su suegra la que actuó como improvisada comadrona, algo a lo que la madre de Nasrad estaba acostumbrada porque había ayudado a traer al mundo a la mayoría de los niños de la familia.

Pero los acontecimientos que tuvo que vivir en su segundo parto, sencillamente, la superaron.

Fue una mañana. María no pudo soportar más el dolor que sentía en el bajo vientre. Llevaba dos días que el dolor se iba haciendo insoportable, pero prefirió no decir nada para no escuchar las reprimendas de su suegra, que la acusaba de egoísta y caprichosa a la mínima ocasión. Pero aquella mañana el padecimiento era ya demasiado fuerte y desgarrador. Cuando se disponía a cargar otra garrafa llena de agua en el carro, notó que se rompía por dentro. Una punzada fuerte y seca la paralizó. Se cogió con las dos manos su vientre, derramando sin querer el agua que ya había extraído del pozo con mucho esfuerzo. Miró hacia la tierra y vio como el agua vertida que se suponía iba a ser para el consumo de la familia se mezclaba con otro líquido similar que le corría entre las piernas y que le salía de su interior. María se asustó.

Era su segundo parto, pero aquello no se estaba pareciendo nada al primero, y era lo único que tenía de referencia María. Era lo único en lo que podía fijarse. María no sabía si aquello que le estaba sucediendo era o no normal. Además, el dolor que sentía le impedía pensar. Tan sólo acertó a llamar a gritos a Motau, que ya había conseguido recorrer parte del trayecto que separaba el pozo de la casa y llevaba un bidón de agua en cada mano.

Cuando Motau escuchó su nombre en forma de aterrador e inhumano grito que procedía de las cuerdas vocales de María, se giró alertada. Vio a María inclinada hacia delante, a punto de dejarse caer sobre el suelo y aferrándose a su abultado vientre. No dudó

en correr hacia ella, tirando a su vez los bidones de agua que llevaba asidos de ambas manos.

Cuando llegó hasta María, la ayudó a caminar como pudo. Era
una operación complicada, porque María aseguraba que no podía
dar un paso, que notaba una presión que tiraba de ella hacia abajo
y que no se sentía capaz de dar un solo paso más. Y no era broma.
Ni absurda delicadeza occidental como le solían echar en cara algunos en aquella casa.

Al final, Motau logró imprimir algo de movimiento en el cuerpo de María y lentamente se dirigieron hasta la casa principal.
Cuando estaban a punto de llegar, Motau lanzó un grito de ayuda
para que su suegra supiera que la necesitaban. La suegra se asomó
al quicio de la puerta y sin apenas apremiarse en sus actos, ordenó
al resto de las mujeres que calentaran agua y preparan numerosos
paños, mientras le decía a Motau que se llevara a María al apartado donde dormían los animales. Al escuchar esto, María se sobrecogió, algo que Motau notó y al entender los pensamientos que se
le podían estar cruzando a María en aquel momento, le explicó:

—Allí han dado a luz todas, María, no te asustes. Se está más
caliente y está más cerca de los árboles y del pozo del agua. Tranquila. Todo va bien. Tú respira y aguanta.

Creyó que cuando pudiera recostarse en el suelo, sentiría un
cierto alivio, pero no fue así. A pesar de que sus cuñadas le habían
acondicionado en lo posible una especie de camastro de paja y ramas
cubierto con telas, María no sintió bálsamo alguno cuando su cuerpo tocó el suelo. Los dolores del parto la podían, jamás imaginó
que aquello pudiera torturarla tanto. María se sentía aterrada y
echaba de menos a Nasrad. Hubiese dado media vida por que él
estuviera a su lado alentándola y susurrándole las palabras necesarias con esa voz que siempre lograba relajarla. Pero no pudo ser.
Nasrad estaba de viaje y no volvería hasta la noche. María empujaba, lloraba, gritaba, maldecía en su idioma para no ofender a nadie.
Escuchaba las palabras de ánimo con las que sus cuñadas y Motau
le intentaban aleccionar; hasta sus oídos llegaban los mandatos de

su suegra en palabras como espera, empuja, para, respira, empuja, no tanto, aguanta, todavía no. María notaba que le colocaban telas húmedas sobre la frente, en el cuello y en el pecho, pero no sentía alivio: algo no funcionaba.

De nuevo, la mensajera de las malas noticias fue su suegra, después de unas horas hurgando entre las piernas de María, se secó el sudor de su cara y lo dijo sin más.

—Tu hijo viene mal, María. No sé cómo va a salir todo esto.

—¿Cómo que viene mal? ¿Eso qué quiere decir? —María miraba a su suegra y al resto de mujeres que la acompañaban, esperando escuchar alguna explicación que la tranquilizara. Pero en vista de que no llegaba, volvió a preguntar utilizando un tono de voz más elevado—. ¿Qué quiere decir que viene mal? ¿Le pasa algo a mi hijo? ¿Qué sucede? ¡Que alguien me lo diga!—. María sentía que estaba a punto de perder los nervios.

—Tranquilízate, María, o será peor para tu hijo —le dijo secamente su suegra—. Viene al revés. Eso es todo. Voy a tener que darle la vuelta si no quieres que se ahogue y que a ti te destroce.

Al escuchar esas palabras, María se puso a llorar. No entendía muy bien lo que su suegra le estaba diciendo. Pero sabía que había problemas.

—María, será mejor que te serenes y colabores, porque si no, esto puede hacerse eterno y el resultado no será el que llevamos tanto tiempo esperando.

María seguía sin entender. Su cabeza sólo estaba ocupada por malos augurios. No sabía qué hacer. Se sentía indefensa, inútil, humillada. Se sabía allí tirada desde hacía muchas horas, con las piernas abiertas y sin saber exactamente cómo reaccionar para lograr que las cosas mejoraran.

De repente vio como su suegra se levantaba y se alejaba un par de metros de donde ella estaba. A los pocos segundos la vio regresar con una piedra de grandes dimensiones que colocó a María encima de su abultado y sudoroso vientre.

María creyó que su suegra iba a matarla. No logró encontrar

otra explicación a aquella escena que ni siquiera su cerebro era capaz de argumentar de una manera lógica.

—María, te voy a hacer daño. Pero es la única manera de hacer presión para que tu hijo se dé la vuelta en tu vientre y logre salir. Así que aguanta —la seguridad que mostraba su suegra casi logró tranquilizar a María. Pero no demasiado—. Aguanta y grita todo lo que quieras. Eso te ayudará.

La visión que ofrecía su suegra sentada sobre su vientre y haciendo presión sobre el mismo no era la que María se había imaginado. Lo vivía como algo dantesco, fuera de la realidad, totalmente ajeno a ella. Sencillamente no podía creer que aquello le estuviera pasando a ella. Unos gritos le sacaron de su ensimismamiento.

—Empuja, María. ¡Empuja ahora! ¡Empuja más, mujer, que si no, no sale! ¿Es que no sabes empujar más? —los gritos de su suegra le retumbaban en la cabeza como si alguien se estuviera dedicando a darle golpes en la cabeza con un martillo.

—Empuja ahora, empuja. Empuja más. Así.

Pero por mucho que María empujaba, aquello no mejoraba.

La suegra se volvió a levantar. Esta vez se alejó un poco más y regresó con una cuchilla en la mano. María la observó con los mismos ojos de pánico con los que siguió los pasos de su suegra y matrona cuando volvió minutos antes con una enorme piedra entre sus manos.

—Voy a tener que rajar, María. Tu hijo no quiere salir de ahí. Habrá que ayudarle un poco más. Respira hondo y vete soltando el aire lentamente. Verás como ni siquiera te das cuenta.

María tuvo la sensación de que su suegra disfrutaba con todo aquello, pero aquella impresión era lo último que le preocupaba en esos momentos. Lo único que quería y por lo que rezaba era por que su segundo hijo saliera de su vientre, viera la luz y apareciera sano y salvo, sin ninguna complicación, sin ningún defecto. Incluso llegó a proponer que si había que decidir entre su vida y la del pequeño, que se optara por la de su segundo hijo.

—Eso ya lo sabemos, María. Tú respira tranquila.

Ni siquiera le dolieron las palabras de su suegra. No podía esperar otra cosa.

Por fin, y después de perder varias veces la conciencia, situación que complicaba aún más las cosas, el segundo hijo de María vino al mundo. Era niña y pesaba más de cinco kilos. María estaba destrozada, física y psicológicamente. No podía más, se había sentido morir demasiadas veces en las últimas horas. No quiso preguntar cuánto tiempo estuvo alumbrando a su hija, pero pudo ver que ya había anochecido y que cuando comenzó a sufrir las primeras contracciones acababa prácticamente de empezar el día.

Aquel parto le había resultado mucho más difícil que el primero, y apenas tuvo fuerzas de mimar y sostener a su hija sobre su regazo, como hizo con su primer hijo.

Las mujeres se hicieron cargo de la pequeña. La limpiaron los restos de sangre que todavía almacenaba su cuerpo en la superficie y la envolvieron en una tela nueva. María sintió como alguien le curaba su herida de parto con la misma pasta de hierbas que había utilizado en su primer parto. Fue lo último que pudo percibir a través de sus sentidos. El sueño, el cansancio y la tristeza porque Nasrad no hubiese estado durante el parto de su segundo hijo sumieron a María en un sueño profundo. Y en ese estado permaneció durante horas.

16

Le costó mucho recuperarse de su segundo parto. María no dejaba de sangrar por la herida, que, sin saber por qué, no lograba cicatrizar como la pasada vez. La primera noche apenas pudo dormir a pesar del cansancio, porque notaba cómo de su interior no dejaban de manar líquidos y alguna otra sustancia que no pudo determinar. Se sentía dolorida y herida. Algo no iba bien. Aquello no tenía nada que ver con la recuperación casi inmediata de su primer parto. Y María estaba preocupada.

Además, su suegra no estaba dispuesta a ayudarla. Más bien al contrario. Al día siguiente de su segundo parto, la obligó a levantarse de su lecho para trabajar.

—Hay muchas cosas que hacer en esta casa. Además, los hombres no están y necesito todas las manos posibles —dijo la suegra—. Yo he dado a luz a doce hijos, y al día siguiente ya estaba trabajando. No podía permitirme el lujo de parar. No era tan delicada como otras.

María no pudo creer que su suegra hablara en serio. No hacía ni veinticuatro horas que acababa de dar a luz, su estado era más que precario, la sangre seguía saliéndole de la herida junto a otros restos orgánicos, y aquella mujer quería que se pusiera a barrer, a fregar, a traer agua y a preparar la comida. Nunca pensó que tanta maldad podría darse en una persona. Pero no tuvo más remedio que comprobarlo. María creyó que se volvía loca.

Se levantó y comenzó a hacer las tareas. El resto de las mujeres, que tampoco podían entender la decisión de la suegra, intentaron echar una mano a María para que no cargara demasiado peso, para que no tuviera que moverse mucho, para que al menos pudiera hacer el trabajo sentada.

María no comprendía por qué ella, al día siguiente de tener un parto tan complicado y delicado, tuvo que levantarse para trabajar, mientras que su cuñada hacía un par de meses que había tenido otra niña, y la suegra le había permitido guardar reposo durante más de un mes. «Está claro. Esta mujer me odia. Me tiene manía. Y yo no le hecho nada, excepto enamorarme de su hijo, amarle con todas mis fuerzas y vivir por él.»

María sentía tanta impotencia por el trato que estaba dispensándole su suegra que, unido al dolor que le devoraba por dentro y a la preocupación de que la herida no terminaba de cerrar y por lo tanto de sangrar, deseó estar muerta. O ella o su suegra. Pero que alguien acabara con esa inhumana e irracional situación.

Esa persona no sería su marido, que aquella misma mañana tuvo que salir con el camión de su hermano para trabajar en un pueblo cercano. No tuvo ocasión de decirle nada, aunque si la hubiese tenido, María tampoco le hubiese molestado a Nasrad con aquella queja porque no quería que se preocupara.

Pasaron tres días, y a María le extrañó que su marido no hubiese regresado al pueblo. Tenía miedo de que le hubiera pasado algo y la incomunicación de la aldea en la que estaba evitara que ella se enterara. Tuvieron que pasar dos semanas, que María pasó entre la desesperación y la deshidratación de tanto que lloró, para que un lugareño se acercara hasta la casa de sus suegros y les comunicara que Nasrad y su hermano se habían quedado encerrados en un pueblo a causa de la intensa nevada que estaba cayendo.

A María le tranquilizó la noticia, pero el sosiego le duró poco. Le echaba de menos. Nunca había estado separada de su marido tanto tiempo y aquello le martirizaba. Y por si fuera poco, su estado físico seguía siendo lamentable. Las heridas del parto continuaban sangrando y la ansiada cicatrización no llegaba nunca. Además, su suegra había dado un paso más en su camino a la deshumanización total.

Había decidido que María no estuviera con su hija recién nacida. Su suegra resolvió sin preguntar ni encomendarse a nadie que Nuria, que era como se llamaba la niña, se quedara a vivir con ella. Aseguró que era para que María pudiera trabajar mejor, dedicarse más a las labores que tenía encomendadas como mujer, que según ella, tenía muy desatendidas, y que sólo la viera para darle de comer.

Ni siquiera podía dormir con su hija, por lo que no pudo saber nunca lo que era tener una hija recién nacida.

María pasaba las noches llorando. Sin marido, sin hija y con una suegra que no vivía más que para complicarle la vida.

María se pasaba el día trabajando. Nada más levantarse y después de un cada vez más escaso desayuno, recogía la casa, doblaba las mantas, barría el suelo, encendía el fuego, iba al pozo a por agua, llenaba las garrafas de diez y veinte kilos, las depositaba en un carro que empujaba lentamente y que le llevaba mínimo hora y media. Calentaba el agua. Preparaba la comida, amasaba el pan, hacía el té. Después lavaba la ropa. Paraba unos minutos para la comida a las doce del mediodía y cuando terminaba vuelta a empezar. De nuevo a por agua para limpiar los cacharros. Más tarde se dirigía a los establos para limpiarlos y dar de comer a los animales. Ordeñaba las vacas, vigilaba la producción de las gallinas. Pasaba la tarde entre ovejas, cabras y conejos. Y cuando su cuerpo pedía un descanso, otra vez tenía que volver a por el agua para preparar la cena, el té. Cuando llegaban las diez de la noche, María estaba agotada, cansada, enfadada y contrariada. Ni siquiera el día le había permitido un minuto para su aseo personal o para un merecido descanso. La única gratificación que tenía durante el día eran los contados momentos que su suegra le llevaba a la niña para que le diera de comer. Pero era muy poco tiempo. Sólo unos minutos y después su suegra volvía a arrebatársela de sus brazos, hundiendo a María en una depresión de la que no sabía cómo salir.

La herida del parto seguía sin cerrarse. Hasta los nueve meses de nacer su hija, María seguía sangrando, tanto que creía que tenía la menstruación a cada momento. Entre el esfuerzo que hacía cada día para poder sacar adelante tanto trabajo, lo poco que comía, la dificultad que tenía para conciliar el sueño y la cantidad de sangre que estaba perdiendo, María se encontraba débil. A ello se unía la desesperación y el dolor por no poder estar con su hija. A María le torturaba la idea de que a su hija le ocurriera lo que le había pasado a ella de pequeña. Cuando su madre murió, María contaba con dos años de edad, y su padre decidió dejarla con sus abuelos paternos. Hasta que un día, el padre de María vio como su hija llamaba papá a su abuelo, algo que le dolió tanto y le dio tanta rabia que decidió llevársela del lado de sus abuelos.

María no podía soportar la idea de que su pequeña Nuria llamara mamá a aquella mujer que el destino le había impuesto como suegra. Y la mera posibilidad de que esto pudiera ocurrir lograba encolerizarla.

17

El dolor la estaba matando y el nulo reposo no ayudaba a su recuperación física, ya que a la anímica sólo podría contribuir Nasrad, que seguía sin dar señales de vida.

Un día María le comentó su lamentable estado físico a su cuñada, la mujer del hermano de Nasrad que era médico y que había logrado aprender ciertas nociones médicas que le permitían atender a las mujeres de la familia, ante la imposibilidad legal de que un médico varón las viera.

Le contó que desde que había dado a luz, no había dejado de sangrar y que ya no podía más. Cuando su cuñada examinó a María, no podía creerse lo que veían sus ojos. La herida aún seguía abierta y todo parecía indicar que alguna infección se había apoderado del aparato reproductor de María por la falta de cuidados médicos, por la falta de higiene y por muchos otros factores que la cuñada se ahorró de detallar ante el gesto de preocupación de María.

—María, primero te curaré. Pero luego voy a tener que coserte la herida o terminarás desangrándote o muriendo por cualquier otra infección.

María no terminaba de entender el rictus de preocupación que asomaba en la cara de su cuñada y le requirió una explicación.

—Es que no tengo anestesia. Te voy a tener que coser en carne viva y te va a doler mucho, María. Pero es la única opción. Créeme. No tiene buen aspecto. Hay que cerrar esta abertura como sea.

María respiró hondo y se tumbó en la cama donde le había indicado su cuñada. Sintió cada una de las puntadas que iba dando su cuñada en su parte más íntima. Notaba perfectamente cómo la aguja le perforaba la carne, dolorida y sensible como nunca, y cómo el hilo conseguía unir las partes que desde hacía meses no se encontraban y que provocaban la sangría que María venía sufriendo desde que dio a luz a su hija. María lo pasó fatal. Sus ojos no podían evitar deshacerse en llanto, pero ni un solo grito salió de su garganta. Sólo faltaba que su suegra se enterase de lo que estaba sucediendo, y echara en cara a ella y a su cuñada haber dejado de trabajar. Cuando su cuñada terminó de coserla, María se incorporó. Pero no duró mucho en este estado de verticalidad. La cabeza se le iba, la habitación entera le daba vuelta y sintió como un sudor frío le inundaba todo el cuerpo. No tuvo más remedio que recostarse de nuevo y abandonarse a esa situación extraña. Cuando volvió a abrir los ojos, supo que había perdido la consciencia. La improvisada y nada acondicionada operación a la que le acababa de someter su cuñada le había abandonado en un sueño motivado por un estado febril que tampoco entonces quiso abandonar su cuerpo.

—¿Cuánto tiempo ha pasado? —le preguntó preocupada María a su cuñada—. ¿He estado mucho tiempo aquí?

—Unas horas, María. Perdiste el conocimiento, supongo que por el dolor. Pero no te preocupes, he logrado distraer a la suegra y de momento no te molestará. Se cree que estás a por agua, pero ya ha ido Motau y el resto de mujeres para encargarse de tu trabajo y que no se note nada. Tú tranquila. Ya ha pasado todo. Ahora, a recuperarte. Verás como a partir de ahora ya no sangras como antes.

María bebió un poco de té caliente antes de levantarse y salir de la habitación de su cuñada. Suerte que ellos vivían en la otra casa del terreno, y que su suegra no se había percatado de nada. Poco a poco se fue andando hacia el exterior. Agradeció la bofetada de aire fresco con la que le obsequió el exterior cuando asomó su cuerpo. Entonces pensó en Nasrad.

—¿Pero dónde estás, Nasrad? ¿Cuándo vas a volver? Me voy a volver loca. No puedo más. Necesito que vengas.

Durante un buen rato, María se quedó en el quicio de la puerta, pensativa, con la mirada perdida. Ni siquiera vio que su suegra la miraba con expresión desafiante e inquisidora desde la ventana de la otra casa. Cuando volvió a la realidad, María despreció la mirada de su suegra, lo que sin duda debió de encolerizar a la mujer que más odiaba en este mundo. Pero le dio igual.

María se fue andando lentamente hasta la casa de su suegra. Ya había tenido bastante con lo que había vivido hasta ahora y sintió la necesidad de dejar, por fin, las cosas claras a aquella mujer. Entró en la casa y se dirigió directamente a su suegra.

—¿Dónde está mi hija?

—Está bien. No te preocupes por ella. Está mejor atendida conmigo. Tú tienes demasiadas cosas que hacer. Lo único de lo que debes preocuparte es de darle de comer —contestó secamente su suegra.

María cogió a la niña. Cada día la sentía más extraña y veía cómo crecía a una velocidad que le dolía. Observaba cómo aquel cuerpecito se había desarrollado sin la atenta mirada y sin los mimos de su madre, y María decidió que aquello no podía prolongarse por más tiempo. Cuando terminó de darle el pecho, María se volvió a su suegra, con una mirada y un gesto que llegó a hacer que aquella mujer siempre imperturbable, sin embargo, retrocediera unos pasos.

—Mañana mi hija se vendrá conmigo. Como debe ser. Será mejor que no te opongas.

Cuando María se encaminaba hacia la puerta de la casa, notó que su suegro había observado toda la escena. Se quedó durante unos instantes mirándole, sosteniéndole la mirada, y pudo apreciar perfectamente que aquel hombre, que siempre se había portado bien con ella y que incluso le obsequiaba con algún caramelo cuando su mujer no le veía, asentía con la cabeza, como si diera por bueno lo que María acababa de decirle a su suegra. María se sintió reconfortada. Aquella actitud de su suegro la infló de valor y salió al exterior con más decisión. No sabía María cómo iba a hacerlo, pero estaba dispuesta a dar la vida por acabar con aquella absurda y desnaturalizada situación que la había mantenido alejada de su hija en sus primeros meses de vida.

Al día siguiente, María se levantó con una única idea en la cabeza. Recuperar a su hija, traérsela consigo y no separarse de ella ni un solo momento. Cuando estaba terminando de arreglar el colchón sobre el que dormía y de doblar la manta con la que intentaba guarecerse del frío sin conseguirlo ninguna noche, pudo ver la imagen con la que llevaba soñando desde hacía más de seis meses. Ése fue el tiempo que su marido había tardado en regresar a casa.

María se quedó paralizada observando a su marido, como si evitase acercarse a él por miedo a que se tratara de un sueño, de una ilusión o de un espejismo.

—Cualquiera diría que no te alegras de verme, María —tuvo que ser Nasrad el que, después de pronunciar estas palabras, se acercara a abrazar a María. Aquel abrazo le informó a su marido de que su mujer estaba más delgada y que una desconocida fragilidad se había asentado en el cuerpo de María, hasta donde él recordaba fuerte y robusto.

Se percató Nasrad de que su mujer mostraba un aspecto muy desmejorado. Estaba pálida, ojerosa, como si el tiempo hubiese pasado a más velocidad para su mujer que para él. No pudo encontrar el mismo brillo en los ojos que solía hallar con felicidad en la mirada de María. Ni su sonrisa parecía la misma, ni ella aparentaba ser la misma mujer que había dejado hace seis meses largos cuando salió a trabajar y la vio por última vez.

Cuando Nasrad terminó de examinar a su mujer, miró a su alrededor. Su gesto se torció.

—¿Y la niña, María? ¿Dónde está nuestra hija?

—Sería bueno que se lo preguntaras a tu madre, a ver qué ha hecho con ella desde el momento que saliste de esta casa. Que te cuente ella, Nasrad.

María no soportó la tensión y rompió a llorar. Su marido no sabía qué pensar ni mucho menos qué hacer. No era el recibimiento que él esperaba. Había demasiadas cosas que no entendía y no estaba dispuesto a esperar más para solventar sus muchas preguntas. Y fue María quien le fue informando de todo, aunque ahorrándose muchos detalles desagradables.

Cuando Nasrad se puso al día del infierno en el que había vivido su mujer, corrió a encontrarse con su madre. La expresión de alegría que mostraba esta mujer al ver que su hijo había vuelto se fue tornando en una seriedad preocupada por lo nervioso que encontró a su hijo.

—¿Por qué te has llevado a nuestra hija, por qué la has separado de su madre? ¿Te has vuelto loca, madre, o qué te pasa?

María no quiso perderse la escena por nada del mundo, por lo que se convirtió en la sombra de Nasrad durante la discusión entre hijo y madre. Aquella mujer juró y perjuró que se había quedado con la pequeña haciendo un gran esfuerzo que incluso le había minado su salud. Aseguró ante el asombro y la perplejidad de María que su mujer había estado enferma gran parte del tiempo, y que además de no haber podido cuidar convenientemente a su hija, no había podido trabajar en la casa. Continuó diciendo, casi implorando, que María, lejos de agradecerle todo lo que había hecho por ella y por su hija, se había comportado mal con ella y se había mostrado caprichosa y desagradecida.

María no pudo más y salió del segundo plano en el que su estancia en aquel país la había situado durante demasiado tiempo. Cuando Nasrad vio la expresión de su mujer y cómo se acercaba a su madre, temió que la matara en aquel arrebato de cólera que parecía haberse apoderado de su cuerpo.

—¡Mientes! ¡Siempre has mentido! Mientes porque no sabes hacer otra cosa. Me has complicado la vida desde que llegué a este maldito lugar. No te valía que intentara trabajar más que el resto, que quisiera con locura al fruto de tus entrañas, y que por ello evitara darte problemas. Todo tu afán ha sido verme sufrir. Cuanto más, mejor. No te ha importado que cuando no podía ni siquiera levantarme después del parto de mi hija, te suplicara que no me hicieras trabajar cuando ni siquiera habían pasado veinticuatro horas. Te daba igual, es más, disfrutabas viendo cómo me desangraba, cómo perdía la consciencia. Me tenía que tirar al suelo para poder seguir haciendo las labores de esta casa. No me has dado de comer, me has robado a mi hija, y no porque tú quisieras estar con ella, sino sólo por hacerme más daño. Eres lo peor que puede existir en este mundo. Y arderás en el infierno.

Nasrad no podía dar crédito al rosario de descalificaciones y reproches que salían de la boca de su mujer. Nunca la había visto así. Jamás. Creyó por un momento que María estaba poseída por el diablo. Cuando consiguió reaccionar, vio como la distancia que separaba a María de su madre era de apenas unos centímetros. Nasrad se acercó a su mujer por la espalda, la asió por los hombros y la separó cuidadosamente de su madre. La mujer intentó defenderse de todo lo que le había dicho María hacía apenas unos segundos, pero su hijo no se lo permitió.

—Creo que será mejor que calles, madre. Ya has causado suficiente daño. No quiero volverte a oír ni una palabra más y menos en contra de mi mujer. ¿Me has entendido, madre? ¿Me has entendido, mujer?

María pensó que sólo por haber podido observar en esos momentos el rostro de su suegra, había merecido todo el calvario que aquella mujer le había obligado a pasar. Sentía María que la guerra había terminado y que ella había salido victoriosa y que se llevaba el trofeo a casa. Y el premio no era otro que recuperar a su pequeña y en compañía de su marido.

Cuando por fin logró estar a solas con su marido, se abrazó a él. Pasaron horas, al menos eso creyó ella, en aquella postura.

Nasrad separó a su mujer de su pecho, la miró y le musitó:

—Nos vamos a Kabul, María. Nos vamos de aquí. No puedo permitir que sigas sufriendo como has sufrido por mi culpa. Esto se acabó. Nos vamos con los niños a iniciar una nueva vida.

María había escuchado eso mismo en los labios de Nasrad muchas veces. Pero no quiso que nada le estropeara ese momento ni que ningún pensamiento frío le privase de hacerse ilusiones. Así que sonrió y pensó: «Quizá esta vez sí. Quizá esta vez lo logremos».

18

No pasó un solo día sin que los planes de salida del pueblo natal de Nasrad no monopolizaran las conversaciones de María y su marido. Hablaban de la excusa que se inventarían para poder salir de allí sin provocar un maremagno de problemas en la familia, en especial en los suegros. Comentaban cómo se buscarían la vida en la capital, repasaban los nombres de los familiares que podrían echarles una mano, hacían recuento de las puertas a las que llamarían porque con toda probabilidad se les abriría. De lo que menos hablaban, por temor a ser escuchados y después de la mala experiencia de hacía unos meses en su breve escapada a Kabul, era de los trámites que tendrían que llevar a cabo en la embajada. No habían conseguido nada en aquel precipitado viaje: sólo tomar conciencia de la dificultad de su situación y de lo complicado que iba a ser tramitar de nuevo sus documentos de identidad. Y sin embargo, era el pensamiento que más ocupada tenía a María. Desde que llegó a Afganistán y fue víctima del robo de la documentación, sabía que la embajada española era su única esperanza real. Tenía fe en su gente y en lo que ellos serían capaces de emprender para sacarles de allí. Pero difícilmente podía animarse después de lo poco halagüeña que resultó aquella estancia en la capital.

Pero María se negaba a tirar la toalla. No a esas alturas. Eran muchas las noches que cerraba los ojos y conciliaba el sueño dándole vueltas a cuáles serían los pasos que tendría que dar para poder volver cuanto antes a su país.

Desde que decidieron que se marcharían a Kabul, María coleccionaba noches en vela. Le costaba conciliar el sueño y cuando lo hacía, no lograba descansar. De nuevo los nervios. De nuevo los planes. De nuevo las ilusiones.

Volvía a estar cerca de alcanzar su sueño. No podía ni quería permitirse el lujo de tirarlo por la borda. Se juró que no lo haría.

19

De cualquier manera, María no hubiese podido dormir aquella noche. Tampoco era ninguna novedad. Llevaba varios días escuchan-

do el silbido de disparos lejanos, provenientes de una situación
bélica que en los últimos días se había recrudecido, al menos eso
le habían explicado. Se quedaba dormida a altas horas de la madrugada contando la estela sonora de las bombas, entraba en el sueño
al compás de los bombardeos que llegaban hasta sus oídos en forma de sonidos rotundos y secos. Le parecía macabro y cruel, pero
María prefería imaginarse las desgracias ajenas que acababan de provocar esas bombas antes de seguir pensando en su situación y, en
especial, en la de sus hijos. Hacía recreaciones mentales de cómo
aquella bomba que acababa de franquear su tímpano había des-
truido edificios donde vivían familias enteras. María imaginaba al
padre que salía corriendo entre los escombros con el hijo de meses
en brazos, pidiendo ayuda sin que nadie se la pudiera ofrecer porque todos estaban en una situación similar, o incluso peor. Se atrevía a conjeturar sobre cómo la madre de aquella familia se había quedado atrás y aparecía de rodillas, postrada ante el cadáver de su
hija de catorce años, llorando, desgarrándose en alaridos, besando
y abrazando aquel cuerpo ensangrentado, destrozado por la metra-
lla, y gritando algo totalmente indescifrable pero que, sin embargo,
se entendía a la perfección. Dolor, muerte, sangre, desesperación,
sufrimiento, familias rotas, hijos muertos, padres mutilados, madres
que se volvían locas, vidas truncadas... Y todo a escasos kilómetros
de donde María dormía con su marido, sus hijos, sus suegros, sus
cuñadas, sus cuñados y sus sobrinas.

Pero aquella noche, sintió que el sonido de la guerra y de la
destrucción no sonaba tan lejano como otras veces. Al escuchar el
último estruendo, María se incorporó, dejando medio cuerpo al
descubierto. Miró entre la oscuridad que reinaba en toda la habitación, como intentando buscar alguna explicación, como intentando
ver algo que le aclarara por qué aquello había sonado tan cerca. María
miró a Nasrad, que seguía durmiendo, y ella no pudo reprimir una
leve sonrisa que denotaba el instinto maternal que tenía. Echó una
mirada a sus suegros, que se encontraban a apenas unos metros
de distancia. Tampoco parecían haberse percatado de nada. María

se levantó para ver a los niños. La niña, Nuria, dormía sin enterarse de nada. Abdulah no. Permanecía con los ojos abiertos como platos, esos ojos negros como el carbón que había heredado del padre y que cuando los abría de par en par como entonces, parecían aún más grandes. María se asustó al verle con los ojos tan abiertos porque creía que estaba durmiendo.

—¿Por qué no duermes, Abdulah? —le preguntó María.

—No sé —contestó el niño sin ni siquiera pestañear.

—Anda, cierra los ojos e intenta dormir, que es tarde —le intentó convencer María mientras le tapaba con la manta y le daba un beso.

—Y tú, ¿por qué no duermes, mamá?

María se quedó mirando a su hijo. En ese momento hubiese deseado que aquel niño de apenas cuatro años tuviese veinte o treinta para poder decirle que no podía dormir porque tenía miedo, porque había escuchado lo que parecía el sonido de una bomba demasiado cerca y porque el pánico no le dejaba cerrar los ojos y descansar.

—No sé, Abdulah. Tampoco yo lo sé. Pero ahora mismo lo vamos a intentar los dos —mintió María—. Anda, mi amor, duérmete.

Le arropó como pudo con la manta y le acarició la cabeza, se levantó del suelo y se dirigió hacia la habitación donde seguía durmiendo su marido. Hubiese querido ir a ver si alguna de sus cuñadas había escuchado algo, pero en el último momento desistió. «Seguro que sólo lo he escuchado yo, porque estoy de los nervios y porque no paro de imaginar esas cosas tan horrendas. Voy a volverme loca como no deje de comportarme de esta manera. Y lo peor es que voy a acabar por asustar a todos sin motivo», pensó María mientras se disponía a acostarse al lado de su marido, que seguía sumergido en un sueño profundo e intenso.

Pero cuando María no había posado su cabeza en la almohada, un golpe adusto y ensordecedor inundó las cuatro paredes de la casa. Ahora sí, todos lo habían oído y se habían incorporado.

Después de aquel contundente estruendo, el silencio reinó en la morada durante unos segundos que parecieron horas. Todos se miraban, asustados y paralizados, boquiabiertos, aguantando la respiración y sin cruzar una sola palabra, tan sólo miradas llenas de incertidumbre y preocupación.

Daba la sensación de que nadie se atrevía a romper la barrera del sonido. Hasta que los llantos de Nuria lo hicieron. Se había abierto la veda. En cuestión de décimas de segundos, la casa parecía una auténtica casa de locos: todos se abrazaban, hablaban, chillaban, corrían de un lado a otro como si el miedo les empujara a ello. Se movían como si estuvieran poseídos por el mismísimo diablo. Los niños no dejaban de llorar y de temblar, mientras que ponían su manitas sobre los oídos como si no quisieran escuchar más aquel ruido, como si por algo que a los adultos se les escapaba, supieran que esos ruidos eran el conducto que utilizaban el peligro y la muerte para desplazarse de un lugar a otro. Las mujeres instaban a los hombres a asomarse a las puertas o a las ventanas para ver qué sucedía ahí fuera, qué es lo que pasaba. Y así lo hicieron.

Tardaron unos minutos en volver a la casa, un tiempo que las mujeres aprovecharon para consolarse unas a otras y para hacer lo mismo con los niños. María permanecía callada, su boca parecía sellada, cosida, seca de palabras y vacía de opiniones, como les gustaba a la mayoría de los hombres de ese país. Mientras abrazaba contra su pecho a sus dos hijos, María miraba sin apenas parpadear a su sobrina, que había adoptado una actitud parecida a la suya: silencio sepulcral. Un silencio que se podía cortar y que resultaba ensordecedor. María quería a su sobrina como a una hija, mejor aún, como una hermana pequeña. Tenía diecinueve años y se parecía mucho a ella. Sus ilusiones, sus sueños, sus inquietudes y sus ideas, porque las tenía y muchas, no tenían límites y sus planes de futuro no conocían palabras como miedo, prohibición, sometimiento y sobre todo, Afganistán. Quería salir de aquel entorno, quería conocer, aprender, estudiar, viajar, hablar, opinar, moverse con libertad, trabajar, ganar dinero, poder comprar en las tiendas, ir al cine, quedar a cenar con amigas, formar una familia de verdad... En

definitiva, vivir. Disfrutaba como una niña cuando María le contaba todo lo que Occidente y la democracia permitían a los europeos.
Y quería formar parte de aquel mundo del que tanto había oído
hablar a María durante toda su estancia en aquella casa. María intentaba infundirle valor a través de la mirada, y quiso entender que
así lo percibió.

Cuando Nasrad, sus hermanos y los cuñados volvieron a la casa,
lo hicieron para decir a todos que prepararan lo más rápido que
pudieran aquello que necesitaran porque se iban de allí en esos
mismos momentos.

—¿Qué pasa, Nasrad, qué sucede ahí fuera, qué has visto? —preguntó casi en tono de súplica María a su marido.

—María, prepara las cosas. Nos vamos a un refugio subterráneo
donde estaremos más seguros. Estaremos a salvo.

—¿A salvo de qué, Nasrad? —volvía a suplicar María sin soltar
a sus hijos.

—Están cerca. Los aviones están aquí mismo y los bombardeos
van a ser continuos. Creo que quieren arrasar el pueblo con nosotros
dentro. La guerra está aquí, María, y tenemos que irnos —Nasrad
no tenía más tiempo para explicaciones, ni siquiera para dedicárse-
lo a María—. Ahora vamos, yo te ayudo a recoger algo de ropa y de
comida. Corre, no hay tiempo para mucho, María.

María creyó morirse de miedo. Por un instante creyó que sus piernas no iban a responderle, y que se iba a quedar allí plantada, ante
los ojos de Nasrad. Pero sin entender cómo ni por qué, salió de aquel
bloqueo físico y mental y se puso a envolver en un trozo de tela grande ropa de abrigo para los niños, jerséis, zapatos, mantas y algo de
agua. No había tiempo ni espacio para más.

—¡María! ¡Vamos! No hay tiempo. Es peligroso —dijo Nasrad, llevando casi en volandas a su hijo varón—. Vamos, mujer. Coge a
Nuria y salgamos de aquí. Ya están todos fuera.

María recorrió con una mirada rápida la casa donde había pasado sus últimos meses de vida. Nunca pensó que iba a extrañar
esas cuatro paredes que habían sido testigos de tantas cosas, bue-

nas, malas y peores. Allí dejaba sangre, sudor y lágrimas. Muchas lágrimas. Y también risas. Y sueños y pesadillas. Y conversaciones con sus sobrinas, y desencuentros con su suegra. En esa casa destartalada dejaba pensamientos de un futuro mejor, pensamientos de odio y de cariño. Allí quedaban momentos de intimidad con su marido y momentos difíciles con algunos miembros de la familia. Allí había nacido su hija y allí quedaba su hasta ahora presente, y ya inmediato pasado. ¿Qué podría ser peor que todo aquello? ¿Qué le depararía el futuro? ¿Cabría algo peor? ¿Más sufrimiento y más necesidad? ¿Dónde irían?

Le resultó curioso. Hacía tan sólo unos días, su marido y ella estaban planeando cómo salir de aquella casa, y huir hasta Kabul, para comenzar allí una nueva vida. Pero no contaban con este episodio que sorprendió a todos. Querían salir de aquel lugar, pero no de aquella forma, y mucho menos para acudir a un refugio.

Cuando María ya tenía anudado el bulto con la ropa y estaba a punto de salir corriendo, su mirada se posó en aquel trozo de cristal a modo de espejo que había encontrado en la frontera de Pakistán con Afganistán, cuando su marido le dijo que se cubriera el rostro con el velo islámico para que pareciera una verdadera mujer afgana. Brillaba tanto como aquella vez que decidió recogerlo del suelo y meterlo en la bolsa con su ropa, sin saber por qué, sin motivo aparente, sólo obedeciendo a un instinto irracional que le empujaba a hacerlo. Y aquella noche, volvió a obedecer a su instinto y recogió el fragmento de espejo que descansaba en una repisa del dormitorio, haciéndole un apretado hueco en el improvisado equipaje.

—¿Sales o te saco yo, María? ¿Pero se puede saber qué haces? —le gritó su marido como nunca lo había hecho.

María corrió hacia su marido. Ni siquiera se había dado cuenta del tono que Nasrad había empleado para dirigirse a ella hacía unos segundos. Su mente estaba en otro sitio, y lo peor es que no sabía dónde. Cuando salió de la casa, vio cómo la oscuridad que la presidía contrastaba con los haces de luz que parecían bajar del cielo, hasta el punto de hacerle daño en los ojos. El horizonte estaba iluminado, pero no eran destellos fruto de la luz eléctrica, sino del resplandor de los bombardeos.

María corría atropelladamente detrás de su marido, que a su vez lo hacía detrás del resto de la familia. Ni siquiera le pesaba el abultado equipaje que llevaba en su brazo izquierdo ni sentía el peso de su hija Nuria, a la que abrazaba con fuerza con su brazo derecho. No sentía, ni padecía, ni pensaba, ni era capaz de saber qué pasaba. No había lugar para el raciocinio. María sólo se dejaba llevar. Sólo se dejaba hacer. Sólo corría detrás de su marido.

Cuando, con posterioridad, María recordó estos momentos de huida hacia el refugio, se veía a sí misma como aquellas imágenes de los judíos corriendo mientras eran instigados, perseguidos y asesinados por los nazis. No dudó en comparar su imagen saliendo de la casa aquella noche con la de esa niña vietnamita que corría por una carretera, completamente desnuda, con marcas en su cuerpo, cuando un avión de Vietnam del Sur bombardeó con napalm la población de Trang Bang el 8 de junio de 1972. No parecía esa niña ser consciente ni de su estado, ni de su situación ni de su lugar en el mundo. Y aquello también lo sintió María.

Seguro que la misma mirada perdida y sacada de la realidad que mostraban los judíos y la niña vietnamita en aquellos momentos era la misma mirada que lucía María en sus ojos.

20

Por fin llegaron al refugio.

María no sabía cuánto había estado corriendo desde la casa de sus suegros hasta llegar al escondite subterráneo. Sólo distinguía que el corazón le iba a mil por hora, que sus brazos ya no podían soportar durante mucho más tiempo el peso que suponía su hija y los bártulos que había recogido de la casa, y que su respiración era tan rápida que creyó que caería fulminada allí mismo. Pero no lo hizo.

Su marido la empujó para que entrara deprisa en aquel agujero, y con ella, sus hijos. María se quedó mirando aquel orificio en la tierra. Era una abertura oscura, negra, que no permitía una visión más certera ni nítida que garantizara cierta seguridad al final de aquel inmenso boquete en el suelo. Pero no era el momento ni para hacer preguntas ni para esperar respuestas. Y prácticamente María se arrojó, se dejó caer, ayudada por el inesperado empujón de su marido, sin saber qué pasaría en las próximas décimas de segundo. Tardó bastante en tocar suelo firme. Su bajada la hizo prácticamente rodando, golpeándose con las paredes hasta que llegó al final. Mientras su cuerpo parecía una pelota golpeándose con todos los obstáculos que la bajada presentaba, su mente le obsequió, algo que agradeció, con el recuerdo de Alicia bajando de la misma manera por el interior del tronco de aquel árbol al que se asomó y cayó, mientras perseguía al conejo que tanta prisa tenía porque su reloj le mostraba que no llegaba a la hora acordada.

El golpe final que le advirtió que acababa de llegar al otro extremo del agujero sacó a María de la escena de ese cuento que había sido uno de sus favoritos cuando era niña. Ni era Alicia ni desde luego estaba en el País de las Maravillas.

Allí pudo ver que estaba el resto de la familia y algunas personas más que había visto en alguna ocasión pero que no sabía con seguridad quiénes eran. Aunque, en ese momento, tampoco le interesaba.

Se levantó María a la vez que el ruido procedente de aquel agujero que le hizo retirarse con cierta rapidez, apartándose para dejar el camino libre, ya que temía que alguien más bajaba al refugio. Era Nasrad, su marido, que sin duda había bajado con más facilidad y más apremio. Y con él, ya estaban todos. En total serían unas veinte o veinticinco personas. Hombres, mujeres y niños conviviendo en un espacio no muy amplio bajo tierra. Y lo harían durante varias semanas, aunque ninguno lo sabía.

Esa primera noche fue una de las mejores que recuerda María en el refugio, porque el resto de los días y de sus consecuentes noches fueron tan terribles como inolvidables. Aquella noche estaban todos rendidos, agotados por el miedo que se apoderaba de ellos, pequeños y mayores, agotados por el esfuerzo físico de las carreras y por el desgaste psíquico que suponía el pánico y la ignorancia del qué pasará ahora. A pesar de los bombardeos y del ruido que ellos provocaban, muchos lograron dormir durante un par de horas. Otros preferían estar sentados sin quitar la vista del suelo, y muchos optaron por rezar.

María buscó abrigo físico y moral en los brazos de Nasrad, que no dudó en dárselo. Durante unos minutos, se permitió el lujo de cerrar los ojos, sin dejar de abrazar y amarrar con toda la fuerza de la que era capaz a sus dos hijos. En aquellos momentos pensó que si una bomba les mataba en aquel preciso instante, no le importaría mucho. Estarían juntos, y morirían de igual manera. No cabía esperar nada mejor en esas circunstancias. Incluso imaginó la escena, como solía hacer cuando escuchaba los bombardeos a varios kilómetros de distancia desde la casa de sus suegros, tumbada al lado de Nasrad y escuchando su respiración profunda.

María se sentía rota, derrotada, cansada, desplomada y se conformaba con quedarse así, acurrucada junto a su marido, sosteniendo a sus hijos en su regazo y abandonándose al cansancio y a la seguridad que en esos momentos le daba esa inesperada estampa familiar.

Nadie comió aquella primera noche. Nadie habló lo suficiente para mantener una conversación. Incluso nadie tuvo fuerzas para llorar o lamentarse. El desasosiego y la turbación reinaban con pleno absolutismo en aquel sótano.

Pasadas unas horas, amaneció. María despertó despacio, poco a poco, tomándose el tiempo que necesitaba mientras aclaraba sus dudas sobre su actual ubicación. Pronto se dio cuenta de dónde estaba, recordó la noche anterior y la manera en que entraron a aquel refugio, que alguien construyó tiempos atrás por si la interminable guerra que vivía aquel país llegaba al pueblo, como había sucedido hacía unas horas. María se dio cuenta de que prácticamente estaba en la misma situación en la que se quedó dormida la noche anterior, con sus hijos bien cerca de ella. Pero pronto descubrió que algo faltaba con respecto a hacía unas horas. Su marido no estaba a su lado y en su lugar se encontraba el gran bulto de ropa que había recogido de su casa la noche anterior. A María la embargó el desasosiego de creer que a su marido le había sucedido algo. Tanto fue así que abrió la boca para gritar el nombre de su marido, pero ningún sonido salió de ella. Lo intentaba pero no podía. Quizá había perdido la costumbre de gritar, pensó por un momento María.

—¡Nasrad, Nasrad! —pudo escaparse por fin un grito de su garganta, mientras observaba el interior de aquel refugio—. ¡Nasrad...!

—Estoy aquí, María, estoy aquí. Tranquila. He salido a por un poco de agua para que podáis beber tú y los niños. Pero ya estoy aquí —la tranquilizó su marido.

María se tranquilizó como se calman los niños cuando les duelo algo y su madre les acuna para que se les quite el dolor. Las palabras de su marido surtieron el mismo efecto calmante, como de costumbre.

—Qué susto, Nasrad. No te vuelvas a ir sin decirme nada. De hecho, no te vuelvas a ir, porque me puedo morir yo aquí sola.

—María, tendré que salir con el resto de los hombres a buscar agua y alimentos. Algo vamos a tener que comer, ¿no te das cuenta?

—¿Pero cuánto vamos a estar aquí, Nasrad? —preguntó María temiéndose que la respuesta no le iba a gustar mucho.

—No lo sé, María. Probablemente no mucho —le contestó su marido sin hacer coincidir su mirada con la de su mujer.

María no pudo dejar de recordar que la apreciación de su marido y la expresión de su rostro era exactamente la misma que cuando casi dos años antes esperaban la bajada del niño transportista con su equipaje, en el que iba el dinero y la documentación, y el pequeño comerciante no bajó nunca. Y por supuesto, el equipaje tampoco. Ahora su marido, en aquel refugio, lucía la misma expresión y presumía de la misma convicción en sus palabras: ninguna.

No era el mejor momento para dejarse invadir por el pesimismo, pero María no veía muchas formas de consuelo a su alrededor. Pudo entonces observar cómo era aquel lugar por dentro. La poca luz que reinaba allí no le permitió detenerse en muchos detalles, pero pudo distinguir que aquel lugar no tendría más de 70 metros cuadrados por dos de altura. Tampoco pudo María calcularlo demasiado bien porque había demasiada gente allí metida.

Pero pudo ver que alguien había delimitado un lugar para cada núcleo familiar y en el centro se había colocado un lugar común donde poder preparar la comida y lavar la ropa.

Observó que las mujeres se organizaban como podían en un espacio tan reducido. Parecían hormigas, pensaba María. Iban delimitando su pequeño terreno, realmente estrecho y oprimido, agrupando las mantas y la ropa de su familia a un lado y algún que otro utensilio de cocina para la comida y el jabón para lavar la ropa, en el otro lado.

Por tanto, como se afanaban para que todo tuviese un sitio y un lugar, María llegó a la conclusión de que su estancia en aquel lugar no iba a ser cosa de dos días. Más bien al contrario. Se prometió a ella misma no preguntar nunca más cuánto tiempo tendrían que quedarse allí metidos. Prefería la onírica duda a la cruda certeza.

Su ejercicio de observación e indagación por el interior del refugio fue interrumpido por su marido, que se acercó a ella con un poco de té caliente y de pan para ella y sus hijos.

—El pan está un poco duro, pero lo mojáis en el té y listo. Tampoco es mucho, porque los alimentos son escasos. Vamos a tener que salir a ver qué encontramos. No hay más remedio —dijo Nasrad.

Las palabras de Nasrad a María se mostraron en toda su crudeza a medida que iban pasando los días. María se quedaba con sus hijos durante todo el día en aquel refugio mientras su marido, como el resto de hombres, volvían al agujero por la noche, cuando unos acababan sus turnos de vigilancia y el resto se encargaba de traer todo lo que había podido encontrar para comer en su salida al exterior: algo de harina, arroz, judías, y sobre todo agua para poder cocinar. Cocinar y poco más, porque por mucho que María intentó destinar algo de esa agua para uso personal y para actividades destinadas a la higiene personal, no obtuvo muchos apoyos. Lo importante era sobrevivir y no bañarse ni lavar la ropa, al menos todas las semanas.

María se sentía incómoda ante ese desprecio por el aseo personal. Ya debía haberse acostumbrado, pero se le antojaba harto difícil. No quería que sus hijos se parecieran al resto de los niños de aquel lugar, siempre sucios, oliendo mal y con restos de todo tipo de elementos orgánicos en sus manos, en sus pies y sobre sus caras. María se afanaba por intentar peinarles, aunque fuera con las manos, bañarles aunque fuera por partes, que su ropa no desprendiera el hedor profundo y casi fétido que desprendía la vestimenta de los demás. Pero cada día lo tenía más complicado. Sólo tenía una pastilla de jabón y a estas alturas, tenía que hacer verdaderos milagros para que lograra dar de sí y atender tantas necesidades. Cuando la pastilla era tan fina que casi hacía imposible sumergirla en el agua porque desaparecería en cuestión de segundos, María intentó rayarla, para aprovecharla más. Lo hizo y consiguió obtener un racimo de virutas de jabón. Con una de ellas, decidió darse un capricho. Ya estaba bien de necesidades, también se lo merecía. Ésa se la dedicó a ella.

Buscó como quien busca un tesoro el trozo de vidrio a modo de espejo que encontró mientras se cambiaba de ropa en el descampado cercano a la frontera con Pakistán y que no olvidó meter en el equipaje cuando salió corriendo de la casa de sus suegros. Lo limpió bien con la ropa que llevaba encima, y como no quedó demasiada limpia la superficie, porque su vestido tampoco era un prodigio de limpieza, decidió frotarlo un poco con el bajo del burka. «Es curioso, el burka va a servir para algo más, al menos en este agujero», se sonrió María al descubrirse con este pensamiento.

Cuando la superficie limpia ya permitía ver su imagen en el espejo, María, estando lo suficientemente arrinconada para evitar miradas intrusas y seguramente inquisidoras, se lo acercó al rostro.

Al principio, se asustó de ver la imagen de su cara que le devolvía el espejo, pero no bajó el espejo como pensó hacer en los primeros instantes. Llevaba muchos meses sin observarse en ningún espejo, y no presentaba una imagen muy favorecida. Aunque intentaba lavarse todos los días la cara, al menos la cara, no siempre lo conseguía. Pero no era suciedad lo que veía en su rostro. Era sufrimiento, falta de alimentación, cansancio, desgana, debilidad. Era como si aquel refugio le hubiese puesto veinte años encima. Se veía extraña, desconocida, pero sin embargo, lograba reconocerse bajo esas ojeras, ese tono de piel amarillo verdoso que lograba lucir por la falta de aire y de sol, esos labios secos y sin color que dejaban leer la malnutrición que arrastraba durante años y esa sensación entre sequedad y tirantez que sentía en toda la cara. Era ella sin duda, era la mujer que amaba a su marido y que por eso podía soportar y soportaría todo lo que se le viniera encima.

María movió un poco el espejo hacia arriba y hacia abajo, lo desplazaba con su mano a la izquierda y a la derecha hasta que logró acostumbrarse a esa imagen. Se pasó la mano derecha por la cara, para dar fe de que todo lo que allí veía era suyo. Sin dejar de sostener el espejo con su mano izquierda, María se introdujo los dedos en la boca y los chupó hasta que en ellos quedó la suficiente saliva para intentar limpiar su cara y devolverle algo del esplendor que había tenido siempre, desde pequeña, cuando todo el mundo le decía «¡qué cara de salud tienes, María!».

Cogió una minúscula parte de la viruta de jabón que acababa de extraer de lo que quedaba de pastilla e intentó deshacerla entre sus dedos. Con ellos se frotó la frente, bajó hasta los ojos, se peinó con el dedo anular las cejas, se marcó las aletas de la nariz, bordeó la barbilla para terminar en su cuello. Así una y otra vez, hasta que la viruta desapareció del todo.

Luego se atusó el cabello, escondiéndolo del todo bajo el pañuelo. Volvió a recorrer con el espejo los cuatro puntos cardinales y si no quedó totalmente satisfecha, sí sabía que había logrado mejorar su imagen, o al menos así lo sentía.

Volvió a dejar el espejo en su sitio, que no era otro que un lugar escondido donde nadie pudiera encontrarlo. Lo había guardado entre una de las dobleces del burka. Allí nadie lo encontraría y como dentro de aquel agujero ninguna mujer se lo ponía, excepto alguna de mayor edad, estaba, sin duda, a buen recaudo.

Las mujeres pasaban las horas del día rezando, bordando, cocinando y haciendo pan. Y por supuesto, ocupándose de los hijos. María no tardó mucho en entender que tenía que convertirse en una de ellas, que tenía que hacer las mismas cosas que hacían aquellas mujeres si quería sobrevivir en aquel lugar y no volverse loca. Y sobre todo, necesitaba que sus acciones fueran las mismas porque necesitaba que la trataran como a una más. Necesitaba que aquellas mujeres le dieran cariño, atenciones, a ella y a sus hijos. Porque todos estaban hambrientos también de dedicación y de cuidados. Al estar su marido todo el día fuera buscando la manera de traer alimentos, María estaba sola con sus hijos, y allí dentro sólo tenía a sus cuñadas y a sus sobrinas como aliadas. El resto eran desconocidas. Y luego, también, estaba su suegra. Pero era como si no estuviera. Sabía que con ella no podía contar.

Allí María aprendió a bordar y a coser como nunca antes lo había hecho. No era algo que le hubiese gustado o atraído nunca, pero en aquel momento no le quedaba más remedio si quería crear nuevos vínculos. Recordaba cómo de pequeña sus tías de Barcelona y de Ciudad Real bordaban las toallas y las sábanas, y le explicaban cómo a ellas en el colegio las monjas les habían enseñado a realizar esas labores del hogar, y cómo hacía muchos años eran trabajos obligados para todas las jovencitas de bien que quisieran contraer matrimonio. De boca de sus tías, este argumento siempre le había parecido a María una antigüedad, pero a través de sus ojos, casi treinta años más tarde, a María le parecía todo menos arcaico.

María preparaba pan, bordaba, cosía, lavaba la ropa como podía —que normalmente era mal—, rezaba, sobre todo con su marido, jugaba con los niños, hablaba con sus cuñadas y por la noche, cuando su marido regresaba y no le tocaba tarea de vigilancia, hablaba con él sobre cómo estaban las cosas por ahí arriba. Era entonces cuando María, al hilo de las cosas que le iba contando Nasrad, sentía pena no ya por su situación, sino por el país. No podía entender cómo un país rico y dulce podía encontrarse en aquellas condiciones por el hacer descontrolado e impune de los señores de la guerra. Siempre recordaba una frase que solía decir la gente afgana: que el ombligo de Afganistán estaba estropeado y que siempre iba a estar en una situación mala y precaria. Que no tenía remedio. Que ya era demasiado tarde para encontrar una solución porque el tumor se había convertido en metástasis y el enfermo no tenía más solución que la muerte.

21

Una noche Nasrad llegó ofuscado. El día no había sido productivo y llegaba enfadado con el mundo y consigo mismo. María le intentó calmar, cuidar y atenderle lo mejor posible dentro de sus posibilidades. Notaba de qué manera aquel lugar les afectaba y había trastocado su convivencia. No su amor, pero sí sus muestras de cariño. Cenaron lo poco que había, un tazón de agua hirviendo con lo que parecía un guiso a base de tierra y hierbas, y tres o cuatro judías flotando en la superficie. Todo acompañado con un poco de pan. En eso consistía el menú. Cuando había suerte y encontraban judías.

Cuando María terminó de fregar los recipientes donde comían, una actividad que consistía en meter cada cuenco en un barril lleno de agua sucia y acumulada durante días, sacudirlo y secarlo, bien al aire o con algún trapo, se tumbó al lado de su marido. Esta noche no había muchas ganas de conversación y María no quiso insistir. No estaba el horno para bollos, nunca mejor dicho.

Cuando ya estaba a punto de vencerle el sueño, la voz grave de su marido, esta vez en forma de susurro, la sacó del estado de semiinconsciencia en el que se encontraba.

—Tenemos que irnos de este lugar —dijo Nasrad.

María abrió los ojos y mantuvo la respiración durante unos instantes. No quiso decir ni preguntar nada. Sólo se quedó mirando fijamente un mismo punto del techo de aquel refugio. Intuía que su marido continuaría hablando. Sospechaba, más bien deseaba, que así lo hiciera. Por unos segundos y dado el silencio que mantenía su marido, pensó que no había dicho nada y que se lo había imaginado o soñado. Pero no fue así. Nasrad continuó hablándole de manera suave pero convencida.

—No podemos quedarnos más tiempo. Esto puede durar años, si no siglos. Tengo que sacaros de aquí a ti y a nuestros hijos. Yo soy el culpable de que estés aquí y ya no puedo permitirlo durante más tiempo.

Fue entonces cuando María cambió de posición y situó sus ojos a la altura de los de su marido, en señal de atención, como queriéndole decir «continúa hablando, que te escucho».

—Y ¿qué has pensado, Nasrad? ¿Cómo vamos a salir de aquí sin que nos maten?

—Caminando. De noche. Sin ningún equipaje, Sin ningún bártulo. Caminaremos bien hacia Pakistán o hacia Irán, y llegaremos andando a la frontera, adonde pasaremos y nos convertiremos en refugiados.

—¿Y los niños?

—Sería demasiado peligroso para ellos. He pensado en dejarles con mi familia. Ellos se ocuparán.

—No, Nasrad. Yo no dejo a mis hijos en este lugar y con esta gente. Y perdona. Pero no me voy sin mis hijos, como tampoco me iría sin ti. Ya lo hice una vez, y mira de lo que me sirvió. De nada. Y no quiero que vuelva a suceder. O nos vamos todos o no nos vamos ninguno.

—Sólo hay un problema —apuntó Nasrad.

—¿Cuál?

—Si te conviertes en refugiada, ya no tendrás derecho ni opción a tu nacionalidad española. Quiero decir que será mucho más difícil demostrarlo. Pero es que no veo otra solución. Todo esto nos va a matar. Vivimos como comadrejas. Peor.

María vio que el castillo de naipes que su marido había construido para ella se desmoronaba cuando escuchó la palabra *refugiada*. Ésta era una pieza que no encajaba bien en sus planes. María había pasado por todos los estados de ánimo: desde la ilusión de salir pronto de Afganistán y volver a su vida tranquila y apacible en Londres, hasta la aceptación de la realidad que suponía verse como una más en aquel país y tener la convicción de que nunca más saldría de Afganistán y que se haría vieja en aquella tierra. Pero convertirse en refugiada significaba que ni siquiera tendría la más mínima posibilidad de intentarlo, de probar suerte. Y eso era demasiado. Eso era apagar la única brizna de esperanza con la que se permitía soñar para recomponerse cuando la depresión llamaba a la puerta.

No hizo falta que María le explicara a su marido que aquello no era lo más adecuado, al menos de momento. Le mostró sus dudas, sus miedos y sus preocupaciones, y Nasrad las entendió. Al menos así se lo hizo saber.

No volvieron a hablar más del tema. Era como si existiera un pacto de silencio entre ellos que les advertía de que ese asunto no figuraba entre los temas de conversación porque no convenía. Les dolía demasiado a los dos. A él, porque seguía culpándose de que María estuviese en aquella situación, en aquel refugio sucio, maloliente, poco saludable, tercermundista, y situado en mitad de la guerra, un conflicto bélico que a ella ni le iba ni le venía. Y a María le rompía de dolor porque no soportaba ver así a su marido en ese estado. No quería que él cargara con el peso de la culpa porque la decisión de acompañarle en su viaje a Afganistán fue suya y nada más que suya. Sufría cuando veía a su marido sufrir. Porque Nasrad no estaba digiriendo bien todo aquello. Su marido no era como los demás, su preparación era otra y sus miras futuras se mostraban más amplias que las del resto de los allí presentes. No estaba de acuerdo con el trato que en su país se daba a la mujer, ni a los hombres. No soportaba la idea de que sus hijos se criaran y crecieran como el resto de los niños afganos, a los que se les negaba la posibilidad de un futuro mejor o, sencillamente, se les impedía llegar con vida a la edad adulta. No compartía la política de los señores de la guerra, las interpretaciones radicales que del islam hacían muchos por puro interés económico, político o social, o por llana maldad, y menos aún podía tolerarlo cuando se trataba de su familia, de María. Y de sus hijos.

No se volvió a comentar nada sobre la posibilidad de escaparse, de huir hacia la frontera con Pakistán o con Irán. No se habló, pero los dos pasaron noches enteras en vela pensando sobre aquello. Los dos lo sabían porque se sentían despiertos, pero ninguno lo compartió con el otro. No hacía falta. Ya estaba todo hablado.

22

Los días iban pasando, aunque el tiempo parecía haberse detenido dentro de ese refugio. Había días en los que no se escuchaba un solo avión, y el optimismo y el buen humor reinaban entre todos los allí presentes. Pero no era bueno fiarse. Muchas veces, ese silencio de la guerra sólo representaba una trampa. En esos días de calma tramposa y embustera, alguna de las mujeres se confiaba y decidía salir del refugio con su hijo, para que le diera un poco el aire o para que pudiera hacer sus necesidades fuera de allí. Se acercaba con cautela al orificio de salida del refugio y con mucho sigilo tanteaba qué tal estaba el exterior. Cuando todo se mostraba aparentemente tranquilo, la mujer se confiaba y se asomaba al exterior con su hijo. Pero la prudencia demostrada por la mujer no servía de nada porque enseguida se oía el eléctrico silbido de disparos, o las explosiones aún más fuertes, que hacían retroceder a la mujer y a su hijos, que volvían más asustados, llorando y al borde de la histeria.

Así pasaba el tiempo para María, escondida en aquel refugio con su familia y con lo que no era familia. Los días se le hacían interminables en aquel agujero. El tiempo no era real, las horas le pesaban y los minutos se hacían eternos. María no lograba dominar el paso del tiempo en aquel lugar, no entendía lo que le pasaba, pero sentía que se ahogaba. Cuando el trabajo se lo permitía, María se quedaba absorta observando la entrada y salida del refugio. Miraba aquel agujero como si estuviera hipnotizada, poseída. Cualquiera que la viera pensaría que se había vuelto loca.

El olor era insoportable: una mezcla de suciedad, humanidad, restos de comida y de necesidades fisiológicas que no se podían hacer en el exterior porque el peligro de un ataque inminente lo impedía. No siempre podía salir del refugio para poder ir al baño porque no siempre era seguro y cuando se podía, había que hacerlo con mucho cuidado, a escondidas y con tal cuidado y secretismo que muchas veces, en especial los niños, no podían soportar tanta tensión y se lo hacían encima.

Aquello, sin duda, dificultaba la convivencia. Por la noche era difícil conciliar el sueño y por el día lo era aún más concentrarse en cualquier actividad.

La intimidad era imposible allí dentro, y las desavenencias entre unos y otros lo hacían aún más complicado. Entonces era mejor no meterse en discusiones ajenas, dejarlo correr, por mucha tensión que se acumulara en un lugar tan reducido.

Lo peor era cuando los niños no podían más y se pasaban horas llorando. No había forma de calmarles y, al final, se les dejaba hasta que cayeran agotados por el llanto. También les sucedía a las mujeres. Y por supuesto, a María.

En los últimos días la abordaba un pensamiento que no lograba quitarse de la cabeza: que sus días terminarían en ese lugar. Que moriría en ese refugio y no precisamente de vieja. Y que nunca más volvería a su tierra, ni vería a su familia, ni a su padre, ni a sus hermanas, ni pisaría Londres, ni volvería a Canadá. Que a los veintidós años su vida se acababa.

Esos pensamientos se acrecentaban y cobraban mayor dosis de credibilidad cuando escuchaba sobrevolar aviones sobre el refugio y advertía con claridad el tronar de las bombas. En ese momento, María se abrazaba a sus hijos y rezaba. Rezaba por dentro y lloraba. Lloraba por fuera. No podía dejar de rezar para que a su marido no le ocurriera nada, para que no muriera a consecuencia de aquella guerra, para que ninguna bomba le sesgara la vida, o que ningún disparo acabara con su existencia. María suplicaba a su Dios que si así fuera y su marido muriera, se la llevara a ella por delante. Que murieran juntos. Que les mataran a los dos. De esa manera no tendría problemas. Sus hijos quedarían a merced de la familia, que los acogería y sobrevivirían.

Pero si a su marido le pasara algo mientras estaba allí fuera, todo se vendría abajo. Ella no hubiese sabido vivir. Ni hubiese sabido ni hubiese querido. Porque entonces sí que no habría más salida para ella ni para sus hijos. Nadie allí dentro iba a preocuparse por ella, siendo viuda, extranjera y con dos hijos. La repudiarían, la abandonarían, la ignorarían y nadie se ocuparía de ellas. Por supuesto que sus cuñados se interesarían por ella, pero sólo al principio. Así era aquel país. Y así era la vida que tenía. Ésa era su ley. Y ella no iba a cambiarla. Antes la matarían.

Así pasaron casi una semana: en aquel claustrofóbico agujero, con falta de alimentos y de agua, esperando la muerte más que la vida.

Una mañana, cuando María se encontraba amasando la harina con el agua para preparar el pan para la comida, la sorprendió la temprana llegada de Nasrad. No sabía qué hora era, pero hacía bien poco que se había ido a buscar comida y agua con el resto de los hombres. Venía acalorado y tan nervioso que su estado casi no le permitía pronunciar palabra. Cuando llegó donde estaba María, tuvo que tomarse su tiempo para recuperar su respiración normal.

—¿Qué pasa, Nasrad? ¿Por qué vienes así y por qué vienes tan pronto? ¿Qué ha pasado?

—Que nos vamos, María —pudo decir a duras penas Nasrad—. Que recojas lo que sea, da igual, pero nos vamos.

—¿Dónde nos vamos? —preguntó María, que no sabía si alegrarse ante la posibilidad de irse, o temerse lo peor al conocer cuál sería el destino al que irían.

—Nos vamos, María. Pero nos vamos de verdad. Estaremos un par de días en casa de mis padres, ¡y luego nos iremos a Kabul! A Kabul, María. ¡A Kabul! Y esta vez te juro que será diferente. Esta vez sí que conseguiremos algo —Nasrad estaba decidido y prosiguió con su estrategia—: Pero no podéis decirle nada a nadie. Nos inventaremos que la niña está mala, porque lleva varios días tosiendo, y que la llevamos al médico a Kabul. Y entonces será nuestra oportunidad. Puede que nuestra suerte cambie. Tú puedes volver a intentarlo con la embajada, puede que ahora sí te den una solución para poder salir de aquí. Y a mí y a los niños. Puede que esta vez tengamos otra estrella María.

—Pero, Nasrad, si no podemos salir de este agujero, ¿cómo nos vamos a ir a Kabul?

—Nos han dicho arriba que los bombardeos han cesado y que la situación se ha normalizado. Que podemos abandonar el refugio.

—Pero, Nasrad, ¿y qué hacemos en Kabul? ¿Cómo vamos a sobrevivir, dónde vamos a vivir? ¿Acaso no recuerdas nuestro último viaje a la capital? —preguntaba María mientras volvía a preparar el extraño y amorfo macuto que solía preparar cuando tenían que salir corriendo.

—Lo recuerdo perfectamente, María. No tuvimos suerte, eso es todo. Hay que intentarlo de nuevo. Quizá fueron las prisas o el estado en el que nos encontrábamos. Ahora tiene que ser distinto, María. Ahora tenemos que conseguirlo. Mira, allí tengo a mi hermana y además tengo amigos que nos podrán echar una mano. Lo importante es que nos vamos, María. Que esto se ha calmado y que nos vamos sin perder más tiempo. ¿Pero no te alegras? —la miró extrañado su marido.

—Pero, Nasrad, ¿cómo no me voy a alegrar, si estoy como loca? Pero es que ya no sé qué pensar. No quiero ilusionarme —dijo María para enseguida cambiar de tono y dejar ver un gesto de alegría en

todo su rostro, que ahora aparecía presidido por una gran sonrisa—. Pero claro que me alegro, Nasrad. Mucho, mucho. Y claro
que vamos a tener suerte. Ya está bien. Ahora sí, Nasrad.

María se abrazó a su marido. En ese momento le dio igual que
estuviera gente mirando o que se escandalizaran; ya estaba bien de
matar tantos impulsos, de contener tantas emociones, de estrangu-
lar las muestras de amor y de cariño. Ya lo había hecho durante
demasiado tiempo, y se merecía, al menos ese día, un poco de
libertad emocional.

No duró mucho la explosión de afecto, la verdad, porque no era
el lugar ni era el momento, como venía siendo habitual desde que
puso un pie en Afganistán. María recogió deprisa las pocas cosas
que había llevado al refugio cuando los bombardeos les hicieron salir
corriendo de la casa. No tardó mucho, no sabía si era por las ganas
de salir de allí o porque tampoco había mucho que rescatar de
aquella estancia. Ropa para los niños, mantas y su burka, porque
ahora sí le haría falta. Cuando lo cogió para meterlo en el macuto,
María escuchó caer algo. Era aquel vidrio a modo de espejo que había
escondido en aquella prenda, dado el poco uso que del burka hizo
en todo este tiempo escondida bajo tierra. No sabía por qué, pero
aquello siempre la acompañaba en sus desplazamientos. No entendía la razón, si era a modo de amuleto o en previsión de que se
convirtiera en algo útil, pero no podía dejarlo abandonado, tirado
en aquel refugio, como le había pasado ya en otras ocasiones. Así
que, esta vez, también lo metió entre sus pertenencias.

—Y sobre todo, recuerda: no le digas a nadie nuestras intenciones. Que nadie sepa que nos vamos a Kabul. Sería peligroso —le
volvió a repetir su marido.

María asintió con la cabeza. Se vio a sí misma como una niña
obediente y le hizo gracia. Siempre había sido una contestataria, siempre llevaba hasta el final su máxima «de qué se trata, que me opon-
go», siempre tenía un *no* en la boca ante cualquier consejo que
recibiera, en especial si procedía de alguien de su familia, como su
padre o alguna de sus hermanas. No le gustaba acatar órdenes, ni

siquiera recomendaciones. Y ahora, tenía que verse para poder creérselo. «Este tipo de cosas siempre le pasa a la gente como yo.»

Pero María estaba contenta. No pensaba ensuciar ni deprimir su estado de ánimo con este tipo de pensamientos. Ya habría tiempo para hacerlo. Ahora la invadía una ráfaga de alegría, de serenidad, y nunca pensó que por volver a casa de sus suegros tendría semejante sensación. Tenía la impresión de que la sonrisa no podía borrársela del rostro, y tuvo cuidado, no fuese a haber alguien que no le gustara ni entendiera el brote de felicidad repentino en su cara.

23

Al llegar a la casa de los suegros, vieron que todo estaba aún peor de como lo dejaron. La suciedad campaba a sus anchas y el abandono del domicilio era evidente. Nadie había entrado a destruir nada, porque ni había nada para destruir ni era el lugar ideal para asentarse. Lo único que podría haber pasado es que la casa hubiese caído derrumbada a consecuencia del efecto de una bomba, pero hubo suerte. Las cuatro paredes estaban en pie y lo único que tuvieron que hacer las mujeres fue limpiar el suelo, los trastos que aún quedaban esparcidos por aquel lugar e intentar hacer desaparecer el polvo y la arena que parecía que se comían la casa.

Por la noche, María estaba agotada. No podía más. No tenía fuerzas ni para comer ni para conversar con sus cuñadas, ni siquiera para responder a los desaires de su suegra. «Increíble —pensaba María—, a esta mujer no le apacigua ni una guerra, ni un bombardeo, ni el encierro en un agujero bajo la tierra.» Por un momento sintió pena por ella. «¿No habrá sido feliz nunca?»

Pero nada de esto le afectaba esa noche a María. Sabía que iba a dormir bien, ya que el agarrotamiento que sentía en los músculos, especialmente en la espalda y en las piernas, iban a actuar como un somnífero. Y así lo hicieron. Además, María tenía cosas más importantes en las que pensar: Kabul. Su nueva vida. Y sobre todo: su oportunidad de reanudar los trámites para conseguir su pasaporte. Quizá esta vez podría ser posible.

Aquella noche, por primera vez desde hacía mucho tiempo, soñó con su padre.

A los pocos días de haber salido del refugio, María se despertó escuchando voces. Procedían de otra habitación y pudo reconocer que esas voces pertenecían a su marido y a su suegra. No discutían, no se peleaban, no utilizaban un tono elevado. No parecía que estuvieran enfadados. Pero María tuvo la impresión de que se trataba de algo importante. Se incorporó y caminó despacio y con cuidado para no ser sorprendida. Dio unos pasos hacia la pared que comunicaba con la otra habitación donde se encontraban su marido y su suegra, y se quedó parada, mirando aquella sucia y horrorosa tela a modo de cortina que había en la puerta y que servía de separador, y aplicándose en la escucha lo más que las circunstancias le permitían.

—Será sólo un par de días, como mucho, madre —le explicaba tranquilamente Nasrad—. Estoy preocupado por la niña. Hace mucho que tose, y hace un ruido muy extraño. Algunas veces tiene fiebre, no come y es necesario que la vea un médico. Y ya aprovecho y que vea también al niño. Así nos quedaremos todos tranquilos. Además, después de todo el tiempo que pasamos en el refugio, es más que conveniente.

—¿Y tiene que ir tu mujer también? La verdad es que aquí hacen falta manos para trabajar y me vendrían muy bien las suyas. ¿No puedes ir tú solo con los niños a Kabul y que ella se quede aquí? Así volverás más pronto.

—No, madre. María tiene que venir. Por los niños y por mí. Pero volveremos pronto. Ya le digo que será cuestión de dos días, tres a lo sumo.

—No me gusta demasiado, Nasrad. No me gusta que, con lo que acabamos de pasar, te vayas con tu mujer y tus hijos a Kabul. ¿Y si te pasa algo? ¿Qué será de nosotros? —dijo su madre, utilizando un tono de reproche, lejos de cualquier atisbo de preocupación por la suerte que su hijo podría correr.

—No nos va a pasar nada, madre. Y no hay más que hablar. La niña está mala y necesita un médico. Nos vamos mañana. Mejor que lo aceptes y no compliques las cosas —dijo.

A María le seguía haciendo gracia pero a la vez no dejaba de irritarle la actitud de complacencia que su marido mostraba ante su madre. Era como si tuviera nueve años y tuviera que engañarla para poder salir a jugar al parque, convenciéndola de que ya había hecho los deberes y de que estaban perfectos. Sabía que su marido quería a su madre, y por eso ella lo había intentado de todas las formas y maneras posibles. Pero su suegra se lo había puesto, más que difícil, imposible. Ella podía entender que la madre de Nasrad le quisiera para ella sola, y que cualquier mujer le pareciera insuficiente. Pero es que en el caso de su suegra, esto no podía ser más verdad: María le parecía poca mujer porque quería que su hijo tuviera muchas más, un auténtico harén. Y lo quería porque así las esposas de su marido se convertirían en sus criadas, y la ayudarían en casa y les podría hacer trabajar, humillar, servirse de ellas como a ella le gustaba hacer con todas las que pasaban por sus manos.

María no podrá olvidarse nunca de aquella mujer que desde pequeña estaba destinada a casarse con Nasrad y que a pesar de que éste le explicó que no podía ser, que ya había contraído matrimonio con otra mujer, una española, y que, por lo tanto, ella era una mujer totalmente libre para hacer su vida y casarse con otro hombre afgano, nadie lo entendió así. Esa mujer seguía esperando que su marido se dignara a tomarla como esposa y todo lo que eso conlleva. Y aunque ella se hubiese hecho a la idea y hubiese querido encontrar a otro hombre, el poblado no se lo permitía, no lo aceptaría.

La verdad es que a María le daba pena aquella mujer. Era una pobre víctima de la sociedad machista en la que vivía y cargaría con ese estigma toda su vida. De nada le sirvió el dinero que la familia de Nasrad tuviera que pagar en concepto de daños y perjuicios a la joven por no haberse convertido finalmente en la esposa de Nasrad. El dinero no pudo comprar la mentalidad de todos los vecinos que la señalaban, que murmuraban a su paso y que incluso se atrevían a despreciarla por no haber sabido mantener la promesa de matrimonio del que iba a ser su marido.

Y ni que decir tiene que la madre de Nasrad nunca perdonó a María que por su culpa, por alguien tan endeble, poco trabajadora, rara y extraña a sus ojos, ella no pudiera tener otra sirvienta a la que llamar nuera.

María volvió sobre sus pasos. No quería que su marido creyera que estaba espiando lo que hablaba con su madre, aunque así fuera. Cuando su marido entró en la habitación, María estaba doblando las mantas sobre las que dormían todas las noches. Y no pudo evitar la pregunta que echó por tierra todo el disimulo que estaba desplegando, de manera torpe.

—¿Cómo se lo ha tomado? —preguntó María.

—Como habrás escuchado... —Nasrad alargó la última sílaba sin poder evitar una sonrisa—, como habrás escuchado, no le ha quedado otro remedio. Creo que no sospecha nada. Sólo le molesta que nos vayamos, y eso que no sabe que es para quedarnos. Y tienes que tener cuidado, María, no se te puede escapar ni con mis hermanas ni con mis sobrinas. Y tampoco se lo digas a los niños, porque a ellos sí que sin ninguna maldad se les puede escapar —Nasrad dejó de hablar, y miró a María—: ¿Y tú cómo estás?

—Nerviosa. Atolondrada. Impaciente... pero feliz, Nasrad. Estoy contenta de estar contigo y no me arrepiento de nada de lo que he hecho. Es más, lo volvería a hacer a pesar de todo lo que hemos vivido.

Nasrad la miró con el mismo amor y la misma dulzura que cuando se tomaron aquel primer café en una terraza del Covent Garden, flanqueados por el calor artificial de las estufas enormes que aquel año eran el último grito en ambientación en la capital británica, y aquella primera dosis de cafeína que les condujo al primer beso. Acarició a su mujer la cara, una y otra vez, y volvió a besarla. María correspondió y cerró los ojos. Nunca pensó que por un hombre daría tanto y renunciaría a tanto. Y sin embargo, ahí estaba ella. Protagonista de una historia que cuando contara a sus nietos no se la creerían. Claro que antes se la debía contar a su familia, y eso iba a ser más difícil. No tenía todavía muy organizado cómo lo haría, pero intuía que lo tendría que hacer pronto.

La jornada previa a la huida a Kabul —así había decidido llamarlo María dentro de su cabeza— transcurrió como cualquier otro día, excepto porque María habló menos de lo normal. Seguro que por miedo a que algo se le escapara e hiciera añicos el plan que tanto la motivaba. En el patio, mientras las mujeres lavaban la ropa en un barreño, su sobrina Motau le llegó a preguntar si le ocurría algo, porque la notaba distante, demasiado silenciosa para lo que solía ser ella.

—No me pasa nada, no te preocupes. Estoy bien. Sólo un poco preocupada por la niña. No se le quita la tos, le suenan los bronquios y la veo con esos ojitos que, la verdad, no sé qué le ocurre —mintió María a su sobrina preferida, pensando que en unos días, cuando viera que no regresaba, entendería lo que le ocurría—. Estoy deseando que la vea el médico y nos cuente, Motau. Eso es todo.

—Claro, mujer, si es normal. Pero no te preocupes. Verás que no es nada, y cuando menos te los esperes, estará corriendo de nuevo por aquí.

Eso era justo lo que María no quería. Y su media sonrisa, acompañada de su característico soplido nasal, lo evidenciaba. Era lo último que quería ver María: a su hija corriendo en la casa de sus suegros y ella viéndolo, mientras lavaba más ropa junto a sus cuñadas y bajo la atenta mirada inquisidora de su suegra.

—Seguro que sí —respondió María—. Seguro que sí.

Madrugaron, como siempre, para poder llegar con tiempo a Kabul. El viaje era largo y el hermano de Nasrad se había ofrecido a llevarles. El estómago de María ni siquiera pudo abrirse para dar cabida al té mañanero acompañado por algo de pan recién hecho, aunque intentó disimular la apatía mojándose los labios. El pan decidió dárselo a sus hijos, que a esas horas tampoco estaban demasiado deseosos de comer nada. Así que Nasrad decidió aumentar su dosis de desayuno para no levantar sospechas.

Después de despedirse de todos, y de tomar nota de algunos encargos de sus familiares, sobre todo de comida, pero también de trozos de tela que pidieron encarecidamente sus hermanas para poder confeccionarse algún vestido nuevo, su marido terminó de meter las cosas en el coche. No había mucho que meter, pero justificaron llevar más ropa de la cuenta, por si el frío les sorprendía en Kabul.

Cuanto menos faltaba para marcharse, más nerviosa se mostraba María. No podía evitar que su mente jugueteara maquiavélicamente con posibles complicaciones que impidieran su salida: «Y si ahora no arranca el coche, y si ahora mi suegra finge que está enferma, y si la niña deja de toser y si nos bombardean de nuevo, y si se me escapa algo a última hora, y si...». Menos mal que el burka impedía ver el rostro desencajado de María. Nunca se alegró tanto de ponérselo como en aquel momento. A alguno le extrañó que se lo pusiera tan rápido, sin ni siquiera haber salido del recinto, pero imaginarían que María por fin se había acostumbrado y amoldado a la vida de la mujer afgana.

Cuando María oyó el motor en marcha del coche de su cuñado, le sonó a música celestial. Nunca se había fijado en lo mal que sonaba, en el desagradable olor a gasolina quemada y en los continuos movimientos bruscos que presentaba el coche para los pasajeros, como si se fuera a calar en cualquier momento o a perder todas sus piezas. Pero no le importó. En aquel momento no lo hubiera cambiado por ningún otro vehículo de gran cilindrada. Era su particular carroza. Era la calabaza convertida en carruaje de lujo. Era su vehículo hacia una nueva oportunidad.

María se esforzó en mirar con atención todo lo que iba dejando a su espalda, deseaba que todo aquello quedara archivado y guardado en el disco duro de su cabeza y que tuviera que recurrir a él si quería alguna vez recordar aquella etapa. Era como una manera de asegurarse de que no volvería más a pisar esa tierra, ni volvería a vivir en esa casa, ni tendría que ir más a por agua, ni encender más el fuego. Por un momento María cerró los ojos, porque ya no quería más información, ya tenía bastante, no quería saturar ese disco duro. Nasrad la observó por el espejo retrovisor del coche y creyó que estaba dormida. Se alegró. «Mejor que descanse ahora, por lo que podamos encontrarnos en Kabul.»

TERCERA PARTE

ESTANCIA EN KABUL

1

Tardaron más de seis horas en llegar a la capital afgana. María observaba todo aquello con los mismos ojos con los que un niño intenta atrapar cualquier detalle cuando le llevan a un parque de atracciones. María no podía dejar de comparar de dónde venía con lo que iba viendo a través de la ventana del coche. La primera sonrisa que se colgó en su cara la sorprendió a ella misma, y apareció ante la visión de tiendas. Tiendas reales, no puestos ambulantes como a los que estaba acostumbrada en la aldea de su marido. Tiendas de verdad, con sus escaparates, sus maniquíes, con la colocación estratégica de los productos como reclamo para los posibles clientes, con carteles que anunciaban provechosas ofertas. Ante sus ojos pasaron como si se tratara de una película a cámara lenta, ya que el coche de su cuñado no podía correr demasiado y menos por las calles de Kabul: tiendas de ropa, de alimentación, de electrodomésticos, de zapatos, locutorios, bancos, restaurantes, cines, incluso vio hasta una peluquería. «Una peluquería. Pues qué gasto más absurdo, ya me contarás», pensó María mientras levantaba las cejas en un gesto inconsciente entre la sorpresa y la incredulidad ante el hallazgo. María se veía entrando en todas ellas, y se imaginaba mirándolo, tocándolo, cogiéndolo, probándoselo e incluso comprando algo.

Bastaron unos minutos para que María se diera cuenta de que era abismal la diferencia entre el pueblo donde había vivido hasta ahora y Kabul, y no pudo evitar los planes mentales de una nueva y mejor vida. Llevaba años deseando ir a Kabul y por fin entraba en la ciudad. Sabía que había realizado una breve y descorazonadora escapada hacía unos meses, pero María decidió borrar de su memoria aquel recuerdo, que sin duda le entorpecería seguir adelante.

Después de atravesar el centro de Kabul —el cual, como María supo más tarde, estaba destinado, en su gran mayoría, a los turistas y a las personas con dinero—, todavía les esperaban unas dos horas de camino.

La casa a la que se dirigían estaba a las afueras. Era la casa del tío de Nasrad, donde se quedarían durante tres días, el tiempo necesario para centrarse, habituarse a la nueva ciudad y con un poco de suerte, encontrar algún piso donde poder alquilar una habitación e iniciar la nueva vida.

El recibimiento en casa del tío de Nasrad fue de lo más amable y generoso. Los familiares de Nasrad estaban encantados de recibirles y se mostraron acogedores y cariñosos en todo momento, sobre todo con los niños. La primera noche les agasajaron con todo un manjar, lo que agradecieron muchísimo, acostumbrados como estaban a la escasez y a la necesidad en el pueblo de sus suegros. Pudieron comer un guiso de patatas con arroz y legumbres, que a todos les supo a gloria, todo ello acompañado con frutos secos de la tierra, que a María le fascinaban, pan, tortas dulces, dátiles y fruta. Y algo que a María le devolvió la confianza por un futuro mejor: la luz. Durante toda la cena pudieron disfrutar de la luz eléctrica que María hacía años que no veía. Le explicaron que por la noche en Kabul podían disfrutar de dos, tres y hasta cuatro horas de luz eléctrica, suficiente para cenar, poder charlar y hacer cosas hasta la hora de meterse en la cama.

María escuchaba todo aquello fascinada y no podía evitar soñar despierta. «Dos y tres horas diarias de luz eléctrica. Dios mío, me voy acercando al mundo civilizado. Me ha costado casi dos años, pero estoy aquí.»

Después de cenar y una vez acostados los niños, sus nuevos familiares les prepararon un té, del que pudieron disfrutar tranquila y plácidamente como no recordaban haberlo hecho en mucho tiempo. María se encontraba feliz.

Al día siguiente, después de una noche de plácido descanso, María se levantó con ganas de comenzar a edificar su nueva vida. Sabía que no podía salir a la calle sin su marido o sin la compañía de algún hombre, así que le habló a Nasrad de la conveniencia de salir a buscar alguna casa. Su marido le comunicó que ya había estado pensando en ello, y su tío le recomendó que fueran primero los hombres de la casa a ver dos o tres casas que estaban disponibles. Y así se hizo.

María se quedó toda la mañana en la casa, entretenida con los niños. Le hubiese gustado asomarse a la ventana, pero la mujer del tío de Nasrad le recomendó que no lo hiciera, porque no era seguro. María pudo entonces apreciar con más detalle como las ventanas estaban pintadas de negro y las cortinas que las cubrían eran gruesas y tupidas. Cuando María quiso alimentar su curiosidad, su ya tía le explicó que era la herencia de los talibanes: nada de mujeres asomadas a las ventanas. Esa indiscreción se podía pagar con la vida. A María le extrañó, pero tampoco mucho. Sabía que Kabul no era el paraíso para la mujer, y este detalle era uno más. Pero decidió tenerlo bastante presente para evitar males mayores.

La nueva tía de María observó cómo una nube de gravedad se había apoderado de la expresión de su nueva sobrina, así que decidió que aquella mañana fuera prolífica en conocimientos para María.

—Ven, María. Vamos a prepararnos un té y hablamos tranquilamente. Creo que hay muchas cosas que deberías saber para poder vivir en esta ciudad —le dijo con un marcado tono maternal—. No te preocupes demasiado, mujer: sólo conviene que lo tengas en cuenta para que no tengas problemas. Esto no es España, ni Londres, ni siquiera el pueblo natal de Nasrad desde donde vienes y puede significar un cambio brusco para ti y para tu familia.

Mientras se tomaban el té y lo acompañaba con unos caramelos, unos dulces típicos de Kabul, María se convirtió en la única espectadora de lo que parecía una narración dramatizada. Su tía le fue contando que en Afganistán, después de veintitrés años de guerra y cinco años bajo el régimen talibán, los derechos fundamentales de la mujer eran simplemente una utopía. No existían ni se querían, porque tampoco convenían ni interesaban. Y tampoco se esperaban.

Cuando llegaron al poder los talibanes, en 1996, a las mujeres se les negó cualquier tipo de libertad para moverse libremente: se las obligó a permanecer escondidas en sus casas, recluidas en el hogar al servicio del hombre. Sólo podían salir de casa bajo la tutela, el permiso y la compañía de un varón de su familia. Se les negó el derecho a trabajar, a estudiar, a reunirse. Se les obligó a mantener silencio ante los hombres y se les advirtió de la necesidad de no emitir ningún tipo de sonido que pudiera molestar a los varones: incluso les llegaron a exigir que controlaran el sonido de su respiración y les conminaron a calzar zapatos que no hicieran ruido al caminar para que bajo ningún concepto se molestara a los hombres o se sintieran obligados a mirarlas por entenderlo como una mera y burda provocación.

No podían pisar los edificios oficiales ni para trabajar ni para realizar consultas. No podían acudir a las universidades, se cerraron varias escuelas de niñas, lo que explicaba que sólo un cinco por ciento de las mujeres en Afganistán estuviera alfabetizado. Para los talibanes la escuela era la puerta al infierno y así la llamaban. A las maestras se las expulsó de los centros, como se hizo con las doctoras, las abogadas, las escritoras, las políticas y las ingenieras. Les prohibieron conducir automóviles y se les denegó el derecho a la prestación sanitaria, lo que hizo que muchas mujeres murieran por falta de atención facultativa, muertes que se podrían haber evitado con el medicamento indicado para tales males. Se contaban como parte de la leyenda del régimen talibán los casos de mujeres que habían sufrido un accidente de tráfico y habían muerto desangradas o a consecuencia de las heridas porque el hospital donde las trasladaron se negó a atenderlas por el simple y despreciable hecho de que eran mujeres y porque los doctores, al ser hombres, no podían tocar su cuerpo impuro. Como se negaban igualmente a facilitar insulina a las mujeres diabéticas, o cualquier otro tipo de medicamento que pudiera salvarles la vida. Sencillamente, no merecía la pena el gasto de medicamento para una mujer. Simplemente no compensaba.

Esta desatención médica hizo que Afganistán se convirtiera en el país con la segunda tasa de mortalidad materna más alta del mundo, lo que suponía que más de 15.000 mujeres murieran cada año a causa de las complicaciones del embarazo.

La tía de Nasrad seguía hablando y a María se le comenzaba a atragantar el té. Fue cuando escuchó que el 90 por ciento de las mujeres del país daban a luz a sus hijos en casa, con la ayuda de otras mujeres. Difícilmente podían acudir a un hospital, primero por imposibilidad y segundo por falta de dinero. El índice de mortandad en las mujeres afganas era el más alto del mundo. Y en este punto de la conversación —más bien del monólogo de la tía de Nasrad—, María recordó cómo habían sido sus partos y que sin saberlo, había tenido más suerte de lo que nunca hubiese llegado a imaginar. En aquel momento sintió lástima por todas aquellas mujeres. Y se sintió afortunada.

La tía de Nasrad seguía explicándole que si alguna mujer se aventuraba a saltarse estas prohibiciones, así como si era sorprendida escuchando música, leyendo un libro, mirando o haciéndose una fotografía, o ante un televisor, sería torturada, vejada, humillada y hasta asesinada. No había compasión ni perdón para la mujer.

Los datos se le iban acumulando a María en la garganta en forma de nudo, un nudo enorme que le hubiese impedido tragar, en el caso de querer hacerlo. Pero el aluvión de injusticias y tropelías que estaba escuchando aquella mañana no había dado opción a María a que su saliva suavizara su garganta, a pesar de la falta que le hacía. Sus cinco sentidos estaban concentrados en el oído, a través del cual escuchaba lo que jamás llegó a imaginar.

Consiguió fisiológicamente tragar cuando el dolor provocado por la sequedad en la faringe era lo suficientemente insoportable para que no le quedara más remedio que hacerlo. María bebió tímidamente un poco del té que le quedaba en la taza, y tuvo la impresión de que lo que bajaba por su garganta eran piedras por la dificultad que encontró al tragar. Pero le supuso un extraño e indefinible alivio.

Sin embargo, lo peor fue cuando la tía de Nasrad dejó la frialdad de los datos a un lado y comenzó a contarle casos de mujeres que ella conocía. Historias reales, de mujeres de carne y hueso que eran las que se escondían detrás de los fríos, contundentes e insensibles porcentajes y les daban sentido y credibilidad. Y aquello, sin duda, fue lo peor.

La tía de Nasrad tenía una amiga, maestra de profesión. No sólo la despojaron de sus libros y de su material didáctico, sino que se la dejó en la calle, sin trabajo, sin profesión y sin medio para ganarse la vida. En la misma calle se la golpeó duramente, se la amenazó con ajusticiarla públicamente si se atrevía, por un momento y aunque fuera en la intimidad de su casa, a enseñar algunas nociones educativas a los niños, ni siquiera a sus propios hijos. Y sobre ellos también concentraron las amenazas. Si su amiga incumplía el deseo de los talibanes, los niños serían torturados físicamente y posteriormente asesinados por rebeldía de la madre, y todo esto ante la atenta mirada de su progenitora, a la que más tarde se le daría muerte como a sus retoños.

También le contó la historia de aquella mujer que vivía justo al lado de su puerta, pared con pared. Era joven, guapa y con ganas de vivir a pesar de su delicada salud. Tenía veintiséis años, casi la misma edad de María, y se quedó embarazada del hombre al que amaba. Siempre había sido una mujer débil y enfermiza, pero parece que el estado de preñez la llenó de fuerza y de consistencia. Su marido no encontraba trabajo, no lograba traer dinero suficiente a casa, a pesar de que se pasaba todo el día fuera del hogar. Empujada por esta difícil situación, la mujer decidió un día salir ella sola a la calle, aun sabiendo a lo que se exponía: ser sorprendida por un talibán, que en el mejor de los casos, la azotaría hasta que se hartara de hacerlo y la dejaría mal herida en cualquiera esquina o calle de la ciudad, porque en el peor de los casos, la raptaría, la violaría, la sometería a todo tipo de castigos físicos para finalmente terminar con su vida de la manera más cruel que pudiera imaginarse. Nadie iba a culparle ni a responsabilizarle de nada. Más bien, al contrario.

La mujer tuvo suerte. El hombre que la sorprendió sola en la calle, sin la compañía de un varón, se contentó con darle una paliza de muerte que la dejó tirada en un callejón durante dos días, inconsciente, con el cuerpo amoratado y sangrando por todos los orificios de su cuerpo, especialmente entre las piernas. Cuando su marido la encontró, no se atrevió a llevarla a un hospital, por miedo a explicar que su mujer había cometido el atrevimiento de salir sola a la calle. Por eso se la llevó a casa y allí, su hermana le comunicó a ambos que el bebé que esperaban había muerto a consecuencia de la brutal paliza. Era un feto de cinco meses y medio. Aquella mujer fue encontrada muerta en su casa a los quince días. Había optado por el suicidio, como miles, cientos de miles de mujeres en Afganistán que no veían otra salida, otra manera de escapar a tanta injusticia, penuria y sufrimiento.

Ahora era a la tía de María a la que le costaba continuar. Demasiados recuerdos. Demasiadas emociones y sensaciones imposibles de calmar, de reducir y mucho menos de traducir. Pero como había hecho María anteriormente, la tía de Nasrad bebió té y prosiguió con el atroz relato.

Ahora le tocaba el turno a la historia de aquella mujer para cuya narración la tía no pudo apartar la mirada de los posos de té que flotaban en el fondo de la taza, mientras jugaba mecánica e instintivamente con ellos con la ayuda de la cucharilla.

A aquella mujer nadie en el bloque la conocía, pero todos la recuerdan como si fuera la más popular de todos. Fue la historia de un descuido, un descuido tonto, inocente, que duró unos segundos, cinco, seis a lo sumo, pero que se convirtió en un descuido mortal. La mujer se encontraba en uno de los puestos de la plaza públi-

ca. Había salido de su casa en compañía de sus dos hijos pequeños. Ninguno de los dos tendría más de diez años. Pero no quería
salir sin la compañía de un varón, sabía a lo que se enfrentaba y
no quería provocar ninguna situación que diera motivo al enfado
de ningún talibán.

Mientras se encontraba realizando la compra del día, una ráfaga
de viento destapó parcialmente una de sus manos, dejándola al descubierto, mínimamente. Ni siquiera le dio tiempo a percatarse de la
indiscreción del viento y a reparar el daño. Antes de que la tela del
burka, empujada de nuevo por el aire, cubriera hasta el último centímetro de su piel, dos talibanes se personaron ante ella. Fue golpeada
brutalmente hasta la muerte ante la atenta mirada de sus dos hijos,
a quienes la sorpresa y la incredulidad de lo que le estaban haciendo
a su madre les truncó todo amago de reacción, y del resto de las personas allí congregadas, que se limitaban a observar. Nadie dijo nada.
Nadie intentó ayudar a la mujer porque sería tratado de la misma
manera y correría la misma suerte, aunque fuera hombre.

Cuando los talibanes se fueron, los niños rompieron el bloqueo
que les sobrecogió durante la brutal paliza a su madre y se quedaron llorando al lado de aquel cuerpo inerte, sin rastro de movimiento. A los pocos minutos se personaron tres hombres de la familia de la mujer, que se llevaron a los niños y recogieron el cadáver
de la mujer al que una ráfaga de viento la condenó a una de las
muertes más crueles.

O aquella otra mujer de diecisiete años. Fue acusada de comportamiento impúdico por un vecino, que decidió mantener el anonimato, deseo que le fue concedido a pesar de ser el autor de la acusación. Era soltera, vivía con la única compañía de su madre, viuda,
como las más de 30.000 viudas que malviven en Kabul. No había más
hombre ni familiar en la casa que un cuñado, que de vez en cuando
pasaba a visitar a las mujeres para llevarles algo de comida, ya que
el salir a la calle les estaba prohibido sin la compañía de un hombre.

Aquella joven no había hecho nada, ni siquiera había pasado
una noche fuera de su hogar, lo que era considerado como una prue-

ba fehaciente de que se dedicaba a la prostitución, o de que era sospechosa de haber cometido adulterio o cualquier otro tipo de delito de origen sexual. Ni siquiera esas ridículas e infundadas pruebas se daban en su caso. No importó nada. Se creyó al hombre, seguramente obsesionado con ella o movido por algún sentimiento de rencor o pasión no correspondida.

Cuando la joven regresaba a su casa después de salir para comprar algo de comida junto a su cuñado, fue detenida por varios hombres sin que mediara explicación. Su cuñado intentó evitarlo, y recibió un golpe seco en el vientre y otro en la cabeza que le dejó sumido en un profundo estado de inconsciencia del que nunca se recuperó.

Primero la azotaron públicamente. Después fue conducida entre golpes que le iban propinando sus raptores con barras de hierro, acompañados de culatazos de metralletas, patadas, empujones y puñetazos a una casa donde fue violada reiteradamente por varios hombres durante varios días. Más tarde, cuando su cuerpo no albergaba más torturas, fue mutilada sexualmente y cuando pensaba que nada más podía sucederle, fue envuelta de nuevo en el burka, llevada a un descampado y allí apedreada hasta la muerte. Tenía diecisiete años. Y de su boca no pudo salir ni una palabra en su defensa. Nada. Quizá en sus últimos momentos de vida recordó el sermón oficial que tantas veces escuchó en los templos donde algunos días le permitían rezar, en las mezquitas a las que acudía con su tío, y que hablaba de cómo «la mujer es la flor que debe permanecer en la casa, en agua, para que el hombre al volver huela su perfume». Quizá entendió entonces que hubiese sido preferible morir de inanición en su casa, en vez de golpeada, violada y apedreada en la calle. Ya era tarde para saberlo.

El relato de esta última historia hizo brotar de la memoria de la tía de María la que, según la tradición popular, fue la primera ejecución pública de una mujer en Kabul desde que los talibanes se asentaran en el poder en 1996. Era el 23 de noviembre de 1999, el mismo año en el que María contrajo matrimonio con Nasrad. No pudo evitar pensar en eso.

La mujer se llamaba Zareena. Tenía siete hijos y sobre su persona recaía la culpa de haber asesinado a su marido. Según la justicia talibán, Zareena había aprovechado que su marido dormía para golpearle hasta la muerte con un martillo. La razón la esgrimió un soldado talibán, del que nunca se supo el nombre ni el apellido, ni ningún tipo de dato sobre su identidad que pudiera permitir a la acusada conocer el nombre de su acusador. Era culpable porque así lo había estimado y decidido un talibán anónimo. Y no hacía falta mayor prueba.

Zareena fue introducida en un vehículo y conducida hasta un estadio deportivo. Estaba custodiada por dos mujeres policías que la sujetaban bien para evitar que se cayera al suelo, víctima de la presión del momento, o para abortar cualquier intento de huida o autolesión, aunque el estado lamentable en el que se encontraba la mujer, tanto físico como psíquico, no hacía imaginar que nada de esto pudiera pasar. Las policías llevaron a Zareena al centro del estadio donde otrora el pueblo se congregaba para contemplar eventos deportivos.

El espectáculo de aquel día era bastante distinto y evocaba más al circo romano que a cualquier encuentro deportivo.

Una vez en el ecuador del campo, las policías obligaron a Zareena a sentarse en el suelo, utilizando para ello un movimiento brusco, dejando patente quién mandaba allí, quién representaba la superioridad y el mando, y quién debía obedecer.

Seguramente Zareena pudo sentir, aunque no pudiera verlo como las miles de personas allí congregadas para no perderse detalle de la ejecución pública, el modo en que un soldado que se acercaba por detrás aproximaba su rifle Kalashnikov a su cabeza. En esos momentos, fruto de un acto reflejo, como el de un animal que huele la muerte segundos antes de convertirse en presa del cazador, Zareena hizo el amago de levantarse, pero el ademán fue frustrado por el rifle del soldado, que no dudó en golpearla en la cabeza, pero no lo suficientemente fuerte para matarla. Su muerte no se podía deber a un traumatismo motivado por el culatazo de un rifle. Y no lo fue.

El soldado, quizá por inexperiencia o quizá movido por el único fin de regocijarse en su macabro oficio, tardó unos segundos hasta asestar sobre la cabeza de Zareena dos disparos que acabaron con su vida. Pero no al instante. Los espectadores de aquella ejecución pública, que decidieron no perder el tiempo en pestañear, algo que podría representar el perder algún detalle de la ejecución, pudieron ver como la mujer todavía tardó unos minutos en morir, ya que veían como aquel bulto, ya agónico, que se presentaba envuelto en un burka con dos grandes manchas rojas que iban ganando terreno al color celeste de la tela, era presa de espasmos y movimientos incontrolados. Cuando todo ello cesó, el numeroso público allí presente se fue retirando de las gradas del estadio y saliendo hacia el exterior. Lo hicieron gritando «Dios es bueno» y comentando la jugada recién observada. Había mujeres, hombres y niños, muchos de ellos eran obligados a asistir a la ejecución para que, desde pequeños, entendieran los pilares del régimen talibán. «Ésta es la justicia de los talibanes», decían unos. «Es la versión más pura del islam, la que sigue una interpretación más literal del Corán», apuntaban otros. «Esta mujer era una asesina y merecía morir así», decían muchas mujeres, que minutos antes intentaban buscar un sitio que les permitiera ver con claridad y no perderse detalle de lo que allí iba a acontecer. Y muchos, la mayoría, salían en silencio. Como habían entrado. Pero con una nueva imagen que guardar en su cabeza y que difícilmente borrarían.

El espectáculo había terminado. Al menos por aquella mañana, porque el espectáculo continuaba en otros lugares de Afganistán. Y lo haría durante muchos años.

2

Llegó un momento en el que María no podía más. Se le acumulaban las preguntas, las reacciones, las ganas de llorar, la impotencia. Todo un cúmulo de sentimientos que no sabía cómo administrar correctamente, que sencillamente la superaba.

María había decidido desde hacía un buen rato que no quería escuchar más, pero no sabía cómo pedirlo, ya que no entendía que tuviera derecho a hacerlo. Estaba conmocionada por lo que estaba escuchando aquella mañana. La tía tampoco parecía estar pasando el mejor momento del día, pero sabía que debía informar a María para que fuera con cuidado, con prudencia y para que se diera cuenta de que cualquier cautela era poca.

María pensó durante unos instantes, en que logró evadir su mente y su atención de aquellos relatos, que quizá la idea de haberse ido a vivir a Kabul para encontrar una vida mejor no había sido tan buena idea ni mucho menos acertada. Pensó que en el pueblo natal de su marido al menos sólo tendría que soportar a su suegra y que el único miedo al que tendría que hacer frente sería el de sus reacciones desproporcionadas de furia, de rabia y de mal genio, aparte de sus mentiras a la hora de calificar su comportamiento. No había visto en aquel pueblo todo lo que la tía de Nasrad le estaba contando que les sucedía a las mujeres afganas. Si bien era cierto que María apenas había salido de los límites de la casa de sus suegros. Pero esta valoración no se tuvo en pie durante mucho tiempo en la cabeza de María.

Sin que ninguna de las dos se diera cuenta, la mañana había transcurrido y prácticamente era la hora de comer. El ruido de la cerradura de la casa les devolvió a la realidad. Nasrad y su tío entraban charlando animadamente. Ellas se miraron. Respiraron profundamente y se sonrieron de una manera cómplice pero lejos de cualquier apasionamiento, más por compromiso que por complicidad.

—Será mejor que vaya a preparar la comida. Vendrán con hambre —explicó la tía mientras se levantaba y recogía las dos tazas de té. Mirando a María le musitó—: No olvides nada de lo que te he contado, María. Quizá algún día te salve la vida —le dijo con una sonrisa que sin embargo no ocultaba la misma sobriedad que había registrado su rostro durante toda la mañana.

Nasrad llegó con una buena noticia: había encontrado una casa de alquiler. Mejor dicho, una habitación de una casa. Allí era lo habi-

tual. En una casa de cuatro o cinco habitaciones vivían otras tantas
familias, cada una en un habitáculo. Estaba aproximadamente a dos
horas y media del centro de Kabul y sería perfecta para los cuatro.

—¿Qué pasa, María? ¿No te hace ilusión? Creí que era lo que querías —le dijo Nasrad al no ver ningún gesto de alegría en la cara
de María.

Pero su falta de alegría y de excitación nada tenía que ver con la
buena nueva que le traía su marido. Todavía reinaba en su cabeza
y se apoderaba de su cuerpo y de su estado de ánimo la confusión
por todo lo que había escuchado aquella mañana. No sabía de qué
manera gestionar las ganas de comenzar una nueva vida junto a
su marido y a sus hijos con aquellas historias dramáticas y crueles
que le había contado la tía de Nasrad.

—Claro, Nasrad. Es fantástico. Estoy muy feliz.

—Pues quién lo diría —replicó Nasrad mientras intentaba buscar en el rostro de su mujer algún gesto, alguna expresión que le
diera algo más de información—. ¿Te pasa algo, María? ¿Estás
bien?

—Claro que estoy bien. Tan sólo un poco cansada por tantas emociones y ante tanta novedad —intentó justificar María—. ¿Cuándo
me vas a llevar a ver la casa?

—En dos días nos vamos a vivir allí. Sólo necesitamos un par
de colchones, unas mantas, una mesa y alguna silla. No será fácil
conseguirlo porque no tenemos dinero. Pero intentaré que alguien
nos ayude. No puede ser tan difícil. Esta tarde iremos a ver a unos
familiares y amigos para intentar reunir algo de lo que necesitáis.
Algo nos darán. Los afganos son gente generosa. Sobre todo los
pobres —comentó el tío de Nasrad.

A los dos días ya estaba María procurando aprovechar cada centímetro cuadrado de la habitación que se convertiría en su hogar.
No tendría más de veinte metros, pero a ella le pareció un palacio.
Aquella habitación no tenía las humedades a las que ni el cuerpo
de María ni el de sus hijos habían llegado nunca a acostumbrarse
en la casa de sus suegros. En aquella habitación no hacía tanto

frío, incluso María notó cierto calor, seguramente debido al calor humano del resto de familias que habitaban la casa.

A pesar de todo lo que le había contado la tía de Nasrad los días anteriores, María se mostraba optimista y esperanzada ante lo que le depararía el futuro. Quizá porque en las últimas veinticuatro horas había podido comprobar por ella misma la generosidad de la gente afgana de la que le habló el tío de su marido. Algunos familiares de Nasrad les dieron un par de colchones donde poder dormir. Amigos y conocidos le facilitaron mantas, cacerolas, una olla, cuatro vasos y algunos cubiertos. Incluso hubo alguien que les dejó algo de dinero.

La historia se volvía a repetir. Era un comenzar de nuevo, y tanto María como Nasrad sabían que no era empresa fácil. Pero la ayuda que recibieron del exterior les animó a soportar los cambios y les facilitó mucho las cosas.

Los nuevos vecinos enseguida les acogieron de buen grado e incluso, a pesar de que todos ellos vivían en la pobreza, como la gran mayoría, no les importaba compartir con ellos la comida, sobre todo los primeros días, cuando ni María ni Nasrad habían podido encontrar trabajo.

Aquello siempre le sorprendió a María. «¿Cómo es posible que compartan con nosotros, que nos den pan para nuestros hijos e incluso un vaso de leche para los cuatro, si difícilmente tienen para ellos?» Y se preguntó si ella hubiese sido capaz de reaccionar de igual manera. Quiso pensar que sí. La palabra *egoísmo* hacía mucho que había dejado de figurar en su vocabulario. Por no haber, no había lugar ni para ese tipo de vocablos.

A la semana de su estancia en Kabul, María no podía negar que allí la vida era un poco mejor que en casa de sus suegros. No tenía que recorrer kilómetros y kilómetros para encontrar agua, ni tenía que calentarla al sol si la quería caliente. Ni tenía que encender el fuego como hasta ahora venía haciéndolo. En su nueva casa de Kabul, pudo saber lo maravilloso que era tener luz eléctrica, aunque fuera una única bombilla la que colgaba del techo de su habitación y le permitía mirar a sus hijos a los ojos, lejos de condenar sus veladas a las sombras en las que quedaban convertidos sus familiares en la casa de sus suegros cuando el sol desaparecía y la noche reinaba hasta en el último rincón de aquella casa.

Junto a la falta de humedad en los suelos y en las paredes, la luz eléctrica y el agua corriente, la leche era otro de los lujos que podían permitirse, de vez en cuando, en Kabul. Cuando se lo podían permitir, María podía ofrecer a sus hijos un vaso de leche, que aunque tuvieran que compartir, les sabía a gloria. María llegó a pensar que viendo a sus hijos beber ese líquido blanco, se alimentaba más ella que ellos. Y no le faltaba razón. María podía alimentarse días y días con tan sólo observar a sus hijos llevarse algo a la boca.

Los días pasaban y la generosidad del principio fue reduciéndose, como invitaba a comprender la pura lógica. Todos habían sido muy amables ayudando a dar los primeros pasos a los nuevos inquilinos, pero ahora deberían caminar por su cuenta. Y así lo hicieron.

Nasrad encontró trabajo lavando coches: limpiaba los cristales, las ruedas, los interiores. Se atrevía incluso con el motor de los coches, un arrojo fruto de los conocimientos y la experiencia que Nasrad había adquirido durante años en Londres en la fábrica de Land Rover. Pero el trabajo no abundaba, más bien al contrario. Sólo podía trabajar por horas, porque eran muchas las manos y eran pocos los coches. Y esta situación desagradaba al marido hasta tal punto que le ponía enfermo. Se desesperaba. Sabía que con su preparación y sus conocimientos tenía derecho a un trabajo mejor y a un sueldo que le permitiera algo más que subsistir a duras penas. Esa resignación, unida a la impotencia de no poder hacer mucho para mejorar las cosas, motivaban que Nasrad llegara a casa atormentado, cansado, cabizbajo, sin ganas de comer, y lo que le resultaba más duro a María, sin ganas de hablar. Intentaba por todos los medios sacarle un par de palabras o sostener su interés por una conversación más allá del minuto y medio, pero le suponía grandes esfuerzos.

Ni siquiera la presencia de los niños lograba animarla y abstraerla de aquel estado de soledad interna que le devoraba. Por la
noche, la cosa no mejoraba. María notaba la intranquilidad de su
marido cuando estaban acostados. Los primero días pensó que quizá su marido extrañase el colchón, acostumbrado a dormir sobre
mantas en el suelo. Pero la venda de los ojos no se le tardó mucho
en caer a María. Sabía que algo no iba bien. Por la actitud de su marido y porque en su hogar las necesidades iban tomando un lugar
de excepción en los últimos días. El dinero no entraba y sin él,
tampoco lo hacía la comida. Los niños no llegaron a notarlo, pero
María y su marido sí. Ella no entendía nada, porque su marido
salía a trabajar a primera hora de la mañana y no volvía hasta bien
entrada la tarde noche. Y sin embargo, los resultados de esa ausencia no daban sus frutos. A María no le cuadraba aquella realidad y
decidió plantearle sus dudas a su marido. Y fue entonces cuando
su marido se vació. Se vació del peso de la culpa que le venía reconcomiendo desde hacía semanas, si no meses. Tampoco él podía
más y explotó.

—María, las cosas cada vez están peor. No hay trabajo. No lo
encuentro por ningún sitio. Estoy harto de salir cada mañana de casa
cargado con un saco de ilusiones y ver como me lo van vaciando a
lo largo del día, sin el más mínimo miramiento. Y soy un hombre
preparado, he trabajado durante toda mi vida y me encuentro que
en mi propio país esto no vale nada. Al contrario. Me toman por
extranjero, me desprecian, y no me dan una mísera oportunidad
de demostrar lo que valgo.

El tono del parlamento de Nasrad iba subiendo, calentándose
por momentos y ganando en dramatismo, algo que no contribuyó
a que María se sintiera mejor. Ni mucho menos su marido, que
había decidido abandonarse a la confesión desgarrada.

—Me siento impotente. Inútil. Y culpable, María. Me siento
muy culpable por lo que te he hecho y te estoy haciendo, y la culpa me está matando. Yo así no puedo vivir. Te quiero, María. Te
quiero más que a mi vida, aunque no me educaron para eso. Te quie-

ro, y quiero lo mejor para ti. Desde que te conozco he procurado dártelo, he intentado cuidar de ti, protegerte, que no te faltara de nada a mi lado... y ahora me siento incapaz —Nasrad continuaba hablando en el mismo estado de excitación que hacía prever lo peor—. Tengo que sacarte de aquí, María. Tengo que lograr que tú y los niños os vayáis de este país. Os merecéis algo mejor. Tú te mereces algo mejor y no lo que yo puedo darte —Nasrad se agarraba la cabeza con ambas manos seguramente porque pensaba que le iba a explotar—. ¿Qué clase de hombre soy, María? ¿Qué clase de cabeza de familia represento si no soy capaz de manteneros a ti y a los niños? —se culpabilizaba Nasrad sin dejar opción a María de contestar ni meter baza—. No tuve que permitir que vinieras conmigo a Afganistán a ver a mi familia. Desde entonces todo ha ido a peor. ¡Mira la vida que te estoy dando! ¡Mira a los niños cómo se están criando! No es justo, María. No es justo que yo te haga esto. Todo es culpa mía. Todo es culpa mía. Todo es culpa mía.

María llevaba un buen rato de pie y escuchando a su marido desde un rincón de la habitación. Por momentos, pensó que su marido estaba enloqueciendo y que ella no estaba siendo capaz de pronunciar una sola palabra que le administrara un poco de ánimo e hiciera desaparecer tanta desolación.

Por fin, María consiguió recuperar la compostura que el monólogo atormentado de su marido había eclipsado. No pudo saber cómo, pero reunió las fuerzas suficientes para encararse a su marido y reprocharle su actitud y su victimismo.

—Pero, Nasrad, ¿qué estás diciendo? No te reconozco —María entendió que su réplica había comenzado, sin así pretenderlo, de una manera dura, y decidió rebajar su tono—: Los dos estamos pasando por un momento malo, muy malo. Pero no puedo permitir que te abandones y te flageles de esta manera. No te lo voy a permitir. Yo te quiero, Nasrad. No. Yo te amo. Yo soy la que he decidido seguirte hasta el fin del mundo. Tú no me has obligado a nada, no me has empujado a nada. Y si ese fin del mundo está entre estas cuatro paredes, en Kabul, pues hasta aquí será. Yo soy la que te rogué una y mil veces que me dejaras acompañarte. Soy yo la que no puede vivir sin ti, Nasrad, la que no se puede imaginar pasar un solo día sin verte, sin saber que volverás a casa. Yo soy la que me culpo por no saber ni poder darte todo lo que tú me has dado en todo este tiempo —María creyó que la emoción que sentía no iba a permitirle seguir con todo lo que quería decirle a su marido. Y difícilmente pudo encontrar las palabras—. Viéndote así, Nasrad, comprendo que yo soy la única responsable de tu estado de ánimo, de tu desesperación. Y no sé qué hacer ni cómo reaccionar para calmarte, para aliviarte. Yo soy la que no sé comportarme como una buena esposa. Soy yo la que, viéndote así, me siento impotente e inútil.

María notó como las lágrimas y los gimoteos no le daban la oportunidad de seguir. Sentía que tenía muchas más cosas que confiarle a su marido, que las tenía dentro peleándose por salir al exterior, pero era incapaz de darles forma.

Ninguno de los dos pudo más. Nasrad y María se fundieron en un abrazo que difícilmente fueron capaces o quisieron controlar. María deseó con todas sus fuerzas alargar en el tiempo ese abrazo hasta que se hicieran viejos. Pero sin saber cómo, decidió romperlo. Una repentina rigidez se apoderó de su cuerpo, hasta ponerlo casi recto. Tomó la cabeza de su marido con las dos manos, con determinación, y mirándole a los ojos le dijo:

—No voy a permitir que nada ni nadie nos separe. Y tú tampoco deberías hacerlo. Nasrad, las cosas nos irán mejor mañana. Y si no es mañana, lo será dentro de tres días. Y necesito que no te olvides de esto. Jamás. Pase lo que pase.

Hacía mucho que María no le hablaba con esa seguridad y con esa evidencia a su marido. No porque no supiera o no se atreviera, sino porque las circunstancias no se lo habían permitido.

—Mira, tu hermana me ha dicho que me vaya con ella a lavar ropa. Ya sabes que su marido está enfermo, y que ahora no puede trabajar ni llevar dinero a casa. Ahora él se encarga de las tres niñas y del niño mientras que tu hermana va todos los días al lavadero. Me ha ofrecido que me vaya con ella y le he dicho que sí. Que tú estarías de acuerdo, que no me pondrías problemas. Más bien al contrario, que estaríamos agradecidos de que nos diera esa oportunidad —María vio la expresión de disconformidad de su marido y prosiguió rápido, sin permitirle articular palabra—: Nasrad, siempre hemos trabajado los dos, incluso cuando no hacía falta, en Londres. Ya sé que aquí la mujer no puede trabajar, pero lavar la ropa no lo consideran trabajo, y podemos sacar un dinero por ello. Con lo que tú puedas ganar y con lo que pueda ganar yo, nuestra situación mejorará —María paró un momento, pero sólo para coger aire y continuar—. He pensado que los días en los que no tengamos trabajo, yo puedo dedicarme a hacer pan y a preparar algún tipo de comida que luego tú puedas vender en la calle. Y eso nos ayudará a salir adelante, Nasrad. ¿Qué te parece?

3

Las cosas parecieron tranquilizarse durante los meses siguientes. Los planes de María estaban resultando, y si bien es cierto que el trabajo que encontraba Nasrad era escaso y estaba mal remunerado, ella no dejaba de lavar ropa junto a su cuñada y de hacer pan en casa que luego su marido vendía fuera. Siempre había tenido buena mano para la cocina y así lo demostraba, aunque lo cierto es que ponía más interés que vocación. No era el negocio de sus vidas, porque la mayoría de las veces, el margen de beneficios dejaba mucho que desear, y entre lo que se gastaba para preparar la comida y hacer el pan en casa y lo que luego su marido lograba obtener vendiéndolo en la calle, había días en que salía lo comido por lo servido.

No era fácil hacer números en Kabul. Aunque María los tenía clarísimos. Eran pobres. Y pasaban necesidades perentorias. Hubo largas temporadas en las que ella y su marido se iban a la cama sin cenar, aunque para sus hijos siempre lograban algo que pudieran llevarse a la boca. Las cuentas estaban claras: a María le había contado la tía de Nasrad que en Kabul una familia podía vivir sin problemas con unas 6.300 rupias, que venían a representar unos 100 euros. Con esa cantidad se podía vivir durante todo el mes sin grandes carencias pero sin grandes excesos: entre el alquiler, la comida, el arroz, las judías, el aceite, el agua...

Su marido podía conseguir 50 rupias cuando vendía cinco panes de los que María preparaba durante la mañana en la casa. Y cambiando aceite en la calle, otro tanto. María había calculado, teniendo en cuenta lo que le decían unos y otros sobre los sueldos en Kabul, que los cuatro miembros de su familia estaban viviendo al día con las rupias correspondientes a 80 céntimos de euros, algo menos que un euro.

María sabía que el sueldo más alto en Kabul era de unos 300 dólares. Con ese dinero se podía considerar que una persona era rica. Pero esa cantidad de dinero difícilmente lo podía conseguir gente como ella o como su marido, ni podía estar al alcance de sus vecinos, ni de su tía, ni de sus cuñados. Este tipo de sueldos estaban destinados casi exclusivamente a los soldados, a los que se paseaban con sus potentes coches todoterreno, con armas en la mano y presumiendo de autoridad en el gesto y en los andares. Ésos eran los que podían embolsarse cada mes 300 dólares en el bolsillo, más el resto de dinero que pudieran conseguir de otra manera.

Pero María no podía evitar abandonarse a elucubraciones propias del cuento de la lechera durante unos minutos, que a veces llegaba incluso a horas... imaginaba lo que podría hacer con todo ese dinero, con 300 dólares, lo que podría comprar, los alimentos que podría ofrecer a su familia, imaginaba las mesas llenas de filetes de carne —algo que ahora brillaba por su ausencia—, platos llenos de frutas, de verduras, de arroz, de especias, de cereales, de dulces, de queso, de panes de muy distintos sabores, de litros y litros de leche, de bebidas de todas las clases... Por fin podría explicar a sus hijos lo que era aquel refresco de burbujas que tanto le gustaba a ella y que tanto tiempo hacía que no bebía que se había olvi-

dado casi de su sabor. Se imaginaba María la casa en la que podría
vivir con su familia, lejos de las estrecheces a las que estaban acostumbrados, y la ilusión le permitía situar una cama como Dios
manda, una enorme cama de matrimonio y otra para sus hijos, y
una ducha con su agua caliente con lo que tanto ella como su
marido soñaban casi a diario. Y la quimera permitía la presencia
de toallas limpias, de sábanas suaves, de alfombras, de mesas, de
sillas, de manteles bordados, de servilletas a juego... Muchas noches
María se quedaba dormida echando esas cuentas y decorando sus
sueños. Y en eso se quedaba todo: en sueños.

A la mañana siguiente, sólo quedaba algún vago y remoto recuerdo de las fantasías de la noche anterior. Y tocaba el turno de incorporarse y volver a empezar.

María necesitaba intentar de nuevo el tema de sus pasaportes.
Estaba convencida de que alguien tenía que hacerle caso. Era española y en Kabul debía de existir alguna embajada o alguna oficina
de España que pudiera ofrecerle una solución, aunque nadie parecía dispuesto a decirle su ubicación exacta o al menos ofrecer alguna pista.

No lo tenía fácil, porque para buscar la embajada española necesitaba salir a la calle, y ese sencillo ejercicio en cualquier lugar del
mundo, en Kabul se convertía en una cuestión de vida o muerte.
Necesitaba que un pariente varón la acompañara, y Nasrad no
siempre podía, ya que estar una mañana buscando las instalaciones de un edificio oficial en la ciudad significaba que esa mañana
no se trabajaría y que no se ganaría dinero para dar de comer a la
familia ese día. También se lo podía pedir a su tío o a su cuñado,
pero eso también implicaba cierto desbarajuste en la economía del
hogar. Por eso María tardó más tiempo que el que ella hubiese
deseado en lanzarse a la aventura de buscar la embajada de España que pudiera sacarla de allí.

Lo cierto es que todo se le había complicado tanto que eran
muchas las veces que María pensaba que Kabul era un buen sitio
en el que vivir, que cuando mejorara la situación para las mujeres,

seguro que sería una ciudad agradable, y que si era realmente tan complicado regresar a España, quizá es que ése era su destino y no otro. No el que llevaba años imaginando. Quizá así estaba escrito y era allí donde debía quedarse.

Influenciada cada vez más por este pensamiento, María intentó que sus hijos se adaptaran lo más pronto posible a las tradiciones de la nueva ciudad. Por ello, hacía todo lo posible para que no se perdieran una fiesta tradicional, ni un festejo, ni se sintieran extraños ante las costumbres de aquel lugar. María ponía especial interés en vestirles con ropa limpia los viernes, como le habían explicado que hacían casi todo los musulmanes, y procuraba que se divirtieran pintándoles las manos de *henna* y que no lo encontraran algo extraño ni lo rechazaran. Por su propia seguridad y porque María no sabía si algún día podría realmente salir de allí.

De hecho, María no se encontraba mal entre las mujeres afganas. Cada día que pasaba, sentía que estaba más integrada en aquel mundo. Le hacía gracia y se sentía cómoda sentándose como una más entre aquellas mujeres envueltas en velos, pañuelos y ropas amplias, con caras redondas y pasos torpes. Aquellas mujeres que unos días eran sus vecinas de piso y otros eran las mujeres de la familia de su marido en Kabul, hermanas, cuñadas, primas, tías y sobrinas. No había oportunidad de conocer a mucha más gente. María participaba de sus conversaciones y hasta logró reírse como hacía mucho que no le ocurría, cuando las mujeres criticaban, en *petit comité*, porque de otra manera podría costarles la vida, a otras mujeres o a algún familiar varón. No le era del todo ajeno este cotilleo. Además, María lo entendía perfectamente, ya que las mujeres no tenían otra cosa que hacer con su vida, excepto estar en el hogar esperando a que los hombres regresaran a casa. Lo único que les quedaba que pudiera considerarse una diversión eran esos momentos de encuentro, improvisados y siempre cautelosos para evitar problemas.

Ella también lo encontraba como una válvula de escape, ya que le daba una oportunidad para poner verdes a su suegra y algunas de sus cuñadas. Eso la divertía, le permitía desprenderse de tanta tensión acumulada, y no hacía mal a nadie. María llegó a encontrarse a gusto con aquellas mujeres. En más de una ocasión, pensó que si tuviera dinero suficiente, no le importaría quedarse a vivir allí de por vida. Pero siempre que le asaltaba este pensamiento, una nube que le traía recuerdos de España y de Londres le nublaba la mirada y la sonrisa. «¿Cómo estará mi familia, cómo estará mi padre, mi hermana Rosie, mi hermano Pedro, mis tías? ¿Qué habrán pensado de mí las compañeras de trabajo en Londres, cómo estará Julia? ¿Habrán hecho algo para buscarme?»

Los recuerdos seguían haciendo mella en el espíritu de María y no tardaban mucho en hacerlo en su estado de ánimo, algo que no podía ocultar siempre, aunque se había convertido en una gran actriz a la hora de esconder y fingir los sentimientos.

4

Una mañana María decidió coger a su hijo, a Abdulah, y salir a la calle. Su hijo era varón y pensó que eso la salvaría de cualquier problema que pudiera encontrarse en la calle. Era muy pequeño, pero era varón. María salió a la calle, no sin antes pensar en que nada le había dicho a Nasrad de sus planes de salir a la calle con el niño. Bien es cierto que la idea la había sorprendido aquella misma mañana y que Nasrad ya había salido de casa, por lo que era imposible localizarle y contárselo. María lo comentó entre las mujeres con las que compartía el piso, buscando que aquella confesión le imprimiría más seguridad a lo que estaba a punto de hacer. «Ten cuidado, María. Ya sabes cómo están las calles. Y el niño tampoco es garantía de nada. Ve con mucho cuidado.»

María hizo gesto de agradecer el consejo y de asumirlo, pero salió rápidamente de casa con su hijo de la mano. Mientras bajaba las escaleras, no podía evitar que se le agolparan en la cabeza las historias que le había contado la tía de Nasrad el segundo día de su estancia en Kabul sobre las mujeres que habían sido raptadas,

torturadas, insultadas y asesinadas en la calle por un descuido invo-
luntario o por la ausencia de un pariente masculino. María notaba
que estaba bajando a tal velocidad que el niño tenía problemas
para seguir el ritmo de su madre, pero no dijo nada. Se limitó a
aminorar la marcha.

Cuando llegó al umbral de la puerta, se detuvo en seco. Notaba
que debajo del burka el sudor le inundaba su cara y le bajaba por
el cuello. Se dio cuenta de que su respiración era agitada y de que
los pulmones estaban a punto de atravesarle el pecho. Abrió la
puerta y decidió poner un pie en la calle. La tensión que se apoderaba del cuerpo de María era tanta que no se dio cuenta de que le
apretaba demasiado fuerte la mano a su pequeño.

—Mamá, me haces daño. No me aprietes tanto que no me voy
a escapar —se quejó el niño sin saber los verdaderos motivos de
por qué su madre se aferraba a la manita de su hijo con aquel
ímpetu que no era más que desesperación contenida.

Sólo había avanzado unos metros, cuando María decidió dar la
vuelta y encaminarse de nuevo a su domicilio. El miedo le impedía
pensar, moverse con cierta lógica y sobre todo, disponer de todos sus
sentidos para poder concentrarse en encontrar la embajada española que buscaba.

—¿Qué pasa, mamá, por qué volvemos?

Cuando entró nuevamente en el portal, María pudo recobrar en
parte la tranquilidad que en ella era habitual. Se apartó el burka de
la cara, retirándoselo hacia atrás, e intentó mantener cierto sosiego
para que el compás de su respiración fuera el habitual. Mientras lo
hacía, miró al pequeño Abdulah y le sonrió todo lo que le permitió
la rigidez de su rostro y su estado de ansiedad.

—Todo está bien, cariño. Mamá no se encuentra bien, eso es
todo, y por eso volvemos a casa. Pero todo está bien. Mamá no
quiere que te preocupes.

El niño seguía mirando a su madre. Lo más probable es que no
entendiera nada, pero tenía claro que ella no iba a soltarle nunca la
mano.

Cuando llegaron a la casa, después de subir las escaleras, Abdulah entró corriendo y se dirigió a jugar con el resto de los niños. La madre de uno de ellos se extrañó de que hubiesen vuelto tan pronto.

—Es que mamá no se encuentra bien. Sudaba mucho y me agarraba la mano. Me voy a jugar.

Abdulah lo dijo todo en el mismo tono, por lo que no es de extrañar que a los pocos minutos ya se le hubiese olvidado al niño el sofocón de su madre.

—¿Qué ha pasado, María? ¿Te han dicho algo, te han hecho algo? Creí que ibais a estar parte de la mañana fuera... —le comentó una de las vecinas de piso con las que más confianza tenía.

—Nada, una tontería —respondió María tratando de quitarle dramatismo a la escena—. Que me he puesto un poco nerviosa. Supongo que estaba asustada por las historias que me cuentan y me he comportado como una niña. Pero estoy bien, de verdad. Hoy prefiero quedarme en casa, ya saldré mañana. Le pediré a Nasrad que me acompañe. No te preocupes. Gracias, de verdad.

María entró en la habitación, se despojó completamente del burka y se sentó en un colchón. No tardó mucho en echarse. Cerró los ojos y respiró despacio y profundamente, tal y como le habían enseñado a hacerlo para relajarse. Para tener ocupada la mente en otra cosa, María intentó recordar quién le había instruido en aquel método, y lo consiguió. De repente visualizó el grupo de amigos con el que solía salir en Mallorca. Fueron ellos los que, en plena noche de excesos, compartieron con María la manera para que las pulsaciones del corazón recuperaran el ritmo adecuado. No fallaba. Inspirar profundamente, llenando los pulmones de todo el aire que uno sea capaz, y luego ir expulsándolo pausadamente, como si la prisa no existiera. Más tarde, también descubrió María que sus compañeras de trabajo en Londres utilizaban la misma técnica, sobre todo cuando tenían que ir a dar cuentas al encargado.

Por fin consiguió que todas sus constantes estuvieran dentro de un orden. Se incorporó y se quedó sentada unos instantes en el colchón. No sabía cuánto tiempo había permanecido en ese estado, pero calculó que no mucho porque el niño no le había venido a decir nada y la niña seguía durmiendo plácidamente.

Deseaba que llegara Nasrad. No para contarle lo que le había pasado, sino para pedirle que mañana sin falta la acompañara a buscar la embajada.

No tardó mucho en llegar su marido. El niño, cada vez que su padre entraba por la puerta, corría hacia él para abrazarle y para seguirle allá donde fuera. Abdulah se pasaba las veinticuatro horas con su padre, le admiraba, quería ser como él y era la figura masculina a imitar. Y ese día no fue ninguna excepción. Dejó los juegos en los que llevaba enfrascado toda la mañana y fue a convertirse en la sombra de su padre. Y en algo más.

—¿Qué tal, María? —preguntó a su mujer, mientras se quitaba la ropa y depositaba en un tarro de hojalata una cantidad de dinero que María no pudo ver.

Antes de poder abrir la boca María para contestar a su marido, Abdulah se adelantó a su madre, y con total naturalidad e inocencia, le habló a su padre, sin ni siquiera mirarle.

—Mamá no se encuentra bien. Nos fuimos a la calle y tuvimos que volver enseguida. Y me agarraba así de fuerte la mano, mira —le dijo el niño a su padre cogiéndole la mano e intentando hacer presión sobre ella.

Un silencio se hizo entre los dos, mientras Nasrad buscaba la mirada de María. La indolencia con la que el niño le había dicho a su padre lo que había pasado esta mañana no restaba, más bien al contrario, la gravedad con la que Nasrad entendió el asunto.

—¿Qué ha pasado María? —preguntó con semblante serio y de preocupación contenida.

—Nada, Nasrad. Nada. Iba a salir con el niño para intentar adelantar algún trámite en la embajada española y no sé qué me ha pasado, que me he puesto nerviosa y he preferido volver a casa con el niño.

—¿Pero por qué no me lo has dicho a mí? ¿Cómo se te ocurre salir sola a la calle para buscar una embajada y encima de otro país? ¿No ves que tendrías que preguntar a la gente? ¡Te podía haber pasado algo, María! ¡Tú no conoces nada de esta ciudad! ¿Cómo se te ha podido ocurrir?

—Por eso, Nasrad, Por eso he vuelto enseguida. No he estado ni un minuto en la calle. Pero, Nasrad, necesito encontrar la embajada, y lo necesito ya. No puedo esperar más. Me tienes que acompañar mañana. Mañana sin falta.

—María, claro que te voy a acompañar. Y la vamos a encontrar. Pero no vuelvas a hacer esto sin decirme nada. Es por tu seguridad y por la del niño. Si tienes que salir me lo dices, hasta que estés más segura de que sabes dónde vas y lo que haces. Esto no es un juego, María. No lo debe ser nunca, ¿entiendes?

María asintió con la cabeza. Sabía que su marido tenía razón en todo lo que le decía, aunque ella hubiese preferido que no se hubiera enterado de lo sucedido. Tampoco era tan grave. A un ataque de pánico, si le hubiese dado en otro lugar y en otro momento, no le hubiese dado mayor importancia.

Pero, por otro lado, se alegró de que todo hubiese transcurrido así, porque de ese modo, Nasrad la acompañaría sin ninguna duda a buscar la embajada. Era la persona más adecuada para custodiarla porque habían preferido no decirle a nadie que estaban buscando la embajada para conseguir los pasaportes y poder salir del país. Aquello no estaría bien visto, y además, siempre había personas que, para llevarse algún tipo de recompensa o beneplácito por parte de alguna autoridad, eran capaces de delatar o pasar información sobre las intenciones de otros. Por eso, mejor no arriesgarse.

Esa tarde María acompañó a su marido a casa de su hermana. Allí habían quedado para tomarse un té y para ver qué tal seguía su cuñado de su enfermedad. A María le gustaba mucho la hermana de Nasrad. Siempre era amable, tremendamente generosa y daba la impresión de adoptar siempre una pose maternal que María agradecía. Fue allí donde hablaron por primera vez de la necesidad de que recuperasen los documentos que le robaron en la frontera de Afganistán con Pakistán.

5

Al día siguiente, María fue la primera en ponerse en pie. De nuevo las ganas por hacer algo la invadían y la aceleraban.

Cuando terminó de arreglar la casa y de poner todo en su sitio correspondiente, dejó a los niños jugando con otros vecinos. Por un momento pensó en llevárselos, pero decidió que estarían más tranquilos si se quedaban en casa. Esta vez María salió a la calle junto a su marido. Caminaba a su lado, muy despacito, imaginando cómo podrían llegar a la embajada y lo que diría cuando entrase allí. Se lo sabía casi de memoria de tantas veces como lo había ensayado: «Hola, mi nombre es María. Soy española, aunque vivo en Londres, y me han robado la documentación. Necesito que me ayuden a regresar a mi país.»

Nasrad había intentado enterarse con anterioridad de dónde estaba la zona de los edificios oficiales y ya iba con alguna idea clara para que el ajetreo de la ciudad y su rutina no les anulara y les permitiera llegar a su destino. A las tres o cuatro horas lo consiguieron. A medias. Unos funcionarios de otra embajada le comentaron que no había embajada española propiamente dicha. La estaban organizando. Lo que sí había era un edificio a modo de oficinas oficiales donde poder atender los casos que les iban surgiendo. Y hasta allí se encaminaron.

A María no le dio buena impresión cuando entró en aquella habitación. Daba la impresión de que se estaban mudando y todo estaba por medio. Pasó un buen rato hasta que alguien respondió a su llamada de atención. Entonces fue Nasrad quien tomó la palabra.

—Verá, mi mujer es española. Hemos sido víctimas de un robo y nos han robado los documentos y el pasaporte. Y quería iniciar los trámites para que le hicieran uno nuevo.

Uno de los encargados de esa oficina miró con no mucha confianza a María, que aparecía tapada en su totalidad por su burka. En ese momento, se dio cuenta María de que llevaba esa prenda y rápidamente se la retiró, ya que el hombre no podía verle la cara y lo mismo podía haber pensado que era un terrorista barbudo. Cuando lo hizo, se acercó al mostrador y dirigiéndose a aquel señor, le dijo:

—Mi nombre es María. Soy española, de Mallorca. Y me han robado mi documentación. Él es mi marido y tenemos dos niños que han nacido aquí porque llevo mucho tiempo sin poder salir del país por culpa de la falta de documentación. Y espero que ustedes me puedan ayudar para que me hagan unos nuevos.

—Claro —habló por fin el empleado—, pero vamos a necesitar una copia de la denuncia que usted hizo cuando le robaron la documentación.

—Es que no la tengo, porque en todas las comisarías a las que he ido no me lo han querido hacer. Dicen que no saben si lo que digo es verdad, que les tengo que dar alguna prueba de que soy española. Pero yo no les puedo dar ninguna prueba porque me las robaron todas en la frontera con Pakistán.

—¿Quién se lo robó? —preguntó el empleado.

—Un niño —respondió María, sin saber realmente si tenía que haber dicho eso.

—¿Un niño? —el empleado comenzaba a no entender nada—. ¿Le robó la documentación un niño?

María miró a Nasrad porque no sabía si aquello podía contarse. Al fin y al cabo, entraron por la frontera sin declarar sus bienes porque temían que los funcionarios les robaran. Y su pasaporte también iba entre sus bienes porque María entró como lo hacen todas las mujeres: ocultas bajo un velo o un burka y detrás de su marido. No necesitan más.

Nasrad la miró y asintió con la cabeza, en un gesto claro de que se lo contara, porque al fin y al cabo, era el único lugar donde se suponía que podían ayudarla.

—Entré como una mujer afgana. Llevaba burka y no me pidieron la documentación. La mía y la de mi marido iban en la maleta que le dimos a uno de los niños transportistas para que fuera él el que no las pasara a Afganistán por otro camino, y así no tener que declarar nada ni ser víctimas de ningún robo en la frontera —María calló durante unos segundos—. Pero nos salió mal. Nos robaron de todas formas y más de lo que podíamos imaginarnos. ¿Me pueden ayudar?

—Verá: necesitamos saber que es usted realmente quien dice. No se imagina la de personas que nos vienen diciendo lo mismo y luego no corresponde con la verdad.

—Pero yo soy española. Nací en Mallorca. Ustedes lo pueden averiguar. Llamen a mi familia. Hablen con ellos. Verán como les dicen que soy española —María comenzaba a desesperarse por momentos. Nunca pensó que fuera tan difícil tener que demostrar que eres quien eres y que tu país es el que es—. Además, hablo perfectamente español, si quieren me pueden hacer una prueba. Conozco su geografía, su historia, las costumbres, la gente de allí... No sé, no sé qué más decirles ni cómo demostrárselo, ¿cómo puedo demostrar algo tan evidente?... —María sentía que estaba perdiendo el control de la situación, porque simplemente no podía creerse que le estuviera pasando a ella. Como siempre hacía cuando necesitaba algo de comprensión, miró a su marido. Allí estaba Nasrad, mirándola, a su lado, y con esa mirada que, pasara lo que pasara, siempre le transfería cierta tranquilidad. María volvió a hablar con el empleado.

—Pregunten a la gente que nos conocían en Londres. Ellos les podrán decir si mentimos o no.

—Mire —decidió cortarla amablemente el empleado—: Tranquilícese, que nadie le está diciendo que usted mienta. Yo la creo. Pero ya sabe cómo es la burocracia y más en un país como éste. Te piden papeles y hasta que usted no los presenta todos, no se quedan satisfechos. No podemos tramitar un pasaporte hasta que no se presente una denuncia de pérdida o robo. Intente usted conseguir cualquier tipo de papel, de prueba o algún tipo de declaración de otra persona que pueda testificar y dar fe de que usted es española y nos la trae. Y entonces podremos empezar ayudarla —el empleado paró un momento para tragar saliva y luego prosiguió—. Me dice usted que han vivido en Londres y que hay gente que les conoce. Prueben también a buscar ayuda en la embajada del Reino Unido, quizá esté mejor comunicada, incluso en la de Pakistán. Y cuando tengan algo, vuelvan y aquí procuraremos ayudarles.

Las explicaciones del empleado, por muy amables que intentaban ser en la forma y en el tono, no consolaron nada a María. No era la respuesta que ella ansiaba. Tantos años esperando a que llegara ese momento, y resultó que todo era más complicado de lo que pensaba. Lo que pensaba que iba a ser el principio del fin no fue más que una escala más en el complicado camino de María en su regreso a España.

Cuando abandonaron las oficinas, María sintió cómo le sobrevino una gran bofetada de calor, polvo y ruido procedente de la calle. La despertó de la apatía en la que se encontraba por los malos resultados de su primera visita a las oficinas españolas.

—Probaremos suerte en otras embajadas. Quizá en la de Reino Unido nos vaya mejor —le decía Nasrad en un intento de ofrecer consuelo a su mujer—. No te preocupes, María. Ya hemos dado el primer paso.

—Pues si ellos no me quieren, si no me creen y si no les importa lo que le pueda pasarle a una española en Kabul, a mí tampoco me importan ellos —reconoció enfadada María—. Ya no quiero volver a España, ni saber nada de ellos.

María se vio sorprendida por un repentino sentimiento de odio hacia todo lo que tuviera que ver con España. Se sentía abandonada, defraudada, como una niña a la que le dicen que sus padres la han abandonado y que no quieren saber nada de ella.

—Pues yo tampoco quiero saber más de ellos. Se acabó.

Nasrad supo que aquella actitud de su mujer sólo respondía a un enfado transitorio, a una reacción lógica propia de una rabieta y por eso decidió no darle más importancia ni insistir en el tema.

Antes de regresar a casa, Nasrad le propuso a María intentar por última vez denunciar su situación en una comisaría. Lo habían intentado muchas veces, exactamente diez. Pero la respuesta había sido siempre la misma: necesitaban pruebas. María necesitaba probar quién era y de dónde venía. Y para eso requería las dichosas pruebas. Además, las comisarías de aquel país no tenían nada que ver con las del mundo occidental. Sólo entrar en sus dependencias suponía estar bajo sospecha de algo, y más si, como María, quien entraba era una mujer.

Cuando entraron en la comisaría, María lo tenía claro. Allí no fue ella quien abrió la boca ni quien se dirigió a la persona que estaba detrás de un mostrador. Era más seguro y conveniente que lo hiciera Nasrad, si es que querían tener una posibilidad, por pequeña que fuera, de que le hiciesen caso.

Pero la escena se repitió. Cada vez que el policía abría la boca era para pedir algo que ellos no tenían: papeles, comprobantes, pruebas, documentación. María esperaba a su marido sentada, en un habitáculo cercano. No podía escuchar con claridad lo que su marido le estaba contando al policía, pero por los gestos de ambos, no le cabía la menor duda. Ni siquiera el policía se molestó en mirar a María, que había vuelto a ocultar su persona y su personalidad bajo un burka. No pensaban ponérselo fácil. Y María lo sabía.

A los pocos minutos, Nasrad se dio media vuelta y fue al encuentro de María.

—Nada —le dijo Nasrad a María, certificando sus temores—. No hay nada que hacer con la policía. Lo que nos piden es lo que nosotros les pedimos a ellos. Que demostremos quién eres. No sirve de nada explicárselo una y otra vez. O están sordos o no quieren escuchar. Y para el caso, no sé lo que es peor.

Ahora era Nasrad el que se mostraba visiblemente irritado. No hacía falta ser muy observador para entender que a él no le gustaba nada la policía, sobre todo cuando no se molestaban en ayudar, ni siquiera en intentarlo.

De regreso a casa, los dos mantuvieron silencio, pero sabían muy bien que ambos estaban pensando en lo mismo. En esos momentos, María se sentía aún más cerca de Nasrad y hubiese dado lo que no tenía por poder abrazarle y rodearle con sus brazos en plena calle. Pero había aprendido a esperar.

Cuando María regresó a casa decidió no darse por vencida. Ella siempre había luchado y no iba a tirar la toalla tan fácilmente. Además, estaban Abdulah y Nuria, los hijos a los que no podía fallar ni negar la oportunidad de un futuro mejor. «Pienso salir de aquí, cueste lo que cueste —se decía una y otra vez María—. Y si la embajada no me ayuda, buscaré otra salida. Pero no pienso morirme aquí. Y mi marido tampoco lo hará. Nadie va a destruirnos sin ofrecer un mínimo de lucha.»

Llevaba varios días con una idea rondándole la cabeza, pero no terminaba de verla. Mejor dicho, no quería verla. Hacía un par de días que había soñado con su padre y con sus hermanas. Y esto le había hecho plantearse la posibilidad de recurrir a ellos. «Ellos son los que realmente me conocen y pueden dar buena cuenta de quién soy.»

6

María sabía que no se había portado bien con su familia. Durante siete largos años, sólo se había dignado a llamar a su hermana una vez para comunicarle que se iba a Mallorca a pasar unos días con ellos. Después de aquella corta estancia, nada más. Ni una llamada de teléfono, ni una carta, ni una postal, ni un *mail*. Nada. El más absoluto de los silencios. Un silencio que había durado demasiado tiempo y que cada día que pasaba, se convertía en una losa aún más pesada que impedía a María tomar la determinación de tragarse el orgullo, coger el teléfono y marcar el número de su hermana Rosie.

Era el único número del que se acordaba porque sabía que esos dígitos siempre le ofrecían la solución a su problema. No era la hermana con la que más confianza tenía María. Ese lugar lo ocupaba claramente su hermana Paquita, con la que el intercambio de confidencias y las confesiones a medianoche fueron en su día interminables y continuas. Podían estar charlando horas y horas, sobre cualquier tema, por íntimo, privado o delicado que fuera. Pero Paquita, diecisiete años mayor que María, era poseedora del título de abroncadora mayor de la familia y María, en su actual situación, no necesitaba una regañina, ni un discurso sobre su irresponsabilidad manifiesta, ni una reprimenda por su desobediencia continua, ni un rapapolvo por su conducta típica de adolescente malcriada e inconsciente, ni mucho menos era el momento para un sermón sobre la conveniencia de labrarse un futuro. María necesitaba ayuda urgente. Sin preguntas. Sin peros. Sin condiciones. Sin «ya te lo advertí», ni «mira que te lo dije». Tenía un problema y necesitaba una solución. Y lo que no tenía era tiempo para escuchar rencores.

Llevaba demasiado tiempo encerrada en Afganistán, renunciando a su identidad, sintiéndose abandonada, humillada, viendo que su vida se apagaba, que su fortaleza se iba viniendo abajo como un castillo de naipes, y siendo consciente de que su paciencia se acababa al mismo ritmo que se agotaban las reservas de esperanza de poder salir del país sin necesidad de una mano amiga. Esta vez iba a necesitar ayuda. En esta ocasión no podría hacerlo sola. Se acabaron las gallardías.

«Voy a tener que llamarla. No aguanto más. La llamaré, se lo explicaré todo, la escucharé y aguantaré la batería de preguntas y reprimendas que tenga que hacerme. Pero necesito llamar a Rosie. No puedo esperar más. Ya no aguanto más.»

María tenía acostumbrada a su familia a sus largos y desconcertantes silencios. Cuando con diecisiete años decidió irse de su Mallorca natal y abandonar el ático donde vivía con su hermano mayor, Pedro, tampoco desveló a nadie de su familia sus intenciones de poner tierra de por medio y lanzarse a la aventura londinense. Y mucho menos a su padre, con el que las discusiones eran el pan nuestro de cada día.

Fue ahorrando cada mes parte del sueldo que recibía por trabajar como camarera y cuando reunió lo suficiente, unos mil euros, se acercó a una agencia de viaje de Palma de Mallorca a comprar un billete con destino a Londres. Un solo billete: el de ida.

—Si cierras el de billete de vuelta, te saldrá más económico. Te ahorras bastante dinero, algo que agradecerás cuando decidas volver —le explicó el chico de la agencia.

María sonreía mientras negaba con la cabeza como respuesta a la apreciación de aquel amable muchacho. Ya habría tiempo para comprar el de vuelta. Había una vida entera esperándola. Así que el billete de regreso también podía esperar.

Cuanto menos supieran de su vida, de sus planes y de sus intenciones, más independiente se sentiría María y más libertad tendría para vivir su vida. «Sola estoy mejor. Sola no tengo que dar explicaciones a nadie. Ni mi padre, ni mis hermanos tendrán oportunidad de decirme lo que debo o no debo hacer si no saben dónde estoy. Les quiero, pero ahora me toca a mí. A mi manera.»

María tardó otros seis años en comunicar a su familia que estaba en Londres, que se había casado con un musulmán y que fruto de esa unión tenían un niño de nombre Abdulah.

Y cuando un día decidió llamar por teléfono a su hermana Rosie, se lo soltó exactamente así. Sin dar mayores explicaciones ni atender a las razones que le venían desde el otro lado del hilo telefónico. Ese día le apeteció llamar a su casa, porque estaba pensando en ir a pasar unos días a Mallorca para que su familia, y en especial su padre, conociera a su hijo.

Ahora la situación era otra. María necesitaba la ayuda de su familia. O al menos, tenerles al corriente de su situación, porque desde que salió de Londres no se había podido comunicar con ellos. Seguramente no sabrían ni dónde estaba ni qué había sido de su vida.

«Voy a tener que llamarla. No aguanto más. Necesito llamar a Rosie. No puedo esperar más. Mañana la llamo.»

María le pidió a Nasrad que la acompañara al locutorio más cercano porque quería llamar a su hermana. Necesitaba tenerle cerca para vencer el vértigo que le producía el enfrentarse con su hermana después de haberle negado la más mínima información sobre su paradero durante tantos años. Aquella mañana hacía frío en Kabul. «Vaya. Ya podía haberme acompañado algo más el tiempo. Quizá sea una señal. Quizá debería dejarlo para mañana.» María sacudió levemente su cabeza, como queriendo espantar aquel pensamiento fruto de una reacción cobarde. María terminó de recoger el desayuno, y como siempre hacía, mientras ponía orden en la mesa donde su familia acababa de comer, quitando y poniendo las tazas, los vasos y los platos, iba recogiendo los restos del pan reciente que habían desayunado junto con el té, y se los iba metiendo en la boca, masticándolos rabiosamente. Nasrad siempre le decía que parecía un pajarillo, picoteando entre las migas que quedaban esparcidas por el mantel. Esa mañana a María le hizo gracia el comentario de su marido: «Un pajarillo. Yo ni siquiera he dicho ni pío en siete años. Al menos los pájaros...». A María le seguía aterrando el momento de verse ante el teléfono llamando a su hermana. Pensó que iba a ser superior a sus fuerzas.

Cuando ya no supo de qué modo podía entretenerse más en la casa, cuando ya había limpiado tres veces la mesa, colocado otras tantas veces las sillas, y doblado y desdoblado el mantel hasta diez veces, María vistió a los niños y luego se vistió ella. La rutina era siempre la misma: un vestido largo y amplio, unas zapatillas planas que no hicieran ruido al caminar, y el burka cubriéndolo todo.

Al salir de casa, María tomó aire. Quiso cerrar los ojos para concentrarse durante unos segundos e imaginarse cómo sería la conversación que mantendría minutos más tarde con su hermana. Pero comprendió que con lo poco que veía con el burka puesto, si encima cerraba los ojos, sería muy fácil que tropezara y cayera al suelo. Y ya había vivido esta situación ridícula y grotesca demasiadas veces. No estaba dispuesta a protagonizar un nuevo numerito en las calles de Kabul.

Hizo el trayecto que separaba su casa de la calle donde estaba situado el locutorio en autobús, lo que suponía casi dos horas y media de viaje. Nada más subir al autobús, María se separó de su marido y se dirigió directamente a uno de los extremos del vehículo, que permanecía separado del resto por una especie de esterilla de paja a modo de cortina. Aquél era el lugar destinado para las mujeres, mientras que sus maridos o sus acompañantes masculinos viajaban en la parte delantera del autobús, más amplia, cómoda y mejor acondicionada. Siempre separados. No se permitía a las mujeres que viajaran con el resto de los ciudadanos. María ya estaba acostumbrada, por lo que ya no le asaltaron los pensamientos que la turbaron los primeros días de su estancia en el país. Ya no se enfurecía en su interior al entender todo aquello como un auténtico y asqueroso *apartheid*, como el que sufrieron los negros en los Estados Unidos. Un día, viéndose sentada en una de las esquinas traseras de un autobús, se acordó de aquella mujer negra, Rosa Louise Parks, que se negó a ceder el asiento del autobús público en el que viajaba a una persona de raza blanca. Sencillamente no quiso moverse a la parte de atrás, tal y como dictaba la ley de la época en el sur de los Estados Unidos. El gesto de aquella mujer impulsó el movimiento por los derechos civiles en los Estados Unidos. Rosa Parks fue encarcelada y acusada de haber perturbado el orden público. Era el año 1955, y María no entendía cómo en pleno siglo XXI ella pudiera estar viviendo una situación como aquélla. Si a María o a cualquier mujer afgana se le hubiese ocurrido ocupar un lugar destinado a los hombres, podría ser golpeada hasta la muerte. Mejor no arriesgarse. Cuando le asaltaban este tipo de dudas, cuando una misma pregunta le golpeaba constantemente la cabeza: «¿Por qué tengo que aguantar todo esto, por qué, por qué?», María siempre se respondía con el mismo argumento: «Por amor. Por Nasrad. Por él estoy dispuesta a todo por duro e injusto que sea».

María permaneció todo el viaje en silencio. Le hubiese gustado que las calles de Kabul fueran, por unos segundos, las calles de Londres o de Palma de Mallorca, para poder viajar sentada junto a su marido y cogerle de la mano y apretarle con toda la fuerza de la que fuera capaz, para que le transmitiera el ánimo que necesitaba en esos momentos. Pero no pudo hacerlo. La arena que pisaban sus zapatillas y el polvo que levantaban sus andares la devolvieron a la cruda realidad de Kabul. No era tiempo para ponerse a soñar. Ese lujo hacía mucho que María no se lo permitía.

Cuando llegó al locutorio, algo que le llevó casi tres horas, María entró en una de las cabinas. Su marido pidió una ficha al encargado y se la dio a María.

—Te espero fuera. Habla tranquila con tu hermana.

María no recordaba haber marcado un número de teléfono a tanta velocidad como marcó el de su hermana Rosie: «Cuanto antes acabe con esto, mucho mejor».

Pudo escuchar una señal. Dos. Tres. «No está», pensó. Cuatro. Cinco. «Habrá salido. Normal, tendrá que trabajar.» Seis. Siete. «Quizá ya no viva allí.» Ocho...

—¿Dígame? —al fin una voz al otro lado del auricular, precedido de un extraño ruido—. ¿Dígame?

Silencio. María no fue capaz de articular palabra. Ni siquiera respiraba. Pasaron dos, tres, quizá cuatro segundos y María colgó. El corazón se le salía del pecho. La voz de su hermana le había sacado del mundo, de su realidad. Sintió como si alguien la empujara bruscamente contra la puerta de la cabina, y allí había quedado como pegada. El miedo la tenía paralizada. Después de unos minutos, reaccionó. «Es que parezco tonta, de verdad. Pues estoy yo para colgar los teléfonos.»

De nuevo volvió a marcar el número de teléfono, esta vez un poco más despacio: 971... En esta ocasión, su hermana Rosie no tardó tanto en descolgar.

—¿Dígame...? Oiga..., ¿pero quién es? —de nuevo María cortó bruscamente la comunicación. Era superior a sus fuerzas. Una mezcla de vergüenza, de miedo y de no saber qué decir y por dónde empezar la invadía.

Salió del locutorio porque le faltaba el aire y la cabeza le iba a estallar de un momento a otro y no sabía si lo haría antes de que se le saliera el corazón del pecho o después. Pero de que le iba a estallar no tenía la menor duda.

Fuera estaba Nasrad con sus hijos. Se extrañó de que María hubiese terminado tan pronto.

—¿Ya está? ¿Has hablado con tu hermana?

—No. No he podido. Tenía puesto el contestador.

—¿Le has dejado mensaje?

—No. Prefiero probar otro día. Llevo mucho tiempo sin hablar con ella y no quiero dejarle un mensaje. Se podría asustar. Quiero hablar directamente con ella. Vámonos. Mañana volvemos.

No le gustaba mentirle a Nasrad y por eso no lo hacía muy a menudo. Y además siempre la descubría. Quizá por eso no le miró a los ojos durante la breve conversación. Lo último que necesitaba ahora era que su marido se enterara de que le faltaba valor para hablar con su hermana. Que el orgullo le había echado un pulso a la coherencia, y el primero había ganado.

Tuvo que esperar casi una semana para volver de nuevo al locutorio, con todo lo que ello suponía, sobre todo el largo recorrido en autobús. Y repitió la misma operación que el primer día, cuando los nervios le pudieron. Mientras esperaba escuchar la señal del establecimiento de llamada, miró a su marido, que la esperaba fuera del locutorio, en la calle. Junto a él estaban sus hijos, Nuria y Abdulah, y en esa visión encontró las fuerzas para hacerlo. «A la tercera va la vencida, o no sales de aquí ni de broma. Y tus hijos no tendrán una posibilidad de futuro por tu inmadurez y por no saber afrontar las cosas. Así que, María, compórtate, guapa. Como cuelgues de nuevo el teléfono, te arranco la cabeza.» Decidió mostrarse dura consigo misma aunque fuera a través de sus pensamientos para irse acostumbrando a lo que le esperaba en cuanto su hermana Rosie abriera la boca.

7

La familiar y dulce voz de su hermana Rosie la sacó de sus pensamientos.

—¿Dígame?

—Rosie... Soy María. Tu hermana María.

—¿María?.... Pero, María, ¿dónde estás?, ¿qué te ha pasado?, ¿estás bien?, ¿por qué no has llamado? María, hace mucho tiempo que no sé de ti, ¿qué haces?... ¡María!

—Rosie, no tengo mucho dinero para hablar contigo. Estoy en Afganistán desde hace un año y medio, nos robaron la documentación a Nasrad y a mí en la frontera, no podemos salir del país. Estoy muy mal. He tenido una niña, y no quiero esto para ellos... Creo que no voy a aguantar mucho más. Me tienes que ayudar, Rosie, me tienes que sacar de aquí. Por favor, por favor...

—¡Pero, María, por Dios!... ¿Qué haces en Afganistán?, ¿te han hecho daño?, ¿estás bien, cariño?... María, María, Maríaaaaa.

En el tercer «María», la comunicación se cortó. María se quedó llorando, sola, de nuevo. Como tantas otras veces.

No había llorado tanto en toda su vida como desde que puso un pie en aquel país. Incluso algún día se preguntó de dónde le podría salir tanta lágrima y pensó que llegaría a deshidratarse. Se preguntó si su hermana le habría entendido toda la retahíla que le había soltado después de siete años de silencio injusto, interrumpido por una breve estancia en Mallorca. Desde entonces había pasado más de año y medio, y el silencio se había vuelto a apoderar de aquella relación familiar. No estaba segura de que su hermana hubiese podido entenderle algo porque mientras le hablaba, notaba que las lágrimas le iban ahogando las palabras. «Espero que me haya entendido algo. Por favor, que me haya entendido.»

Rosie no podía dar crédito a lo que acababa de escuchar. Se quedó mirando al teléfono mientras se tapaba con la mano derecha la boca, como si con semejante gesto pudiera evitar que brotase todo el mosaico de sentimientos encontrados que batallaban en el interior y a punto estaban de salir disparados al exterior. Cuando notó que el aire le hacía falta, retiró la mano de su boca y pudo por fin expulsar todo el aire que durante segundos se detuvo de manera inconsciente en sus pulmones. «María, María...» Se fue apartando lentamente del teléfono, caminaba hacia atrás, sin poder dejar de mirarlo, como si fuera una visión terrorífica, hasta que sus piernas tropezaron con el sillón. Cayó sentada y así se quedó un buen rato, no podría calcular cuánto. Se levantó nerviosa, mirando alrededor, girando sobre sí misma. Se volvió a sentar. Rosie estaba desorientaba, miraba a un lado y a otro de la habitación en busca de algo, pero no sabía el qué. «Tengo que hacer algo. ¿Pero qué puedo hacer? María, María, ¿dónde estás, cariño? ¿Qué puedo hacer? ¿Qué puedo hacer?»

Rosie esperaba que al día siguiente su hermana volviera a llamar. Necesita saber dónde estaba exactamente María. Le había pedido ayuda pero no le había facilitado la información suficiente. Esperó durante todo el día, desde la mañana a la noche. Sin separarse del teléfono. Unas veces mirándolo fijamente, otras veces descolgándolo para asegurarse de que había línea y de que ninguna avería abortaría la comunicación con su hermana. Y otras muchas más pasando por su lado, salón arriba, salón abajo, mientras le decía en voz alta: «¡Pero quieres sonar ya...!». Pero María no llamó ese día, ni al día siguiente, ni al otro. En un mes y medio, el teléfono no lanzó el grito sonoro deseado y necesitado por Rosie, que no podía evitar desesperarse cada minuto que pasaba sin noticias de María. Pensó que no se podía quedar de brazos cruzados y que alguien tendría que ayudar a su hermana. No podía quitarse de la cabeza la llamada de María, se imaginó en la situación en la que debía de encontrarse para no tener dinero con el que poder llamarla, y casi se convenció de que su hermana estaba en Afganistán contra su voluntad. Rosie decidió que lo mejor sería acudir a la policía. Ya lo había hecho casi dos años atrás, cuando su hermana regresó a Londres después de pasar unos días en Mallorca con su hijo para que su familia tuviera la oportunidad de conocer al pequeño. Y de nuevo, María no volvió a dar señales de vida. Lo único que sabía Rosie es que su hermana se había ido nuevamente a Londres y que una vez más, optó por la callada y el más absoluto de los mutismos por respuesta. Cuando después de otro largo silencio, algo a lo que la hermana de María no llegaba a acostumbrarse, Rosie intentó localizar a su hermana en su residencia de Londres, le fue del todo imposible. Nadie contestaba a sus llamadas. Llegó incluso a intentar ponerse en contacto con la empresa donde trabajaba María, hablar con algún amigo o compañero, pero todo fue inútil. También llamó a sus tías de Barcelona, con las que María siempre guardaba buena relación, pero tampoco ellas sabían nada. Así que decidió denunciar la desaparición de su hermana.

Rosie no se limitó a iniciar estos trámites legales sólo en España. Fue más lejos y decidió hacerlo en el Reino Unido, ya que Londres había sido el último lugar de residencia de su hermana y quizá allí podría encontrarse alguna pista, dar con alguien que conociera su paradero, con algo que impregnara de sentido la llamada que había recibido de su hermana y que explicara de manera contundente qué hacía su hermana María en Afganistán y por qué le pedía ayuda desesperadamente. La policía le prometió que investigaría el caso, y que tal y como ella había solicitado, las policías de otros países tendría noticias de la denuncia por la desaparición de María.

Un día, después de varias semanas e incluso meses de averiguaciones policiales, la Interpol se presentó en la última residencia donde había residido María antes de marcharse a Afganistán. No encontraron a nadie que pudiera ayudarles porque nadie sabía dónde había ido María. Sólo sabían que un día ella y su marido habían desaparecido a la francesa, sin despedirse de nadie, sin mediar explicación. De nuevo María no daba cuentas de sus viajes, de sus idas y venidas.

Ni siquiera su mejor amiga y confidente en Londres, su vecina Julia, sabía nada. «Yo sólo sé que siempre estaba con su marido y que un día desapareció con él y con su hijo. Claro que yo era su mejor amiga, pero María no entiende la amistad como un confesionario. No le gustaba dar explicaciones. Tenía auténtico pánico a que alguien controlara su vida o supiera más que ella. Y yo no iba a inmiscuirme en una parcela tan privada e íntima si no me daba acceso a ella. Sólo sé que un día despareció. Y esta vez no me dijo nada sobre su viaje.»

Toda la información que le iba llegando a Rosie le hizo pensar que María había sido llevada a Afganistán contra su voluntad. Y ella no se podía quedar de brazos cruzados, esperando a que el teléfono sonara, mientras imaginaba que su hermana podría estar viviendo un auténtico infierno.

Rosie hizo saber a la policía sus sospechas, o mejor dicho, sus temores: que su hermana había sido raptada por su propio marido, que la había llevado hasta Afganistán contra su voluntad y que se encontraba en peligro. Pero siempre le asaltó el temor de estar equivocada: su hermana estaba enamorada locamente de su marido y él de ella. Por lo poco que sabía y que le había confiado su hermana en su última visita a Mallorca, ellos dos eran una nueva y renovada versión de Romeo y Julieta. Pero Rosie no sabía nada. No entendía nada. Sólo que su hermana estaba en peligro, la necesitaba y no sabía cómo ayudarla. Y al marido no le conocía.

Por eso, después de recibir la llamada de auxilio de su hermana, Rosie decidió acudir de nuevo a la policía, pero no le dieron muchas esperanzas. Tampoco podían hacerlo. Conocían la existencia de la primera denuncia por la desaparición de su hermana y no podía presentar otra porque la primera todavía no se había solucionado.

8

Los días pasaban y el maldito teléfono no sonaba. Su estado de absoluto nerviosismo y ansiedad llevó a Rosie a llamar a Telefónica por si se había registrado alguna avería en la línea. Hasta que un día, María volvió a llamar. Esta vez más relajada, con más tiempo para poder hablar.

—Rosie, soy yo.

Rosie nunca pensó que tres simples palabras iban a devolverle la tranquilidad que le fue sustraída en la anterior llamada. Por fin sus súplicas habían sido escuchadas.

—Pero, María, ¿cómo no has llamado antes? Llevo semanas desesperada... ¿Cómo se te ocurre? ¿Qué quieres, matarme?

—Rosie, perdóname, pero si supieras lo complicado que es para mí acercarme a un locutorio para poder llamarte, te parecía que incluso he tardado poco.

—María, ¿dónde estás exactamente en Afganistán? ¿Cómo te puedo sacar de ahí? ¿Qué necesitas? ¿Estás en contra de tu voluntad? ¿Está Nasrad contigo? ¿Es él quien no te deja salir de ahí? ¿Dónde vives, dónde comes? ¿Cómo está Abdulah?

—Rosie, no me hagas tantas preguntas a la vez que no sé por dónde comenzar. Estoy con Nasrad y con los niños...

—¿Los niños? —le interrumpió incrédula Rosie—. ¿Pero has tenido más hijos que Abdulah y no nos has dicho nada?

—Rosie, te lo dije en la primera llamada, pero creo que lo hice tan rápido que ni siquiera pudiste escucharme. Sí, Rosie. Tengo una niña preciosa. Se llama Nuria y tiene un añito. Y no sabes lo que me recuerda a ti. Es preciosa, muy pequeñita, pero preciosa.

Rosie no sabía cómo poder almacenar de manera rápida toda la nueva información que le iba facilitando su hermana, sin poder permitirse el lujo de hacer un silencio para asimilarlo, entenderlo y poder seguir escuchando.

—Vamos a ver, María —Rosie adoptó un tono de voz que intentaba transmitir sosiego y firmeza, aunque por dentro se sentía arder y desvanecerse como los *ninots* de las Fallas. No pudo evitar pensar en este símil, quizá porque mientras hablaba con su hermano, su campo de visión lo ocupaba el *ninot* indultado que se trajeron de las Fallas cuando ella y su marido, valenciano de nacimiento, estuvieron un año en Valencia. Y desde entonces aquel *ninot* color pastel y de un metro y medio de altura presidía el recibidor de la casa—. Vamos a ver, María. Por favor, vamos a ver si nos entendemos. ¿Qué haces en Afganistán, por qué no estás en Londres?

—Rosie, es una larga historia...

—Pues será mejor que me la cuentes ahora mismo, porque llevo demasiado tiempo sin escuchar absolutamente nada de ella y creo que ya está bien.

María percibió perfectamente que la inflexión de la voz de su hermana no permitiría otra verónica argumental. Parecía estar viéndola, con esa mirada entre «lo entiendo todo» y «sal de mi vista» que Rosie solía tener cuando no sabía si lo que le estaban contando era verdad, mentira o todo lo contrario. María comprendió que era justo que su hermana escuchara por fin una explicación lógica de lo que había sido su vida desde que no se veían. E intentó desahogarse, por primera vez, en mucho tiempo.

—Rosie: tuvimos que venirnos a Afganistán hace más de un año y medio porque el padre de Nasrad estaba muy enfermo y le llamaron para que viniera a verle. En la frontera nos robaron todo, el dinero, la documentación, todo. Nos dejaron algo de ropa con la que pudimos ir tirando. Pensaba denunciar lo que nos había pasado, pero no pudimos, porque fuimos nosotros los que nos lo buscamos por no querer pasar por la frontera para evitar que nos robaran. Luego entramos en Kabul, aunque esto no lo recuerdo con mucha nitidez, ya que me colocaron el burka y tardé tiempo en acostumbrarme a él. Quería haberme puesto en contacto contigo pero fue imposible. En el pueblo de los padres de Nasrad no saben lo que es un teléfono, como para pedir que me prestaran uno. Y además, todo se complicó, Rosie. Al mes y medio, y después de muchos problemas, nació Nuria y después, la guerra y nuestro estado no me permitió ponerme en contacto contigo. Vivimos durante muchos días bajo tierra, en una especie de zulo para que los bombardeos no nos afectaran de lleno.

María pudo sentir cómo, mientras ella hablaba casi sin tiempo para respirar, las lágrimas que no le surcaban su redondeado rostro eran automáticamente desviadas por el conducto de su garganta. Podía sentir perfectamente el sabor salado de los sollozos en su faringe. Pero no era momento para hacer interrupciones. Y menos por unas cuantas lágrimas fruto de un exceso de sentimentalismo, que a María le llegó a parecer incluso cursi. «¡Pues no he derramado litros de ese aguachirri desde que pisé Afganistán!» Esta vez no le ganarían la partida. Ahora era su turno. Y prosiguió:

—Ahora vivimos en Kabul, en la habitación de una casa, Rosie, los cuatro estamos viviendo entre las cuatro paredes de una habitación. Con dos colchones, cuatro mantas, una mesa y poco más. No hay trabajo, ni dinero, la comida es escasa, aunque la familia de Nasrad nos intenta ayudar. Aunque, al menos, aquí tenemos luz durante un par de horas cada noche, a no ser que por algún motivo, el servicio se suspenda.

A Rosie le hubiese encantado poder interrumpir a su hermana en su locuaz y desconocida verborrea telefónica, sobre todo para interrogarla sobre lo que acababa de decir en cuanto a la luz eléctrica. «¿En qué clase de antro vives, que no tienes luz eléctrica?» Pero comprendió que tampoco era el momento. Y optó por seguir escuchando el relato apresurado de su hermana, sujetando firmemente la mancuerna del teléfono.

—Pero estoy mal, Rosie, estoy mal. A veces intento pensar de forma positiva, intento autoconvencerme de que soy lo suficientemente fuerte para superar este mal sueño, que soy muy capaz de sobreponerme y de aceptar vivir en este país. Pero otras veces, sobre todo por la noche, Rosie, se me viene el mundo encima. Me ahogo, lloro como nunca he llorado, y no puedo hablar con nadie, Rosie. No puedo desahogarme con nadie. Me lo tengo que tragar y digerir yo solita. Los niños son muy pequeños y nunca me perdonaría darle más disgustos y provocarle más inseguridad aún a Nasrad. Lo está pasando fatal. Cree que la situación en la que nos encontramos es culpa suya. Y no sabes lo que sufre, Rosie. No sabes hasta qué punto sufro por él. No soporto verle así y hay días que ya no sé cómo ayudarle. Hasta rezo para que Alá me mande a mí todo el sufrimiento y el pesar que le reconcome a él. Prefiero pasarlo yo.

A Rosie le llamó la atención que su hermana rezara a Alá. Y también en ese momento, si su hermana estuviera cerca, sin la premura del tiempo y lejos del miedo a que la comunicación se cortara y no lograra recuperarse en otras tantas semanas, hubiese deseado preguntarle por qué Alá. Pero en esos momentos ese Dios o cualquier otro era lo que menos le importaba a Rosie. Su hermana era lo más importante, y no estaba para perder el tiempo ni las energías hablando de un culto o de otro.

—No soporto ver a mi marido pasarlo como lo está pasando, Rosie. Creo que me voy a volver loca. Nadie me ayuda. La embajada española no me da soluciones ni respuestas, sólo largos argumentos y palabras vacías. Excusas, Rosie, sólo excusas. Me dicen que como no tengo pasaporte, no me creen cuando les digo que soy española. Y como no pude denunciar el robo de mi documentación, dicen que sin denuncia no me dan un pasaporte nuevo. Y se pasan los días diciéndome que demuestre quién soy y lo que soy. Se creen que les miento. Y yo no hago más que hablarles español y decirles que te llamen, pero no me creen. O no quieren creerme. Y no sabes la impotencia que eso supone.

Durante unos instantes, Rosie creyó que aquella voz no era su hermana. No podía ser. O estaba bajo los efectos de alguna droga, quizá con unas fiebres de caballo, o aquella locomotora de voz que no paraba de hablar no podía ser su hermana. La reina del silencio. El mutismo hecho mujer. El monumento a la falta de explicaciones hablando por los codos. No lo entendía.

—Y por eso te he llamado, Rosie. Porque ya no podía más. ¿Sabes qué? Incluso creo que ya sólo escuchar tu voz es suficiente consuelo para mí. Si me dijeran que puedo hablar contigo todos los días, aunque fuera durante cinco minutos, ya me compensaría de tanto sufrimiento y tanto desconcierto. Ya no sé si quiero que me ayudes a salir de aquí. Sólo quiero escuchar tu voz, y saber que estáis ahí todos, y que si os necesito algún día, os tendré y que sabré dónde llamar porque no tendré que demostrar ni quién soy ni lo que soy.

Durante unos segundos, el silencio se adueñó de la comunicación. Ni una sola palabra se atrevió a surcar el hilo telefónico entre las dos hermanas. Ni en una dirección ni en otra. Incluso dio la sensación de que el tiempo se había detenido y el espacio de miles y miles de absurdos kilómetros que las separaba se había acortado, reducido, casi desaparecido. Pero rápidamente ambas comprendieron que no estaban en disposición de permitirse ese tipo de lujos. Por un momento, temieron que la comunicación se había interrumpido, había quedado definitivamente rota, y había vuelto a aislarlas a cada cual en su mundo.

—Rosie, ¿estás ahí? —preguntó María con cierto miedo a no encontrar respuesta.

—Claro que estoy aquí, cariño. He estado siempre aquí, hermana.

Rosie no supo nunca de dónde sacó la entereza que le permitió no quedarse callada, ahogada en el llanto y la impotencia, y decirle a su hermana cualquier cosa que la tranquilizara y le supusiera un alivio, al menos momentáneo.

—María, escúchame, cielo. Lo vamos a arreglar. Te vamos a sacar de ahí. Ahora mismo no sé decirte cómo, pero sé que vamos a hacerlo. Te lo prometo. Y no vamos a tardar mucho. Créeme. Lo haremos de inmediato. Te sacaré de ahí cueste lo que cueste. ¿Me oyes, María? ¿Me oyes?

María ya ni siquiera se molestaba en disimular su llanto ni tampoco la congoja que desde hacía unos minutos se apoderaba de su cuerpo y su espíritu. La misma que ahora le impedía continuar hablando.

—¿Me oyes, María...? ¿Estás ahí? ¡María, dime algo! ¡María!

—Sí, Rosie. Te oigo, te oigo. Y te quiero mucho. Y necesito que me perdones por todo esto que te estoy haciendo. No quería complicarte tu vida, sólo quería daros la menor guerra posible, y mírame. Soy un desastre. Te quiero muchísimo, Rosie. A ti y a todos. ¿Se lo dirás a ellos, a mis hermanos, a mis hermanas, a las tías, a mi padre...? ¿Cómo está papá, Rosie? ¿Sigue en el hospital?

Rosie era consciente de que no debería transcurrir mucho tiempo desde que María había formulado esta pregunta hasta que ella fuera capaz de darle una respuesta. Pero dudó que lo hubiese logrado cuando por fin sus cuerdas vocales fueron capaces de movilizarse y dejar escuchar dos palabras.

—Bien, bien... María —Rosie cambió rápidamente de tema—, ¿dónde estás en Kabul? ¿Dónde puedo hacerte llegar algo de dinero, de ropa? ¿Tienes un banco al que poder acudir?

—Sí, pero en estos momentos no te lo puedo dar, porque no me lo sé de memoria. Tengo que preguntarle a Nasrad. Pero Rosie, te juro que mañana o pasado te vuelvo a llamar y te doy todo lo que necesites saber. Lo que no puedo decirte es a qué hora te llamaré porque necesito que Nasrad me acompañe si no quiero tener problemas con los hombres, con los talibanes. Y este locutorio está a más de dos horas y media de autobús, más un buen rato caminando.

Rosie ya no escuchó nada sobre las dos horas y media de autobús que separaban la casa de María del locutorio. Sólo escuchó dos palabras: hombres y talibanes. Ella sí veía la televisión y sus noticiarios y alguna información sí que tenía al respecto.

—¿Has tenido algún problema con los hombres, María? ¿Te ha pasado algo?

—A mí no, pero aquí mueren a diario mujeres por salir solas a la calle, sin hacerse acompañar de un hombre o por enseñar un centímetro de piel. No sabes lo que es esto, Rosie. No te lo puedes imaginar, por mucho que intente contártelo.

Seguramente fue algún dispositivo inconsciente en el interior de su cerebro lo que hizo a Rosie no preguntar más sobre lo que le acababa de escuchar a su hermana. No quería escuchar por qué nimiedades mataban a las mujeres en Afganistán. Sólo le interesaba dónde poder localizar a su hermana y enviarle ayuda. Para el resto, ya habría tiempo. Algún día.

—Quiero mandarte un móvil, María, para que no tengas que trasladarte tan lejos si quieres o necesitas hablar conmigo. Y yo contigo. Quiero tenerte localizada, María, no quiero que pasen otros tantos años hasta que logre hablar contigo. No puedes tardar tanto tiempo en hablar conmigo. No puedes, María. Recuerda esto que te digo. No puedes.

Rosie enfatizó tanto la pronunciación de estas dos palabras que a María no le dejó lugar a dudas.

—No te preocupes, Rosie. No lo haré nunca más —prometió María, no demasiado convencida ni mucho menos segura de lo que decía, dado el alto conocimiento que de su propia persona tenía—. Y en cuanto al teléfono móvil, será mejor que no, Rosie. Sería inútil. Lo robarían a la menor oportunidad, se lo quedarían si no en la aduana, sí en la empresa de paquetería. Ni lo intentes. Lo perderíamos. Mejor envíame el dinero y aquí me compro uno.

María pudo ver como Nasrad entró en el locutorio, buscando con la mirada e incluso con toda su cabeza la cabina telefónica donde estaba su mujer. María pensó, dada la intranquilidad y los gestos de curiosidad de su marido, que debería haber pasado mucho tiempo desde que entró en aquel lugar para llamar a su hermana Rosie. Y decidió que debía poner fin a la larga espera de Nasrad.

—Rosie, ahora te tengo que dejar. Te llamaré mañana y te daré toda la información que necesitas. Gracias por todo, Rosie. No sabes lo que me ha supuesto hablar contigo. No te haces una idea.

—María, por favor. Llámame mañana. No dejes pasar más tiempo. No vuelvas a desaparecer como un fantasma. Estoy aquí y te voy a ayudar a salir de donde te encuentras. Pero necesito que tú estés ahí.

Rosie sabía que la conversación se acababa y necesitaba preguntárselo a su hermana María de manera directa, sin rodeos, sin diplomacias, sin giros semánticos. A las claras.

—María. Necesito que me respondas a una pregunta. Y necesito que seas sincera y clara. Nasrad, ¿se está portando bien contigo? ¿No estás con él en contra de tu voluntad? Cariño, es muy importante que no me mientas en esto. Muy importante. Hasta el extremo que no puedes ni llegar a imaginarte.

—Pero ¿qué dices, Rosie? ¿A qué viene eso? Pues claro que estoy bien. Por supuesto que me trata como debe tratarme. Gracias a él estoy viva. ¿Pero qué me estás preguntando, Rosie? ¿De qué estás hablando, hermana? Estoy con él porque quiero. Es mi apoyo. Créeme, Rosie. Y no me vuelvas a hacer esa pregunta. Por favor. No me la vuelvas a hacer. No me gusta nada.

—Descuida. No lo haré. Pero tenía que asegurarme. Se escuchan tantas cosas, María... Lo importante es que mañana me llames. No dejes de hacerlo. Piensa que cuanto antes me llames, antes te podré sacar de allí.

—Descuida, Rosie. Tengo que colgar. Un beso muy fuerte. Te quiero mucho, hermana.

—Un beso más fuerte. Cuídate mucho, María. Te quiero.

Cuando colgaron sus respectivos teléfonos, las dos hermanas nunca tuvieron la sensación de estar una tan cerca de la otra. Sin que fuera algo premeditado, las dos cerraron sus ojos e inclinaron hacia atrás su cabeza, como queriendo detener el tiempo, como anhelando guardar la voz y el recuerdo de ese momento para siempre en sus cabezas.

Las dos hermanas necesitaron un buen rato para poder abandonar la burbuja imaginaria alejada de la realidad en la que la conversación telefónica las había encerrado. Ni supieron ni quisieron disimularlo. Hubiesen dado media vida por haber podido abrazarse después de terminar aquella charla.

Rosie se dejó caer en el sofá. Agradeció al cielo el estar sola en casa en ese momento. No hubiese soportado tener que compartir aquello con nadie.

9

María salió medio aturdida del locutorio. El burka volvía a tapar de nuevo y por entero su rostro, ya que para hablar por teléfono, y gracias a la intimidad de la cabina en la que se introdujo para hablar con Rosie, prefirió retirárselo para que la pronunciación de las palabras y la claridad de su discurso llegaran en perfecto estado a los oídos de Rosie.

—¿Todo bien, María? Has estado hablando un buen rato. No estamos para estos gastos.

María no lo entendió como un reproche. De hecho, nada de lo que salía de la boca de Nasrad podría sonarle como tal.

—Nos va a ayudar, Nasrad. Rosie me ha pedido que le mandemos la dirección de un banco donde pueda mandarnos algo de dinero. Me ha prometido que nos ayudará en lo que pueda.

María no escuchó ninguna palabra a modo de respuesta de su marido. No supo interpretarlo, pero estaba segura de que se alegraba tanto como ella. También él se merecía una dosis de esperanza en mitad de toda aquella colosal ruina de propósitos y planes de futuro. Quizá había llegado la hora de que la buena suerte les rozara a ellos, aunque fuera durante unas horas.

Y en estos pensamientos anduvo abstraída durante todo el viaje de autobús de regreso a casa. Y de la misma manera que le había ocurrido minutos antes a su hermana Rosie, agradeció que en esas dos horas y media de autobús, nadie estuviera a su lado, y no tener que compartir aquella parcela íntima y cargada de buenos propósitos que acababa de compartir con su hermana. Nasrad viajaba en la parte delantera del autobús, junto a todos los hombres. María en la parte de atrás, un apartado bien delimitado por la misma mugrosa y roída cortina. Tal y como estaba mandado en Afganistán. Qué diferente sería viajar en autobús en cualquier ciudad de España.

Al día siguiente, María no pudo acercarse hasta el locutorio para poder llamar a su hermana, como hubiese querido y tenía previsto. Y tampoco pudo hacerlo los cinco días siguientes. Ni los quince. La situación en los alrededores de Kabul se había complicado y le recomendaron no salir de casa a no ser que fuera estrictamente necesario. Era mejor evitar el peligro. Cada vez que sucedía esto y se imponía esta especie de estado de sitio, ya no sólo para las mujeres, sino para los hombres, corrían mil y una historias que iban de casa en casa hasta alojarse en boca de todos. Aunque todas las bocas se mantenían cerradas y bien selladas.

En aquellos días, se contaba la historia de un muchacho que había sido asesinado a manos de la policía talibán. Era un chico joven, no tendría más de quince o dieciséis años. En Afganistán, la edad no es el dato más fidedigno de la identidad de una persona, ya que no era muy normal que los recién nacidos fueran inscritos en ningún registro, para evitarles problemas y complicaciones en un futuro, sobre todo a la hora de ser llamados para el ejército y para luchar en las continuas guerras que asolaban el país.

Aquel muchacho murió a consecuencia de cinco disparos que se le incrustaron en la espalda, y que salieron del arma de un soldado al que seguramente no le habría gustado la cara del chico o que sencillamente habría interpretado de otra manera su mirada. Cualquier motivo valía para acabar con una vida. La familia decidió enterrarlo de inmediato, para cumplir con los requisitos y la garantía de salvación de su joven alma según los mandatos que dictaba la religión que abrazaban. Pero no les resultó tan sencillo ni mucho menos tan apremiante como ellos habían previsto. Mientras se dirigían hasta el lugar donde le darían el último adiós, un grupo de soldados echaron el alto a la camioneta donde los familiares llevaban los restos mortales del joven.

Les obligaron a destapar el cuerpo y a retirar sin ningún tipo de respeto ni condolencia la sábana que envolvía el cadáver del joven, que ya mostraba una lividez que difícilmente albergaba algún tipo de duda sobre su estado mortal. Sin embargo, a los soldados no les debió de parecer que la cosa estuviera tan clara y comenzaron a hacer preguntas, conscientes de que ninguna respuesta que pudiera salir de las bocas de los familiares podría servirles para evitar llevar a cabo sus salvajes y bárbaras intenciones. No tardaron mucho en llegar hasta la pregunta que se suponía crucial y definitiva para la atrocidad que estaba a punto de suceder. Les preguntaron a los parientes por qué el joven estaba afeitado y no lucía barba, tal y como mandaba el régimen talibán. Los parientes del muerto, ya que las mujeres estaban sumidas en una profunda mudez, de hecho no existían, estaban muertas en vida, explicaron a los soldados, con más miedo que convicción, que aquel joven muerto desde hacía horas era aún un adolescente, que no le había dado tiempo a convertirse en un hombre y que por eso no le había crecido la barba.

Pero las explicaciones no convencieron en absoluto a los soldados, que reaccionaron como sólo su lógica inhumana y bestial les permitía: sin el menor asomo de pudor, con una falta absoluta de cordura y con toda la maldad de la que puede hacer gala un ser humano, aquellos soldados cogieron el cadáver del joven y lo arrojaron a la carretera. Allí lo patearon, lo pisotearon, lo golpearon con su armas, incluso alguno disparó sobre aquel cuerpo inmóvil, hasta destrozarlo por dentro, porque por fuera ya era evidente y desgarradora su descomposición. Los soldados actuaban sin poder llegar a comprender que aquel pobre y joven desgraciado ya no sentía ni padecía porque hacía unas horas que otra sinrazón absurda le había arrebatado el último suspiro de vida. Pero la sed de violencia privaba de toda visión y entendimiento a los soldados, y hasta que no cansaron sus cuerpos de tanta brutalidad innecesaria e incoherente y después de arrastrarlo entre maltratos a lo largo de unos 500 metros atrás de donde se encontraba la camioneta que lo trasladaba hasta hacía unos minutos, no cejaron.

Fue entonces cuando, no sin antes amenazar a sus familiares, que observaron la escena sin poder mostrar el mínimo dolor ni el menor ademán por evitar lo inevitable, ante lo que le estaban haciendo al cadáver de su familiar y obligarles a retirar el cuerpo de la carretera de inmediato, los soldados volvieron a subir al todoterreno del que bajaron minutos antes y regresaron por donde habían venido. No sin antes pasar las ruedas de aquel pesado vehículo por encima del cuerpo que habían dejado destrozado en mitad de la carretera, y que ahora respondía al atropello como lo haría un muñeco de trapo. La escena estremeció a los que la observaron. No cabía mayor crueldad en un ser humano.

Cuando los soldados ya estaban lo suficientemente lejos para no decidir volver y continuar con su particular fiesta, cinco familiares varones del joven se acercaron a recoger lo que de aquel cuerpo quedaba. Lo envolvieron en sábanas. La sangre y demás restos orgánicos que brotaban del cuerpo eran tan abundantes que uno de ellos tuvo que volver a la camioneta para buscar una esterilla gruesa que permitiera envolver de nuevo el cadáver sin la espectacularidad de la sangre. No sin antes detenerse durante unos segundos para devolver sobre la cuneta la rabia, la impotencia y el odio en forma de abundante vómito.

10

María tardó quince días hasta que pudo trasladarse a Kabul para llamar a su hermana Rosie. Para entonces, el ambiente ya se había tranquilizado. Pero seguía oliéndose esa sensación de que, en cualquier momento, algo podría suceder de nuevo que alterara el estado permanente de miedo y de terror que se había instalado en Afganistán desde hacía años.

María entró en el locutorio. La acompañaba, como siempre, Nasrad, del que no podía ni quería separarse. Era él quien debía hacer los trámites necesarios con el encargado del locutorio para que María pudiera llamar a su hermana. María se colocaba detrás de Nasrad y allí esperaba pacientemente hasta que su marido llegaba a un acuerdo con el empleado y éste asentía con la cabeza, una operación que podía llevar entre cinco y treinta minutos. Entonces, María, sin perder un segundo, por miedo a que cambiara de opinión el encargado pero también por las ganas que desde hacía dos semanas no le dejaban dormir por hablar con su hermana, entraba en una de las cabinas, descolgaba el teléfono con gran celeridad y marcaba el número.

—Rosie, soy María.

—María, creí que me ibas a volver a hacer lo mismo de siempre. Como no llamabas... ¿Qué te ha pasado?

—Rosie, han destrozado a un niño que ya estaba muerto porque no llevaba la barba reglamentaria que requieren los talibanes. No he podido llamarte antes porque no he podido salir de casa.

Lo cierto es que Rosie no sabía si prefería que su hermana le explicara los motivos de su tardanza o si era mejor que no le contara nada, porque se veía incapaz de entender lo que le decía su hermana con la mayor naturalidad del mundo. Y mucho menos capaz se sentía de rogarle que se lo explicara y que entrara en detalles.

—No te preocupes, María. ¿Sabes ya dónde puedo mandarte el dinero?

—Sí. Ya lo tengo. Cualquier cosa que me envíes, Rosie, nos va a ayudar más de lo que piensas. No sabes cuánto te lo agradezco, hermana. No te puedes hacer una idea de la necesidad que pasamos aquí. Es increíble.

—No quiero que me agradezcas nada. Lo que quiero es que te compres cuanto antes un móvil. Esto es muy importante, María. Quiero y necesito que te compres un teléfono móvil con el que estemos comunicadas siempre que lo queramos. No quiero volverme loca para intentar localizarte de nuevo. Te voy a enviar 150 euros, María. Y luego te iré enviando más dinero, siempre que me sea posible.

La voz de Rosie comenzaba a desvanecerse, se alejaba poco a poco de la capacidad auditiva de María como si se tratara de una cometa que se va alejando aunque el hilo que la sujeta siga en manos del niño que la vuela. Al menos eso le pareció a María. Cuando escuchó que su hermana le iba a enviar 150 euros, María ya no escuchó nada más. 150 euros era mucho dinero en Kabul. María comenzó a pensar en la comida que podría darle a sus hijos, incluso puede que pudiera comprarles algo de carne, un alimento que rara vez habían probado ni devorado sus dientecitos. E incluso podría comprar algún pañal para la pequeña, porque los paños y los trapos que le ponía le hacían unas rozaduras entre sus pequeños muslos que ya le estaban dejando señal en su delicada piel. 150 euros. 150 euros. Qué bien le vendría poder contar con una cantidad como ésta todos los meses. Y con menos, también. «150 euros, Dios mío, 150 euros. Las cosas que puedo comprar con ese dinero...»

Sólo los gritos de su hermana Rosie, a través del auricular del teléfono, sacudieron los sentidos de María, que se habían quedado anestesiados al escuchar los 150 euros.

—María, María, ¿me escuchas? ¿Estás ahí? —increpaba Rosie desesperada, temiendo que algo le hubiese ocurrido a su hermana mientras hablaban o que alguien hubiera cortado la comunicación.

—Sí, sí, Rosie, no grites, que te escucho. ¿De verdad me vas a mandar 150 euros?

—Ya sé que no es mucho, María, pero es que no tengo más. Las cosas están complicadas, pero te prometo que intentaré mandarte más en otra ocasión. No gano mucho en mi trabajo, pero si es necesario lo pediré a quien haga falta. Incluso he pensado en pedir un crédito al banco, aunque con mis informes no creo que me ofrezcan muchas facilidades.

María no podía creerse las excusas que, por una interpretación equivocada, le enviaba su hermana. No era capaz de acertar si lo que quería hacer en ese momento era reír o llorar.

—¿Poco? ¿Dices que es poco? —a estas alturas, María ya había decidido que lo que tenía que hacer sin duda era llorar. De hecho, era lo que estaba haciendo. Pero eran lágrimas de alegría, de felicidad, de las que hacía años no expulsaba su cuerpo—. ¿Crees que 150 euros en Kabul es poco, Rosie? No sabes lo que vas a hacer, hermana. No tienes la menor idea de lo que ese dinero significa para mis hijos, Rosie. Y es mejor que no lo sepas. Gracias, Rosie. Te quiero. Te quiero.

María se sintió ridícula, despreciablemente absurda y nada agradecida porque de su boca sólo pudiera salir la palabra gracias y entendía que ese vocablo de siete insignificantes y nimias letras se le quedaba pequeño para todo el agradecimiento y el torbellino de sentimientos que se le agolpaban en su interior.

—María, no me des las gracias. Lo que tienes que hacer es reaccionar y hacer lo que te estoy diciendo. En unos días te llegará el dinero. Y cuando lo haga, quiero que me lo digas.

¿De acuerdo?

—No te preocupes, Rosie, lo haré. Lo haré.

María notaba que hablaba por hablar, que se dejaba llevar medio hipnotizada por la emoción de aquel momento, que su boca se abría para pronunciar palabras que ni controlaba ni ocupaban en ese momento su mente. Porque su mente estaba ocupada única y exclusivamente por esa cantidad de dinero que le daría para soñar muchos días.

—No te preocupes, que te llamaré en cuanto sepa que me ha llegado el dinero, Rosie. No temas.

De nuevo, Rosie no pudo evitar que le asaltara una pregunta antes de terminar aquella conversación con su hermana. Era una mujer fuerte y curiosa, y no le dolían prendas a la hora de preguntar, si eso servía para aclararle las ideas, que ya de por sí eran firmes y claras. Y, como siempre, se armó de valor y no dudó en formularla.

—María... Ese niño muerto de la barba que me hablas... —Rosie se calló en seco. Sintió que era mejor seguir en la ignorancia y no hacer que su hermana abandonara ese estado de gracia en el que se encontraba—. Bueno, da igual. No me hagas caso.

—Mejor, Rosie. Ya habrá tiempo para contártelo. Te lo prometo. Ya tendremos tiempo —María vio cómo Nasrad le hacía gestos para que cortara ya. En el locutorio no les gustaba que las conversaciones se alargaran en el tiempo. Sospechaban de cualquiera que tuviera la necesidad de hablar tanto por teléfono, y más con el exterior. Temían que la información pudiera darles problemas—. Tengo que colgar. Un beso, Rosie. Ya te llamaré.

—Adiós, hermana. Adiós.

—¡Ah!, espera, Rosie. ¿Cómo está papá? ¿Sigue ingresado o está ya en casa? Hace muchos meses que no sé de él y tú no me dices nada —logró colar María en la comunicación, que a punto estuvo de cortarse—. ¿Cómo está papá, Rosie?

Fueron milésimas de segundos, pero a Rosie ese *impasse* que tardó en responder le resultó devastador. Sentía que el estómago le salía por las cavidades de los ojos. Pensó incluso en colgar sin más, de repente, y así al menos quedaría la duda de si la comunicación se había cortado.

Pero optó por mentir. No iba ni con su forma de ser ni de entender la vida, pero una verdad en ese momento sólo hubiese contribuido a empeorar las cosas. No era el momento para explicar lo que le había pasado a su padre.

—Bien, María, bien. Tú concéntrate en tu situación, y no pienses en nada más, que somos los demás los que te tenemos que ayudar a ti—. A Rosie le costaba mentir y María lo sabía. La conocía desde hacía muchos años y habían vivido demasiadas historias para no detectar cuándo algo no iba bien. Y ahora, algo no iba bien.

—Pero Rosie...

La voz de su hermana interrumpiendo bruscamente no la permitió continuar.

—María, llámame en cuanto tengas el dinero en el banco. Y ya hablaremos, hermana. Te quiero mucho. Y aquí todos te quieren y están contigo. Y siempre lo estarán. También papá. El que más, María. Un beso, mi amor.

—Un beso, Rosie.

11

Un velo de tristeza e incertidumbre cubrió en ese momento el ánimo de María. Sentía que sobre sus hombros había caído un muro de mil toneladas que a punto estuvo de hacerla venirse abajo y besar el suelo. Era algo extraño, que la conmovía, que le aprisionaba el pecho hasta hacerle complicada la respiración sintonizada con su pulso. No tenía la certeza de por qué era presa de esa sensación tan desconocida para ella hasta este momento. Ni siquiera era comparable con lo que sentía cuando esperaba a que su marido volviera sano y salvo al refugio donde tuvieron que esconderse por la dureza de la guerra. Entonces era miedo. Ahora era desazón. ¿Por qué tenía la sensación de que Rosie no le había querido explicar más sobre la situación de su padre? ¿Le estaba ocultando algo? Pero ¿por qué? ¿Le habría pasado algo a su padre que estaban intentando ocultar?

María no se lo pensó mucho más y decidió llamar al hospital donde sabía que estaba ingresado su padre. Era el mismo hospital de Palma donde su padre la había llevado más de una vez cuando era pequeña y decidía abrirse las rodillas todas las semanas o romperse un brazo o una pierna tan a menudo como sus juegos en el patio del colegio le permitían.

Marcó el teléfono del hospital. Enseguida le respondió una voz de mujer monótona, que parecía más electrónica que humana, que se limitó a darle los buenos días y a preguntarle qué deseaba.

—Buenos días. ¿Me puede pasar con la habitación del señor Galera? Está ingresado en la planta de oncología desde hace cinco meses.

—¿Señor Galera? —preguntó la voz de mujer monótona. Se tomó su tiempo antes de contestar—. Pues no lo encuentro por aquí. ¿Está registrado con ese nombre?

—Sí. Señor Galera —confirmó nerviosa María.

—Pues mire, le paso con la planta de oncología, porque no me figura en el listado. Lo mismo le han dado de alta o le han cambiado de habitación. Le paso.

Fueron cinco las llamadas que escuchó María antes de que alguien respondiera al teléfono.

—Planta de oncología.

Esta voz era más seca y con más autoridad. María pensó que quizá sería una doctora o alguien con más mando en el hospital.

—Quisiera hablar con la habitación de un enfermo. Galera.

—Pues espere un momento.

No tardó mucho en marcar una extensión y pasar la llamada. El «espere un momento» tranquilizó a María lo suficiente para no pensar en lo peor. Hasta que una nueva voz, también de mujer, respondió a la llamada.

—¿Quién es?

—Soy María. Quisiera hablar con un paciente de nombre Galera. Estaba ingresado en esa habitación.

—Pues aquí no está. Hace tiempo que no está. En esta habitación sólo estoy yo.

—¿No está? ¿Pero no está porque se ha marchado o no está porque...?

María no se atrevió a seguir con aquel enunciado porque realmente se sentía asustada y no quería que sus palabras dijeran lo que no estaba dispuesta a escuchar.

—¿Cuánto tiempo hace que no está en esa habitación?

—Mire, yo no le puedo decir. Será mejor que hable con algún responsable del hospital, que le explicará mucho mejor lo que usted quiere saber...

—Vale, vale. Pero al menos dígame, ¿cuánto tiempo lleva usted ocupando esa habitación?

La voz de María sonaba a súplica y su interlocutor se dio cuenta.

—Yo llevo tres meses y medio. Pero yo no le puedo decir más. Hable con el personal del centro.

María colgó el teléfono. Notó que sus manos temblaban y que su corazón iba a mil por hora. Sin perder mucho más tiempo marcó el teléfono de su hermana Paquita. No entraba en sus planes hacerlo. No quería hablar con ella hasta que no estuviera de nuevo en España, pero era la única persona que le podría decir algo sobre el estado de su padre, ya que su hermana Rosie no lo había hecho.

—¿Dígame? —la voz de su hermana Paquita le sonó tan familiar que le dolió.

—Paquita, soy María. ¿Dónde está papá? ¿Qué le ha pasado?

—Tu padre ha muerto, María. Murió hace cuatro meses.

La frialdad con la que su hermana Paquita se lo anunció sacudió brutalmente a María. Nunca una frase le había hecho tanto daño. Jamás unas palabras le habían desgarrado por dentro como lo hicieron aquéllas. «Tu padre ha muerto. Tu padre ha muerto. Tu padre ha muerto.» Aquella frase retumbaba con tal rotundidad en su cabeza que le hacía daño, daño real, daño físico. Golpeaba con tal fuerza la cavidad de su entendimiento que podía oír el impacto contra las paredes que cubrían su cerebro.

Sencillamente sintió morirse. Hubiese jurado que no quedaba ni una sola gota de sangre en sus venas. Se vació en milésimas de segundos. Un frío cortante se apoderó de su cuerpo y lo dejó privado de todo movimiento.

María tiró el teléfono al suelo, sin acertar ni querer escuchar lo que su hermana Paquita le decía a través de él.

El temblor repentino que estaba dominando su cuerpo no le impidió que de sus lagrimales salieran chorros de lágrimas en tal abundancia y con tal fuerza que a María le dio la impresión de que eran auténticas cataratas. Unas cataratas salvajes, imposibles de dominar.

Su padre se había muerto y nadie le había dicho nada. Nadie se había molestado en localizarla e informarle de que su padre, al que tanto amaba y del que tan cercana se sentía a pesar de los kilómetros de distancia que los separaban y de sus distintas formas de ver la vida, se había ido para siempre. Hasta en eso se parecían, los dos desaparecían sin decir nada a nadie. Sin previo aviso. Sin mediar una sola explicación de sus actos.

Ya no le vería nunca más. Ya no contemplaría más sus manos fuertes y robustas que desde siempre le habían llamado la atención a María, su cuerpo bien desarrollado, aunque el cáncer lo había mermado en gran parte, su cara de hombre bueno. Sus ojos ya no se cruzarían con los suyos como medio de comunicación entre ellos. Ya no cabría una tarde de conversación relajada para contarle todo lo que en toda una vida no le había contado. Ya no había marcha atrás. Ya todo se acabó. Y a ella no le había dado tiempo de decirle a su padre que le quería, que le amaba, que estuviera en el lugar que estuviera, aunque fuera en el último rincón del mundo, siempre tendría un pensamiento para él. Demasiadas cosas se quedaron sin decir. Tantas que María no sabía cómo acallarlas ahora en su interior.

Cuando Nasrad entró en la cabina, alertado por la tardanza poco habitual de su mujer, la encontró sentada en el suelo y literalmente ahogada en lágrimas. El burka no le tapaba el rostro, como nunca lo hacía mientras hablaba por teléfono. Pero el *shock* motivado por la noticia de la muerte de su padre impidió a María pensar en el salvoconducto de toda mujer en Afganistán: ocultar su rostro y su cuerpo a los demás. En esos momentos era algo secundario. Ni siquiera cuando su marido la aconsejó que se cubriera, María reaccionó. Le hubiese dado lo mismo lo que pasara en ese momento, si le pegaban, si la azotaban, si la apedreaban o si la mataban. No hubiese sentido el mínimo esbozo de dolor. En esos momentos no tenía capacidad para sentir nada más que el escozor vital de no volver a ver a su padre. Su padre había muerto y el mundo parecía no enterarse del dolor monumental que ello suponía.

Nasrad no perdió el tiempo en preguntar a su mujer qué le ocurría. Después de comprender que era inútil intentar secarle las lágrimas porque aquello era un no parar continuo e indiscriminado, tapó a su mujer y la sacó de la cabina y del establecimiento. María se dejó llevar, y no fue capaz de dilucidar si su marido la llevaba a rastras, en brazos o si directamente levitaba. No se atrevía a asegurar si aún estaba en este mundo.

En aquel momento no era el burka lo que le impedía ver lo que sucedía en la calle. Era sencillamente la imagen de su padre muerto lo que querían y podían ver sus ojos en ese momento. Aquel padre al que tanto sufrimiento había dispensado con su comportamiento, con su actitud y con sus decisiones. Aquel padre con el que tanto había discutido por las horas en las que volvía a casa, o por la decisión de dejar los estudios. Aquel padre que no comprendía a su hija ni lo que hacía con su vida, pero que la quería sobre todas las cosas. Aquel padre que no pudo superar la muerte de su mujer pero menos aún la ausencia permanente de su hija. Aquel padre al que María le negó tanta información básica y elemental que tanto sosiego le hubiese dado.

Aquel padre ahora estaba muerto y María deseó estarlo también. Ya no pensaba en huir de Afganistán. Ahora sólo pensaba en morirse y reunirse con su padre.

12

Cuando quiso darse cuenta, María ya estaba en casa, sentada en el colchón donde Nasrad y ella dormían cada noche. No hubiese podido explicar cómo había llegado hasta allí, cómo se había desprovisto de su burka, de su calzado, porque le hubiese resultado imposible no faltar a la verdad. No es que una nube negra y espesa ocupara su mente, es que el cielo entero se había instalado en su cabeza. María se sentía aturdida, abandonada, enajenada, triste, sola como nunca antes había estado. Y huérfana. Sin madre y ahora sin padre. Huérfana. Nunca pensó que esta palabra le supondría a ella tanta angustia y desconsuelo, tan atroz y punzante sufrimiento: *huérfana*.

No sabría decir cuánto tiempo pasó hasta que logró ver nítidamente la imagen de su marido a su lado. No pudo calcular cuántas horas había estado Nasrad a su lado, mirándola sin entender qué le pasaba y sin obtener ninguna respuesta. Parecía como si María hubiese perdido, además de a su padre, los cinco sentidos de un golpe: ni respondía al oído, ni al habla, ni se inmutaba ante la visión ni el olfato ni mucho menos al tacto. No sentía ni padecía. Sencillamente no estaba. Hasta que la voz de Nasrad volvió a convertirse en la vacuna para cualquier mal que acechara a María. La voz de Nasrad volvió a obrar el milagro.

—Te he traído un té. Bébetelo. Te sentará bien.

La voz de Nasrad entró en los oídos de María cálida, suave, envolvente, convertida en la mejor caricia que podría conocer un cuerpo.

María se dio cuenta de algo que ya sabía y que agradeció confirmar: Nasrad era un hombre que sabía estar al lado de una mujer sin preguntas, sin prisas, sin lamentaciones, sin apremio, dando el tiempo necesario a las cosas. Esperando que todo llegara cuando tuviera que hacerlo. Ni antes ni después. Tan sólo a su debido tiempo.

María sintió que debía a su marido una sonrisa y una explicación. Y en este orden saldó la cuenta.

—Nasrad, mi padre ha muerto.

María pudo notar que la frase no sonó tan fría y cortante en su voz como en la de su hermana Paquita. No entendió por qué, pero lo agradeció.

Estaban los dos solos en la habitación y sin ellos quererlo ni planearlo, un tercer huésped se sumó a la reducida comitiva: el silencio cómplice que unió a los dos, como tantas otras veces les había acompañado y hermanado. Los dos se abrazaron, se besaron y compartieron un momento cálido, presidido por un sentimiento de paz y de sosiego que se había negado a aparecer en las últimas horas. Porque habían sido muchas horas las que María había estado aislada de la realidad, en su mundo, en compañía del recuerdo de su padre, con el dolor y la oscuridad como única bandera.

—Mi padre ha muerto, Nasrad. Y no le he podido decir todo lo que le quería.

Cuanto más lo repetía María, con más fuerza la abrazaba su marido. De su boca no salió ni una sola palabra de consuelo, sencillamente porque no la había, por mucho que se hubiese intentado buscar. Su sola presencia era el mejor y único consuelo para María. Pero no fue suficiente.

María cayó en una depresión que duró semanas. Los días se le hacían eternos, las horas le pesaban y los minutos le enterraban en vida. Nadie la ayudaba. Nadie podía. No tenía fuerzas para nada. Ni la presencia de sus hijos lograba calmar el desasosiego en el que vivía permanentemente desde que conoció la noticia de la muerte de su padre. No comía, ni bebía, ni siquiera requería incorporarse para hacer las necesidad fisiológicas elementales. Sólo dormía. Dormía durante todo el día. Y pensaba. Le daba una y mil vueltas a su última estancia en Mallorca, cuando su padre conoció a su nieto, Abdulah. Era feliz con el pequeño y casi no se separó de él en las pocas semanas que permanecieron en la isla.

El padre de María había elegido la opción de dar la impresión de que no sabía lo que pasaba. Desde luego, no le gustaba que su hija se hubiese ido de Mallorca a Londres sin avisar, sin explicar absolutamente nada. Nunca había comprendido la actitud tan radicalmente independiente que había presidido todos los actos y las decisiones de su hija. Pero optó por no profundizar más en la herida. Ya habían vivido demasiados momentos tensos entre padre e hija y de poco habían servido, excepto para agrandar más la distancia física, nunca afectiva, entre los dos.

Ahora María tenía una nueva vida, tenía un hijo, y un marido de origen afgano. «Mi hija se ha casado con un moro. Y ya está.» Era lo que solía decir el padre de María. Los que le escuchaban no sabían decir con exactitud si era una simple exposición de los hechos o un comentario un tanto despectivo. Pero nadie quiso preguntárselo para salir de dudas.

«Mi hija se ha casado con un moro.» María sonreía cuando escuchaba a su padre pronunciar esta frase. Algo que hacía bastante a menudo. Sabía que el matrimonio con un hombre musulmán y su conversión al islam no era lo que su padre había pensado y deseado para ella. Pero María tenía claro que la vida consistía en eso: en vivirla según viniera y no siguiendo planes y cumpliendo plazos trazados y estipulados desde el desconocimiento absoluto y desde la frialdad del tiempo.

Ambos sabían que el uno no estaba de acuerdo con lo que hacía el otro, pero el amor paterno-filial era demasiado fuerte y robusto para que algo externo lo franqueara.

María disfrutaba viendo cómo su padre jugaba con su nieto. Era una estampa hermosa que no se cansaba de observar. Se le dibujaba una sonrisa de orgullo, de felicidad en la cara que nada ni nadie podía borrar. No había visto nunca a su padre tirándose por los suelos para jugar con sus hijos cuando eran pequeños, y sin embargo, ahí estaba en el suelo, sobre la alfombra, en el sillón, en la cama jugando con su nieto como si en ello le fuera la vida.

María tardó en saber que era eso precisamente lo que sucedía: a su padre se le iba la vida. Y esta vez, de verdad. No era nada metafórico como cuando falleció su esposa, la madre de María, y creyó morir en vida. No era nada figurado, como cuando supo que su hija María había huido de su lado y pasaron siete largos años hasta que volvió a saber de ella. Ahora se le iba la vida de verdad. Tenía cáncer y los médicos no eran muy optimistas. Al contrario, el realismo se hizo tan fuerte y presente entre la familia que los partes médicos eran como cuchillos que atravesaban a todos el corazón y les dejaban malheridos. María intentaba poner en orden sus recuerdos para que el último tiempo vivido con su padre no apareciera en su pensamiento en forma de piezas de un puzle difícil de cuadrar. Pasó días reconstruyendo las conversaciones con su progenitor, recordando sus miradas cómplices, recreando los largos silencios que existían entre ellos, pero que, más que herir, curaban las heridas pasadas, reviviendo de tal manera las palabras de su padre que le daba la impresión de estar escuchándole de nuevo, aconsejándola sobre esto o sobre aquello.

Y recordó con más dolor que ilusión las últimas palabras que pronunció su padre en su presencia, antes de que María volviera a coger un avión que la devolvería a Londres, donde le esperaba su marido. «Sé que no voy a volver a ver más a mi nieto. Ni a ti. Simplemente lo sé.» Se moría y él lo sabía.

María se arrepintió de no haber pasado más tiempo con él, de no haberle escuchado con más atención, de no haber hablado más de las cosas que les unían y menos de las que lograban separarles, de no haberle explicado lo que le quería, lo que agradecía todo lo que había hecho por ella, de no haberle transmitido la alegría que sintió al verle tan feliz junto a su nieto. Se odió por no haberle llamado el mismo día en el que se casó con Nasrad, por haberle privado de tantos meses repletos de alegrías desde que nació su nieto. Se torturó pensando en lo que podría haber supuesto para su recuperación tenerles cerca, a ella y a su hijo, y juró que nunca se lo perdonaría, que tendría que vivir con ello toda su vida. Por haber pecado de egoísta y mirar sólo su propio bienestar y cerrar los ojos ante las necesidades de quien le dio la vida. Se le habían quedado tantas cosas por decirle que esa ausencia le provocaba un dolor insoportable, sentía como la mala conciencia le arrebataba el aire que no lograba entrar con normalidad en sus pulmones. María sufrió durante semanas. Pero no se quejó ni un solo día. Aceptaba el castigo que a su entender se merecía: ella había abandonado a su padre y ahora su padre se había ido, abandonándola también a ella.

María no quería salir a la calle, ni hablar con las vecinas, ni visitar a la familia de Nasrad. Ni siquiera la posibilidad de encontrar ayuda en la embajada española conseguía abstraerla de su estado de depresión.

Todo lo que se hacía en aras de ayudarla y sacarla de ese estado era inútil. María había decidido encerrarse en sí misma y no parecía dispuesta a abandonar esa clausura.

Sólo alguien tan poderoso en la vida de María podía conseguirlo. Y fue quien lo hizo.

13

Una mañana regresó Nasrad a casa antes de lo previsto. Llegaba con unos papeles en la mano. Entró en la habitación, se sentó al lado de María y comenzó a hablarle.

—Tu hermana te ha mandado el dinero. Esto puede ser tu puerta hacia tu país, hacia tu mundo, hacia un futuro mejor. Ahora depende de ti si quieres seguir en este estado de abandono o si, por el contrario, reaccionas, te levantas y actúas como lo que eres: una mujer lista, inteligente, responsable, fuerte y segura de ti misma. La mujer de la que me enamoré un día y de la que sigo enamorado y lo estaré hasta el día en el que me muera. Haga lo que haga. Ahora, María, tú decides. Como siempre lo has hecho. Ahora tú decides. O abandonar y peder, o luchar y ganar. Decidas lo que decidas, yo estaré contigo. A tu lado. Siempre.

María sintió cómo, después de escuchar las palabras de su marido, algo que le nacía desde dentro la obligaba a levantarse de aquella cama en la que su cuerpo llevaba demasiado tiempo postrado, abatido y abandonado a la suerte que le iba marcando el destino.

Llevaba días, semanas sin incorporarse, sin estar en una posición de cierta verticalidad y una sensación de vértigo se apoderó de ella. Pero sólo fue un instante. Enseguida la medicina que suponían las palabras de Nasrad hizo su efecto. Su marido tenía razón. Su padre había muerto y ella ya no podría hacer nada. Ahora su hermana le enviaba un aviso en forma de transferencia para que se levantara y siguiera con su vida. Y sintió que se lo debía a todos. También a su padre.

María invirtió los primeros minutos de su vuelta a la vida en asearse, comer algo, en reunirse con sus hijos, a los que abrazó como si hiciera años que no veía, y en pedir disculpas a Nasrad.

—Lo siento. Sé que me he comportado mal y que tú has sufrido viéndome en este estado. Te prometo que se acabó. Que comienzo de nuevo a luchar y que lograremos salir de aquí todos juntos —María hizo un descanso en sus palabras para coger aire y proseguir. Se sentía fuerte y extrañamente esperanzada. No sabía por qué, pero le gustaba—. Quiero ir esta misma tarde a la ciudad para poder llamar cuanto antes a mi hermana. ¿Me acompañarás al locutorio?

María sabía que era una pregunta retórica y que su marido la acompañaría sin poner ningún tipo de problema. Más bien al contrario: Nasrad se mostraba encantado de volver a ver a su mujer con ganas y con ese desparpajo del que siempre había hecho gala y que ni siquiera el régimen talibán había logrado aniquilar, aunque sí esconderlo y resguardarlo del exterior.

María deseaba hablar con Rosie, contarle lo que le había pasado. Necesitaba recuperar sus ganas de vivir, de hablar, de hacer todo lo posible para que la vuelta a su país fuera inmediata. Y necesitaba hacerlo ya.

Cuando entró en el locutorio, a María le temblaron las piernas. Sobre todo cuando el encargado le ordenó que entrara en la misma cabina donde, semanas atrás, su hermana Paquita le había soltado la frase más fría y dolorosa que recordaba haber escuchado en su vida: «María, tu padre ha muerto».

Se armó de valor, como en muchas otras ocasiones, y entró en la cabina. Marcó el teléfono de Rosie, sin separar la vista de los números, y esperó respuesta.

Cuando la obtuvo, cuando escuchó en primer plano la voz de su hermana Rosie, que sustituía a las señales de llamadas telefónicas, María no pudo contener las lágrimas. Y se derrumbó.

—Rosie, papá ha muerto. Papá ha muerto, Rosie.

María casi no podía hablar porque las lágrimas se le iban alojando sin permiso en la garganta y le imposibilitaban el habla, y Rosie no podía dar crédito a lo que escuchaba.

—Ya lo sé, María, cariño, ya sé que papá ha muerto. Pero a ti ¿quién te lo ha dicho? ¿Cómo te has enterado?

—Llamé al hospital y había una señora en su habitación —relataba María mientras intentaba controlar el hipo que le había motivado la repentina llantina—. Luego llamé a Paquita y me lo dijo. Qué burra es, Rosie, me lo dijo sin más, como si me estuviera diciendo la cosa más banal del mundo. «Tu padre ha muerto», y ahí no pude más... y me viene abajo. He estado fatal, Rosie

—¿Has hablado con Paquita? —Rosie se extrañó, pero no quiso indagar más en cómo su hermana María se había enterado de la muerte de su padre y decidió no hacer más preguntas—. Perdóname, María, te lo tenía que haber contado yo. Pero creí que era conveniente que no lo supieras. Es lo que te faltaba en tu situación... Y mira, al final te has enterado. Y no por mí, precisamente.

—Rosie, ¿cuándo se murió?

—En enero. Le sobrevino una crisis y no pudo superarla como en otras ocasiones. Todo fue muy rápido. Al menos eso nos dijeron los médicos. Se dio cuenta de todo, pero no aseguraron que no sufrió.

—Rosie, ¿y te preguntó por mí en algún momento? —preguntó María con cierto temor a que la respuesta de su hermana no fuera precisamente afirmativa.

—Claro, María. Por supuesto que me preguntó por ti. A todas horas. No pasó un solo día que no preguntara por ti y por tu hijo.

No dejaba de decir que nunca más podría ver a su nieto ni a su hija y eso le entristecía, aunque intentaba que no se lo notáramos. Ya sabes cómo era papá, María...

Rosie creyó intuir en el silencio que presidía la comunicación que su hermana necesitaba saber algo más, requería seguir escuchando palabras que describieran los últimos momentos que vivió su padre.

—Él sabía todo lo que te estaba pasando, María. Aunque tú no le dijeras nada y de mi boca tampoco saliese ni un solo detalle de lo que estás viviendo, él lo sabía. No me preguntes cómo, pero lo sabía. Percibía que no estabas bien, que estabas sufriendo, y le martirizaba el hecho de no poder hacer nada por ti. Fíjate, hasta me dijo el pobre que si supiera que podría llegar, se iría él mismo andando desde Palma hasta el lugar donde tú te encontraras, si sabía que así te iba a encontrar e iba a tener la posibilidad de darte un abrazo.

María sintió que su corazón brincó dentro de su pecho cuando escuchó esas palabras de Rosie. Eso mismo es lo que ella había pensado muchas noches, mientras los planes de huida y de regreso a España le ocupaban sus largas noches de insomnio. Una y mil veces pensó en el tiempo que podría tardar si saliera de casa una noche y se pusiera a andar hasta llegar España. Podría sonar ridículo, imposible, incluso parecer una locura, pero hubo noches en las que tuvo que mirar a Nasrad y a sus hijos para decidir no hacerlo.

La voz de su hermana la devolvió poco a poco a la realidad.

—Además, sus últimas palabras fueron para ti, María. El último pensamiento no fue para ninguno de los que estábamos allí, junto a su cama, sino para ti.

María se quedó callada, esperando a que su hermana Rosie le dijera cuáles habían sido esas últimas palabras.

—¿Qué te dijo Rosie? ¿Qué te dijo papá sobre mí?

—Me dijo que te protegiera —ahora era Rosie la que sentía que su voz se resquebrajaba por momentos—. Que cuidara de ti, María.

Que estuviera siempre cerca de ti, que no te permitiera ni un solo silencio más ni una sola aventura más que pudiera alejarte de tu familia, de nosotros. Tu padre me pidió que estuviera pendiente de ti para que no hicieras más locuras. Y yo se lo prometí, María. Y pienso cumplirlo —Rosie tomó aire y prosiguió—. Y me aseguró que desde arriba lo estaría viendo todo y que así sabría si le habíamos hecho o no caso.

—¿Eso te dijo? —pudo decir María entre sollozos.

—Eso me dijo, María. Y ya te digo que me comprometí a ello. Así que es lo que pienso hacer. Y espero que tú me ayudes.

Las dos hermanas comprendieron que era el momento de dejar las lágrimas y el escozor de garganta a un lado y ponerse a trabajar.

—Nasrad me ha dicho que me ha llegado el dinero. Que ya está en el banco —la voz de María parecía diferente cuando decidió cambiar de tema, como si hubiera sufrido una transformación adulta en los últimos tres segundos.

—María, no quiero que Nasrad coja el dinero. Ese dinero es para ti y quiero que tú lo utilices como creas oportuno. No quiero que nos encontremos ante una desagradable sorpresa. Quiero que tú te hagas cargo del dinero. ¿Está claro?

Cuando acabó de decir aquello, Rosie sintió que quizá el tono utilizado no era el más correcto para ese momento. Había estado dura y diligente como solía ser. Y temió que su hermana no lo hubiese entendido de la manera correcta.

—Rosie, es lo que pensaba hacer. Nasrad no ha cogido nada que no le correspondiera, pero te recuerdo que es mi marido y es él el que me está ayudando a salir adelante. Así que no vuelvas a decirme que dudas de él porque no lo voy a permitir.

—María, no es eso. Perdóname si me he explicado mal. Lo que te quiero decir es que a mí quien me importa eres tú. No digo que Nasrad no sea bueno, pero yo a quien conozco y a quien quiero es a ti. Y por eso lucho —Rosie prefirió cambiar de tema, no fuera ser que el tono de la conversación se complicara por una tontería—. ¿Has comprado ya el móvil? Recuerda, María, que es lo primero que quiero que hagas.

—Es lo que voy a hacer cuando termine de hablar contigo. Nasrad me acompañará al banco, sacaremos el dinero e inmediatamente nos compramos el móvil.

—¿Cómo van tus trámites en la embajada de España?

—Mal, Rosie. Muy mal. Nadie quiere hacer nada o quizá es que realmente no puedan hacerlo. Cada vez que entro en una embajada o les envío una carta, me siento tonta e impotente. Es como si a priori supiera que de nada va a servirme, que nada ni nadie va a ayudarme a salir de aquí. Y es que, Rosie, no entiendo para lo que está la embajada si no puede ayudar a una española en una situación como la mía. Supongo que para eso están en un país como éste. No lo entiendo, sinceramente. Me supera.

—Sigue intentándolo, María. No cejes ni abandones. Sería lo peor que puedes hacer. Te prometo que estoy haciendo todo lo posible para sacarte de ahí.

Rosie dudó si decírselo a su hermana, pero al final decidió compartir la idea que le venía rondando desde hacía unos días:

—He pensado acudir a la prensa para contar tu historia. Ellos siempre pueden presionar más y este tipo de historias siempre llaman la atención. Y también he logrado que me reciban en algunos centros oficiales. Ya te contaré cómo me van las cosas. Por eso es muy importante que te compres el móvil, María. Necesito estar en contacto contigo en cualquier momento y no esperar a que me llames.

—No te preocupes. Esta misma noche te llamo y te doy el número. Muchas gracias por todo, Rosie.

—Te he dicho que no me des las gracias, María. Eres mi hermana y además se lo prometí a papá.

No podía soportar Rosie que su hermana le estuviera dando las gracias a cada momento. Se sentía mal, como si cada vez que pronunciaba María la palabra *gracias*, le recordara a ella que no estaba haciendo lo suficiente para sacar a su hermana de allí.

—Entonces espero tu llamada esta noche. No te retrases. Un beso, María.

—Adiós, Rosie.

14

Los días posteriores a esta conversación entre las hermanas transcurrieron sin grandes novedades. Los primeros días se sobrellevaron mejor, ya que el dinero que había mandado Rosie le sirvió a María para disfrazar, aunque fuera de manera temporal, las grandes necesidades que pasaba su familia, la penuria en la que vivían. Se compró el móvil en el que tanto había insistido su hermana, pero pronto comprendió que había puesto demasiada esperanza en que ese aparato se iba a convertir en el transmisor de buenas noticias y que lo haría de manera inmediata. Por eso, cuando esto no ocurrió, reinó la desesperanza. Y lo hizo a un lado y a otro.

María se propuso recorrer todas las embajadas internacionales que ella pensaba que le ofrecían más confianza. Estuvo en la embajada del Reino Unido, en la de Francia, incluso probó en la de los Estados Unidos. Pero el final siempre era el mismo. Con buenas palabras, le recomendaban que lo más oportuno era que pidiera amparo en su embajada, la española.

Pero esto que le proponían no presentaba más que problemas. También adivinó las direcciones de algunos organismos nacionales y sobre todo internacionales, y les remitió cartas en las que relataba su situación y el rosario de vicisitudes por el que había pasado en los últimos años. Algunos de estos organismos, como el de Ayuda a la Mujer, se implicaron en su caso y lograron facilitarle algo de dinero, comida, ropa e incluso trabajo temporal.

Por su parte, en Mallorca las cosas tampoco pintaban mucho mejor. Rosie habló con varios medios de comunicación locales y narró para ellos la aventura de su hermana María. No se sentía bien haciéndolo, no le agradaba tener que responder a las preguntas y, sobre todo, dar explicaciones sobre la vida de su hermana y el por-qué de su actual situación. Pero comprendía que era una de las mane-ras más rápida y efectivas de que el mundo se enterara de que su hermana estaba abandonada y sola en un país extranjero y que nadie le estaba echando una mano.

Rosie no tuvo suerte en su peregrinaje por los despachos impor-tantes a cuyas puertas llamó y en los que entró arropada por bue-nas palabras y gestos amables. Pero a la hora de la verdad, nin-guna de aquellas personas le prestó la ayuda necesaria. Tanto es así que al final ninguno de los que hacían gala de buenos gestos y de bonitas palabras se ponían al teléfono cuando Rosie insistía en que su hermana había pasado demasiado tiempo en Afganis-tán y que alguien la debía sacar de allí. En el fondo, esta hipocre-sía no sorprendió demasiado a Rosie. Siempre supuso que la res-puesta que obtendría en aquellos lugares sería el llamado silencio institucional.

La desesperación llegó a tal extremo que Rosie llegó a pensar que lo mejor sería sacar a su hermana de Afganistán por otros medios menos oficiales y, por supuesto, nada legales. En aquel momento le importaba poco que la salida de María de aquel infier-no no se realizara a través de los trámites reglamentarios, entre otras cosas, porque éstos no permitían un rápido regreso a casa. Lo úni-co que le importaba a Rosie es que su hermana saliera de allí, y luego ya habría tiempo de discutir sobre la conveniencia de los méto-dos utilizados.

A través de un amigo, supo que en la cárcel de Zaragoza había un preso de procedencia musulmana, que había renunciado a su creencia religiosa y a su nacionalidad afgana. Rosie pasó noches enteras pensando en organizar un viaje a Afganistán, ayudada por este recluso, que tenía contactos de conocidos sicarios de su país que ayudarían, a cambio de una nada módica cantidad, a salir a María. Para ello se necesita valor y dinero. Rosie tenía lo primero, carecía de lo segundo. Fueron varios los días en los que Rosie se mostraba convencida de emprender esa peculiar hazaña que ocupaba entonces sus ilusiones. Pero por si las expectativas de éxito no eran suficientemente desalentadoras de por sí, un abogado amigo le dijo que esas cosas sólo salían bien en las películas y que la realidad era bien distinta. Rosie no se quedó muy convencida con la explicación, pero no tuvo más remedio que acatar el consejo del letrado.

Optó por encontrar a su hermana y sacarla de Afganistán por la vía legal. Quizá esta vez tendría más suerte. Volvió a llamar a decenas de puertas de importantes despachos oficiales, grandes y pequeños, locales y nacionales. Todos coincidieron en lo mismo: «Lo sentimos, no podemos ayudarla. El tema es demasiado complicado y la situación extremadamente delicada. Hay una guerra en aquel país y las posibilidades de sacar con éxito a su hermana y a sus hijos son nulas».

Rosie salía de esos despachos con más fuerza con la que entraba, porque estaba convencida de que sin la ayuda de esos señores que vestían trajes caros, se sentaban en sillones de piel, pisaban alfombras persas y ofrecían amablemente bebidas a sus interlocutores, ella sería capaz de sacar a su hermana de Afganistán. Y la impotencia que sentía ante la falta de apoyo de estas personas, que tendrían en su mano la vuelta de su hermana con un solo chasquido de dedos, le dotaba de más fuerza y más vigor para conseguirlo por sus propios medios.

Pero la puerta a la esperanza se le abrió a Rosie en una dirección hasta entonces desconocida.

15

Hacía una semana escasa que su tía de Barcelona, una de las tías que más quería y con la que más tiempo había pasado María en su niñez, le había llamado para comunicarle que ella tenía unos amigos que trabajaban de cocineros en la embajada española en Kabul. Y que ellos tenían cierta amistad con un guardia civil de nombre

José, que además de ser un estupendo profesional, era una muy buena persona.

A su tía se le había ocurrido que quizá este guardia civil podría prestarle alguna ayuda a su sobrina y orientarla en los pasos a dar para poder arreglar y formalizar su situación.

Rosie no sabía si gritar de alegría o de rabia y desesperación por no haber contado antes la historia de su hermana.

—Estos amigos míos me han pedido tu móvil, Rosie, y por supuesto se lo he dado. Dicen que han hablado con el guardia civil José y que les ha asegurado que hará todo lo posible para ayudar a María. Pero que antes quiere conocer su historia y los motivos por los que María lleva tanto tiempo sin salir de Afganistán. Y por eso quiere hablar contigo. Así que en breve te llamará, si es que no te ha llamado ya.

—No, tía. A mí nadie me ha llamado todavía. Pero no sabes la alegría que me das si esto es cierto.

—Pues claro, hija, que es cierto. Estos amigos míos son personas serias y en cuanto se han enterado de la historia de María, no han dudado en ofrecerme su ayuda.

—Ya, tía. Si no lo dudo. Pero es que ya he visto tantas cosas, tantas buenas palabras y tantas zancadillas, que una ya no sabe qué creer ni a qué hacer caso.

La llamada de la tía le había pillado a Rosie en uno de esos momentos malos. La moral la tenía por los suelos, los ánimos seguían esa misma ruta y el optimismo, más que una bandera, era una especie de losa que le caía encima cada vez que intentaba ilusionarse con alguna llamada, alguna entrevista con un político o con algún encuentro con un periodista.

Llevaba mucho tiempo alimentando falsas esperanzas y utópicas expectativas de ayudar a su hermana a salir de Afganistán, y siempre que ella creía estar cerca de conseguirlo, venía alguien que lo echaba abajo, con la misma facilidad y crueldad con la que se destroza un castillo de arena hecho por un niño en la playa. Así se sentía ella, como ese niño que después de mucho esfuerzo veía que alguien se encargaba de destrozar lo que tanto le había costado levantar y le dejaba allí, solo y abandonado, mirando los restos de su obra ahora hecha añicos.

Sin embargo, esta vez parecía distinto. Al menos no tardó en recibir esa llamada.

—¿Rosa? Mire, soy José, le llamo de Kabul. Supongo que sabe quién soy.

—Claro, José. Encantada y gracias por llamar —Rosie no pudo evitarlo, y el ansia que le impedía dormir y comer durante los últimos días quizá pudo traicionarla y la llevó a pecar de impetuosa—: ¿Va a poder hacer algo por mi hermana?

Rosie creyó adivinar a través del hilo telefónico una media sonrisa de José, que entendía perfectamente la vehemencia con la que le había formulado su interlocutora la pregunta.

—Espero que sí, Rosa. Créame que voy a hacer todo lo que esté en mi mano. Pero para eso tiene que explicarme un poco qué ha pasado y que me facilite la manera de ponerme en contacto con ella —quizá notó el guardia civil que sus palabras no habían convencido del todo a Rosie y por ello decidió añadir cierta credibilidad a su discurso, la suficiente para dotarlo de una mínima tranquilidad que hiciera que Rosie abandonara la tensión que la mantenía rígida desde hacía demasiado tiempo—. Mire, Rosa, no tengo ningún interés en mentirle. Me he enterado del caso de su hermana y quiero ayudarla.

—Gracias, José. No sabe lo que le agradezco su llamada y su sinceridad. Y perdone si me ha notado un poco fría al principio, pero es que usted comprenderá la vida que llevamos...

—Tranquila. Y si le parece, comenzamos a tutearnos. Será más fácil y amable para ambos, ¿no le... no te parece?

Rosie no tardó en poner al día al guardia civil de la situación en la que se encontraba su hermana. Al menos hasta donde ella conocía. Le contó a José todos los pasos legales que había dado para intentar que alguien le solucionara el tema de los papeles, pero nadie sabía cómo hacerlo. A Rosie le pareció curioso observar que en la mayoría de los casos, la contradicción se instalaba en las ambiguas respuestas de los interlocutores, que buscaban más salir airosos de aquel compromiso que encontrar la forma de sacar a María de su infierno. En España le decían que los papeles los tenían que conseguir en Afganistán y en esas tierras, a María le aseguraban que los trámites debían realizarse en su país de origen. Y gracias a la ineficacia de unos y a la desgana de otros, María continuaba en Kabul.

José le aseguró a Rosie que en los próximos días llamaría a María. Pero le recomendó encarecidamente que no le comentara nada a su hermana sobre su rango policial. Era preferible decir que José era un voluntario de la embajada a que era un guardia civil allí destinado, ya que podría buscarse más de un problema con sus superiores si éstos llegasen a enterarse de que ayudaba a personas fuera de su encomienda laboral y por su cuenta y riesgo. Consecuencias nada agradables.

Podía habérsela notificado mucho antes, pero Rosie prefirió asegurarse de las posibilidades reales que existían antes de crear falsas esperanzas a su hermana, y que fuera peor el remedio que la enfermedad.

El móvil de María sonó justo cuando se disponía a asear a los niños. Mientras advertía a sus hijos que se siguieran lavando ellos solos hasta que ella volviera y mientras encaminaba sus pasos al lugar donde se encontraba el móvil que no dejaba de desprender esa musiquilla que María asociaba con su hermana, María pensó en ella. Era la única persona que tenía ese número y desde luego la única que la llamaba. Quizá tendría novedades o quizá sólo era una llamada de apoyo y de cariño.

Cuando recogió el móvil del suelo y vio en la pantalla un número que le resultaba extraño, María frunció el ceño. «¿Quién podrá ser? Si nadie tiene este número. Qué raro.»

Durante unos instantes pensó en la conveniencia de responder o dejarlo sonar hasta que saltara el contestador y que quien fuese dejara un mensaje. Pero pronto desechó esta idea por absurda. «Quizá sea alguien que pueda ayudarme. No voy ahora a andarme con remilgos a estas alturas de la película.»

María se acercó el móvil a su oído y respondió entre la incredulidad y la desconfianza...

—¿Quién es?

—¿María Galera? —esperó una respuesta afirmativa al otro lado del teléfono y prosiguió el parlamento que reconoció había estado ensayando para evitar inquietar a María ante una voz desconocida de hombre—. María, me llamo José, soy un voluntario de la embajada de España. Me ha dado su número de teléfono su hermana Rosa.

—¿Rosa le ha dado mi número de teléfono? Pues no me ha dicho na... —María tardó en acordarse de la llamada de su hermana en la que le hablaba de un chico que trabajaba en la embajada española y que podría echarle una mano—. ¡Ah sí, José! Perdona, es que me has pillado con la cabeza en otro sitio. Claro que mi hermana me habló de ti. Pero, sinceramente, no creí que me fueras a llamar tan pronto. Es que prefiero no hacerme muchas ilusiones, ¿sabes?

—Lo comprendo. No te preocupes. María he pensado que quizá podría acercarme a tu casa para conocer algo más tu historia y ver en qué te puedo ayudar. Si necesitas algún alimento, o algo de ropa, algún permiso especial... No sé. ¿Vas a estar en casa esta tarde?

—Sí, claro, no pensaba salir. Si te parece bien, nos podemos tomar un té aquí en casa. Además esta tarde estará mi marido, Nasrad, y así le puedes conocer. Si quieres te dejo mi dirección y te acercas cuando quieras.

—Estupendo. Allí estaré, María. Hasta esta tarde.

—Adiós, José. Y gracias.

16

La entrada de José en la vida de María fue prácticamente milagrosa. En cuestión de semanas, María iba siendo testigo de cómo las infinitas trabas que le habían puesto a ella para obtener cualquier tipo de papel o documentación cuando acudía a las embajadas en busca de ayuda no existían o simplemente desaparecían cuando era José quien iniciaba cualquier trámite burocrático.

Aquel guardia civil, oculto bajo el disfraz de secretario voluntario de la embajada de España, se convirtió en un verdadero ángel de la guarda para María, que nunca conoció la verdad sobre la profesión de José.

Sentía como si aquel hombre conociera más cosas de ella que las que ella misma le había contado y confesado en sus numerosas conversaciones. Porque José también se había convertido en un confesor, en alguien en quien María podía depositar sus anhelos, sus deseos, sus dudas y sus temores sin que el miedo a una posible traición incubara en su interior. José conocía perfectamente lo que ocupaba los sueños de María: salir de aquel país, junto a sus hijos y a su marido. Los cuatro juntos regresando a España. Ése era el único deseo de María, que, sin embargo, veía de difícil consecución por la falta de papeles, por la ausencia de dinero y por las fuertes tradiciones afganas que no permitían a la mujer tomar sus propias decisiones. María temía que sus hijos, al haber nacido en Afganistán, no tendrían la misma facilidad de poder salir de aquel país que si hubiesen nacido en España o en cualquier país europeo. Eso les facilitaría su salida, es más, podría garantizársela si algún día se lograse conseguir el dinero. Pero ni una cosa ni la otra eran posibles a través de los ojos de María, y prefería no perderse en elucubraciones que, a la larga, le supondrían más sufrimiento que alegrías.

José se había convertido en la persona de confianza de María en Kabul. Y a María le daba la impresión de que siempre iba dos o tres pasos por delante de ella. Antes de que pudiera confirmar cualquier dato sobre su persona, José ya lo sabía y lo había utilizado. Y así era realmente. No era una impresión de María, aunque ella desconocía la naturaleza de esta sabiduría innata de su ángel de la guarda. José había alcanzado esa posición privilegiada en la vida de María gracias a la información que iba obteniendo de Rosie, pero María no lo descubriría hasta más tarde. De lo contrario, hubiese podido arruinar los planes de salida que tanto José como Rosie estaban ideando a espaldas de María por su propia seguridad.

Un día, José recibió una llamada en la que pudo escuchar que la voz de María evidenciaba un estado de histerismo tal que incluso a José le costó reaccionar. Las palabras se le agolpaban en la boca y lejos de cualquier pronunciación audible y coherente, las palabras de María eran un batiburrillo de sonidos, gritos y llantos que a José le costaba seguir y entender.

María estaba todavía en estado de *shock* por lo que acababa de presenciar hacía tan sólo unos minutos en una de las calles de Kabul. Se sentía incapaz de asimilar la imagen que permanecía anclada en su retina y de la que difícilmente se desprendería por muchos años que viviera y por mucho horror que conociera durante los años que le restaran de existencia.

Su nerviosismo, jadeante y continuo, hizo temer lo peor a José, que escuchaba atónito al otro lado del auricular, sin posibilidad de calmar a María. No sabía cómo intentar dar forma al cúmulo de sollozos, lamentaciones y quejidos que le dispensaba María. «¡Niño, muerto, en calle! ¡Fueron ellos, Dios mío, Díos mío!»

José sostenía con fuerza el auricular mientras sentía que su rostro adquiría una extraña rigidez que le obligaba a mantener los ojos más abiertos de lo habitual. Intentaba encontrar algún sentido en las palabras que María iba escupiendo sin lógica alguna aparente. Pero no lo tenía nada fácil.

—María, necesito que te tranquilices. De lo contrario no voy a poder ayudarte. ¿Entiendes lo que te estoy pidiendo? —José dio gracias a Dios por ser un hombre educado y templado al que difícilmente se le podía ver perder los nervios. Esa virtud le hacía no evidenciar un estado de ánimo alterado que podría complicar aún más las cosas—. Ahora cuéntame qué ha pasado. Sea lo que sea, ya sucedió, María. Ahora toca calmarse y dejarme escuchar lo que te ha pasado.

María sintió que después de escuchar y asimilar las palabras de José, su respiración se sosegaba, el temblor generalizado que se había apoderado de su cuerpo iba apaciguándose, y el hipo que la dominaba desde hacía casi 45 minutos se tornaba casi imperceptible. No sabía muy bien si sería capaz de revivir todo lo que había sucedido ante sus ojos y los de su familia, pero lo intentaría.

Y María comenzó a recordar.

—Habíamos salido a comprar algo de aceite y de pan. Hacía buen día, así que decidimos llevarnos a los niños porque llevaban muchos días sin salir de casa y quería que les diera el aire, el sol.

María recordaba que había mucha gente en la calle, porque ese día era un día de compras en Kabul. Recorrieron con los niños los diferentes puestos donde solían vender de todo y de todos los colores, algo que siempre conseguía sorprender a Abdulah y a Nuria.

—Pasamos por un puesto de dulces y los niños nos pidieron que les compráramos uno. No solemos hacerlo porque es un gasto que no nos podemos permitir, pero Nasrad consideró que tampoco pasaba nada si un día les dábamos a los niños un capricho. Eran dulces de almendra y miel. A Abdulah le encantan y sólo por verle sonreír y la cara de ángel que se le queda cuando se los entrego, merecería la pena comprarle uno todos los días.

María había hecho una pausa. Notaba cómo el momento que no quería recordar iba llegando, y que tendría que trasladarlo a palabras, y le daba pánico. Pero, aun así, prosiguió.

—Mientras mi marido pagaba aquellos dulces, desvié la mirada hacia la plaza y pude ver que entre mucha otra gente, había un niño, de la edad de Abdulah, jugando con una pistola de mentira, un juguete que incluso puede que se lo hubiese hecho su padre o su hermano mayor. Estaba jugando solo, él y su pistola en la mano. Y de repente llegó un soldado. Pude ver claramente cómo se encaminaba hacia el niño, decidido, con paso firme, y sin abrir la boca ni mediar palabra, echó mano de una de sus armas, la dirigió a la cabecita del niño... ¡y disparó!

María iba recordando cómo la gente que se encontraba cerca

del niño en aquel momento abrió el círculo, y movida por el horror y el miedo, corrió hacia otro lado, en dirección contraria de donde se encontraba el cadáver del niño. Algunos se quedaron viendo al niño, quien yacía muerto en medio de un gran charco de sangre que le brotaba de su pequeña cabeza. El militar que le había disparado volvió a meter su arma en uno de los huecos habilitados para ello en su cintura, y se fue.

Cuando otro de los militares se acercó a preguntarle qué había pasado, el despiadado ejecutor le respondió, con la misma frialdad con la que había apuntado segundos antes a la cabeza del niño, que aquel crío le estaba apuntando con una pistola que tenía en la mano, y que el militar ejecutor no podía saber si aquel arma era de verdad o de mentira, por lo que había decidido disparar. La respuesta pareció del agrado del compañero, y ambos decidieron marcharse de aquel lugar.

El cuerpo sin vida del pequeño siguió durante bastante tiempo tirado en el suelo, yacía inmóvil, en la misma postura en la que cayó, con la pistola de juguete, que manejaba antes de recibir el disparo mortal, a escasos centímetros de sus pies. Nadie se atrevió a tocarlo, nadie se acercó aunque sólo fuera por saber si seguía vivo o muerto, por temor a enfadar a los militares y recibir cualquier tipo de represalias por su parte, como le había sucedido a aquel niño.

Pasados unos minutos, cuando los curiosos habían decidido abandonar su lugar privilegiado como testigos oculares, un hombre de mediana edad, con el rostro desencajado y totalmente lívido, se acercó al niño, a su hijo de cuatro años, lo cogió en sus brazos, dijo unas palabras inaudibles, al menos para los allí presentes, y dirigió la mirada a los militares que habían permitido semejante ejecución, que observaban inmutables la imagen, sin ningún interés y con bastante desprecio. Por un momento, se temió la peor. Pero aquel hombre se levantó con su hijo en brazos, se dio media vuelta y se perdió entre la gente. Sólo Dios sabe lo que se le pasó a ese hombre por la cabeza mientras llevaba a su hijo muerto en los brazos.

María miró a su hijo Abdulah. Todavía no le había dado tiempo al pequeño a disfrutar de ese manjar inesperado que supuso para él la compra del dulce de almendras y miel. Y no pudo evitar pensar qué hubiese pasado si en vez de un dulce, a su hijo se le hubiese antojado un juguete en forma de pistola y como aquel niño que ahora regresaba muerto en brazos de su padre, se hubiese ido a jugar a la plaza. Y a María le sobrecogió un malestar en forma de ansiedad que le iba superando por momentos.

Por suerte, sus hijos no habían visto la escena. Nasrad se había encargado de distraerles. Eran conscientes de que algo había pasado, porque se vivía crispación y tensión, pero sus ojos no lograron ver nada.

—¿Qué pasa, mamá, qué pasa, papá?

—Nada, hijo, nada. Agarra bien tu dulce, no se te vaya a caer al suelo, y vámonos. María —dijo Nasrad dirigiéndose a su mujer—, vámonos ahora mismo de aquí.

A María todavía le dolía todo aquello y más cuando se lo tuvo que relatar a José. No había logrado asimilarlo ni dejarlo abandonado en algún lugar de su mente como hubiese sido su deseo. Pero volvió a la realidad. Tenía a José al otro lado del teléfono y tenía claro lo que quería decirle.

—José, nos tienes que ayudar a salir de aquí. José, te lo pido por favor. No lo soporto más. Ese niño podría haber sido mi hijo, y lo puede ser mañana. Y yo no quiero que eso ocurra. José, por favor, si puedes realmente hacer algo por mí, hazlo ahora y sácame de aquí.

—María, tranquilízate, y no me digas estas cosas por teléfono. Quédate en casa hasta que yo te vuelva a llamar. No salgas, con nadie, ni con tu marido. ¿Me oyes? Con nadie. Espera mi llamada. Te juro que te llamo lo antes posible. ¿Me has entendido?

María hacía mucho que no escuchaba jurar a nadie. Y le sorprendió. Le sorprendió gratamente, no supo por qué. Y decidió aceptar las condiciones que le decía su ángel de la guarda.

—Está bien, José. No saldré de casa. Esperaré a que me llames. Pero no desaparezcas sin más. Antes prefiero que me lo digas y seas sincero conmigo. Después de todo lo que hemos pasado, no podría soportar una nueva decepción. Y menos proveniente de tu persona.

La voz de María se había tornado seria y digna, incluso había adoptado un cariz de frialdad que contrastaba con los lamentos aterradores que proferían sus cuerdas vocales minutos antes.

—No voy a desaparecer. Confía en mí, María.

José pronunció estas palabras poniendo un especial énfasis en cada una de ellas, como queriendo más que consiguiendo tranquilizar a María.

—Siempre lo he hecho —afirmó fríamente María.

17

Transcurrió más de una semana y José no había llamado a María. Se temió lo peor, pero curiosamente, y lejos de lo que se imaginó en los primeros días cuando su otrora ángel de la guarda no realizó la ansiada llamada de teléfono, no sentía ni odio ni rabia, ni siquiera se encontraba débil ni decepcionada ante el silencio de José. Sencillamente aceptaba éste tal y como le venía. «Si no llama es porque no tendrá nada que decirme. Y quizá sea mejor así.»

María había aprendido con una facilidad asombrosa a aceptar los embistes del destino tal y como le venían dados. Y este que estaba aguantando prometía ser uno de tantos.

Sin embargo, no había rencor ni animadversión contra José. Ni un solo rastro de resentimiento. La nada absoluta. María había dejado sencillamente de confiar en las personas y había decidido aceptar su destino y su nueva vida. Sería en Kabul, como mujer afgana, sus hijos se criarían como tales, y su marido trabajaría para sacarles a todos adelante. Cualquier futuro mejor pasaría por Kabul. No cabía pensar en otro horizonte mejor y más lejano. Se acabaron los sueños. La cruda realidad pesaba demasiado. Y María había decidido aguantar ese peso y llevar la carga con resignación y dignidad. Al menos, eso le quedaría.

La ola de pesimismo que asolaba el corazón de María se rompió delicadamente con el timbre de su teléfono móvil. Por un momento, María pensó que podría ser José, que al fin y al cabo, daba señales de vida y aparecía de nuevo para volver a proyectar algo de esperanza en su vida. Pero se equivocó. Era su hermana Rosie la que parpadeaba en la pantalla de su móvil esperando que su hermana apretara el botón oportuno para iniciar la conversación.

—¿María?

—Sí, Rosie, ¿qué hay?

—¿Te ha llamado José? ¿Le has visto?

A María le extrañó la premura de su hermana interesándose por José, sin dedicar siquiera un minuto a preguntarle por sus niños, por ella, en definitiva, de interesarse por su estado de ánimo, como solía hacer siempre que llamaba. Pero aquella vez, el único interés que mostraba Rosie era si había recibido esa llamada de José.

—Pues no. No me ha llamado José. Hace bastantes días que no sé nada de él. Y me temo que no volveremos a verle, Rosie. Es mejor que nos acostumbremos.

—¿Pero qué tonterías dices, María? No te habrá llamado porque está ocupándose de algo muy importante que no te puedo decir. María, no digas tonterías y espera a que te llame José. Y cuando lo haga, haz lo que él te diga. ¿Estás escuchándome? ¿Lo estás entendiendo?

María no acertaba a comprender por qué tanto secretismo. ¿Qué era aquello tan importante que estaba haciendo José y que su hermana no podía compartir con ella? ¿Por qué no la había llamado en todo este tiempo cuando le rogó que lo hiciera lo antes posible? ¿Y por qué su hermana le decía que no dijera tonterías?

María llegó a pensar durante un momento que estaba bajo los efectos de algún producto alucinógeno que le impedía pensar con claridad. O eso, o que alguien le estaba organizando su vida a sus espaldas sin que ella tuviera conocimiento ni derecho a decidir nada.

—María, ¿que si me estás escuchando? ¿Me entiendes, hermana?

—No, Rosie. No te entiendo nada. ¿Qué voy a entender si no me explicáis qué es lo que pasa? Es algo complicado, ¿sabes?

—Mira, María. José te va a llamar en cualquier momento. En cuanto pueda. En cuanto termine de hacer... Mira, María, ya lo entenderás. Tú espera tranquila. Confía en mí.

Era la segunda vez en pocas semanas que alguien le pedía que confiara en él. El primero fue José, y después de pronunciar esa frase, desapareció de la vida de María sin dejar huella ni mediar explicación. Ahora era su hermana quien lanzaba la súplica: «Confía en mí». María pensó que su hermana no le podía fallar. Y quizá José tampoco.

—Está bien. Espero, Rosie. De todas formas, no hago más que esperar desde hace muchos años. Qué más da un poco más, ¿no te parece?

María se comprometió a la espera sin mostrar ningún tipo de entusiasmo, lo que sorprendió bastante a Rosie.

—Hija, qué rara estás. No sé qué te pasa. Lo dicho. Estate tranquila, María. Ya te volveré a llamar yo. ¿De acuerdo?

—De acuerdo, Rosie. Un beso. Adiós.

18

La llamada de José se produjo. Fue el día menos pensado, cuando ya María ni se acordaba o, al menos, hacía todo lo posible para no recordar los «confía en mí» de su hermana y del propio José. Aquella mañana, María oyó el timbre de su teléfono móvil y al otro lado la voz de José. Por unos segundos dudó de que se tratara de él. Hacía tanto que no escuchaba su voz que le costó ajustarla y hacerla coincidir con lo que su memoria tenía almacenado. Pero sin duda, era José. Por fin la había llamado. Tenía noticias que estaba deseando comunicarle pero no podía ser por teléfono. Quedaron en encontrarse lo antes posible, pero cuando María le propuso acercarse a su casa, José desechó la idea rápidamente, antes de que María pudiera insistir en que quizá sería lo más seguro para ambos. Pero José insistió en verse en otro lugar, y al final, convenció a María. Lo que terminó de desconcentrarla, porque era algo que no esperaba, fue la petición de José de que no dijera nada a su marido. María no entendió la razón de ese requerimiento. Le resultaba difícil, además de desagradable, ocultarle nada a Nasrad. Pero sin saber muy bien por qué, lo hizo. Acudió al encuentro de José, llevándose a su hijo pequeño, porque ya sabía María que salir a la calle sin compañía masculina era poco menos que un suicidio.

El tiempo que empleó María en recorrer el trayecto hasta el lugar donde había quedado con José lo empleó para pensar en lo que le diría cuando le tuviera en frente. Mil preguntas, que escondían otros tantos reproches, se le fueron agolpando en su cabeza hasta que desistió de seguir amparándolas porque las sienes se resentían y a punto estaban de estallar.

Cuando María llegó al lugar designado para el encuentro, no tuvo ningún problema en reconocer a José. Se acercó a él y cuando llegó a su altura, se paró. Veía a José, que intentaba cerciorase de que debajo de ese burka estaba efectivamente María, porque ni una palabra había salido a través de aquella tela azul. María se olvidaba de que la gente del exterior no la veía a través del burka y tardó un tiempo en darse cuenta de que su identidad estaba oculta y que era normal que José dudara. José no era Nasrad, que conocía a María por sus zapatos y por sus andares.

—Hola, José.

—Hola, María —José bajó la mirada hasta detenerla en Abdulah, que llevaba un rato mirándole fijamente sin decir nada—. ¿Éste es tu hijo? Pues me alegro de conocerte, caballero.

Abdulah dejó actuar a su timidez y se escondió detrás de su madre, sin perder de vista a aquel hombre que le decía algo que no entendía muy bien.

—¿No habla español? —le preguntó José a María.

—Todavía no le ha dado tiempo. Y sobre todo, tampoco ha tenido la oportunidad, como sabrás, José.

María supo, sin entender la naturaleza de esta decisión, que la retahíla de reproches que traía almacenada en su cabeza y que le había ido calentando e irritando desde que salió de casa no iba a escucharlos José jamás. Al menos, no en aquel momento.

Se sentaron en la mesa donde José había estado esperando a María tomándose un té. María aceptó la invitación y decidió consumir lo mismo. No se retiró el burka ni siquiera de la cara, como habían hecho todas las mujeres que estaban sentadas a su alrededor, distribuidas por las distintas mesas que ofrecía aquel lugar, que aparentaba ser una cafetería. No entendió por qué los hombres y las mujeres no estaban separados consumiendo sus bebidas, y José le explicó que aquel lugar era para extranjeros, estaba en terreno diplomático y que no se preocupara por nada, que allí estaban a salvo. Sin embargo, María prefirió no retirarse el burka.

—Te preguntarás por qué no te he llamado antes.

—Mi hermana Rosie me dijo que estabas ocupado en algo muy importante. Pero no me quiso decir en qué.

—Es culpa mía. Yo mismo se lo pedí, casi se lo exigí a tu hermana, que se ha portado de la manera más inteligente. ¿Quieres más té?

María no aguantaba más. Quería saber lo que estaba pasando y lo quería saber ya. Era tanta la presión y los nervios que estaba soportando que la ansiedad se manifestó en forma de calor insoportable bajo el burka. Cuando se sintió al borde de la asfixia, María se levantó el burka con delicadeza, miró a José e inclinándose levemente sobre la mesa le preguntó.

—José, ¿para qué querías verme? ¿Qué tienes que contarme? ¿Y por qué no querías que viniera con mi marido? Lo hubiese preferido, la verdad. Esto nos puede acarrear algún problema. Tú lo deberías saber mejor que yo.

—María, no te enfades, pero no me fío de tu marido —cuando José vio la cara que se le quedó a María al escuchar aquella confesión, comprendió que tenía que ser algo más explícito en su acusación—. Entiéndeme, María. Yo te conozco a ti. Conozco tu historia, sé las ganas que debes de tener de salir de este lugar, y de llevarte a tus hijos contigo. Sé que tienes una familia que te está esperando en España y que nunca sabrás lo que está haciendo tu hermana Rosie para sacarte de aquí. Todo eso lo sé. Pero no sé nada porque nada me han podido contar de tu marido.

José decidió adoptar un tono de voz más intimista y sin dejar de mirar a María, utilizó un habla más pausada, enfatizando algunas de las palabras que iba pronunciando, las que él preveía que podrían llegar a enfadar a su interlocutora.

—María, yo desconozco el tipo de relación que mantienes con tu marido. No sé si te tiene amenazada, no sé si vives bajo presión, no sé si como en la mayoría de los matrimonios aquí en Afganistán, el marido emplea toda la violencia que le viene en gana sobre sus mujeres. No sé si tus decisiones están coaccionadas por él, no sé si ejerce algún tipo de mal sobre ti. No sé nada, María. La única manera que tengo de saberlo es que tú me lo cuentes, porque no sería el primer caso de estas características que me encontraría. No sé si estás entendiendo lo que te estoy intentando decir. Espero que sepas que es mi obligación hacerte estas preguntas y alcanzar ese conocimiento si lo que intento es sacarte de este país.

María no podía encontrar sentido a las palabras de José. Sabía que todo aquello que le estaba contando no salía de su imaginación, pero María se negaba a que alguien pudiera sospechar que Nasrad no estaba comportándose adecuadamente con ella y con sus hijos y no podía permitir que nadie lo pusiera en duda.

—José: creo que ya te lo he comentado alguna vez, pero como veo que no te ha quedado claro, lo haré de nuevo. Mi marido me apoya. Me ayuda. Me reconforta. Es mi amigo, mi compañero, mi confidente. Es la persona por la que daría la vida y por quien he estado a punto de darla. Está conmigo, y si no llega a ser por él, haría mucho que yo no estaría en este mundo —María paró para seguir, intentando dotar de más emoción a sus palabras—. José, estoy locamente enamorada de mi marido. Y él de mí. Y no sé cómo demonios te voy a poder explicar o demostrar lo que te estoy diciendo. Soy incapaz de hacerlo. Si tú me explicas cómo se puede dar fe de esto, dímelo y lo haré. No puedo demostrar a estas alturas lo que es el motor y la razón de mi vida. Y no sé cómo te puedo convencer de que esto es así. José, no sé cómo puedo hacerlo. A no ser que me ayudes.

—María, no sólo te voy a ayudar, sino que llevo haciéndolo mucho tiempo. Y te he traído alguna prueba de ello, porque yo sí puedo demostrártelo. Yo sí puedo dar fe de que te estoy ayudando.

En ese momento, José tanteó posibles presencias no deseadas o sospechosas a su alrededor, mientras se introducía la mano en uno de sus bolsillos. María siguió toda la operación con la mirada, sin perder detalle. El corazón le iba a mil por hora y su curiosidad a punto estuvo de jugarle una mala pasada, cuando el exceso de atención hizo que de sus manos se le cayera la taza que sostenía. Después del atronador ruido que hizo la taza al chocar contra la mesa, vio como la mano derecha de José portaba unos papeles. María se quedó mirándolos y buscó en la mirada de José la explicación de aquello que acababa de poner sobre la mesa.

—Es tu pasaporte, María. Ya lo tienes. Aquí está el papel con el que tanto has soñado desde que llegaste a Afganistán. El primer peldaño de la escalera que te conducirá a tu libertad. ¡Vamos, María! Cógelo.

José se quedó un buen rato mirando a María, y le satisfizo sobremanera la expresión que en esos momentos reinaba en su rostro. Se había convertido en otra persona en milésimas de segundo. Y decidió alargar e intensificar aquel momento con otra noticia.

—Pero hay algo más, María. He conseguido algo más, aunque no se lo vas a poder decir a nadie, de momento. Y mucho menos explicar de dónde proceden.

José se volvió a meter la mano en el bolsillo y extrajo de nuevo unos papeles. Eran la razón de su tardanza, el motivo por el que esa llamada que tanto anheló María en semanas anteriores no se produjera.

—Tus hijos son españoles. Aquí tienes la prueba.

María comenzó a escuchar con claridad los latidos de su corazón. O al menos eso fue la impresión que tuvo en esos momentos. Acarició aquellos documentos que José acababa de entregarle y que representaban el mejor regalo que sus hijos podían tener: la nacionalidad española. Un regalo que les duraría de por vida y que incluso podría salvársela en más de una ocasión. La nacionalidad española. Gracias a aquellos papeles y a la providencial mediación de José, sus hijos eran españoles, lo que había deseado María desde que supo que estaba embarazada del primero y por lo que lloró noches enteras después de cada parto.

Los dos pequeños habían nacido en un pueblo perdido de Afganistán y nadie se había molestado en escribir los nombres de aquellos dos niños en ningún papel oficial. Era una práctica habitual en aquel país, sobre todo para ahorrarle complicaciones futuras a los hijos, temiendo que el ejército les requiriese cuando aún fuesen unos niños para unirse a sus filas camino de una muerte segura y dejando a sus familias sin recursos, y sin posibilidad de adquirirlos, en el caso del varón. En el caso de las niñas, ni siquiera se molestaban en ocultarlo. Las niñas crecerían, se convertirían en mujeres y se las condenaría a un encierro en vida bajo un burka. ¿A quién le interesaría cómo se llamaba y cuándo nació aquel bulto sospechoso que deambulaba bajo un burka?

—José, ¿cómo lo has conseguido? ¿Cómo has logrado... cómo? Yo... —María no podía evitar balbucear. La situación había logrado superarla.

—Eso no importa ahora, María. Lo primordial es lo que te voy a contar ahora. Presta atención porque es muy importante que entiendas lo que vas a tener que hacer inmediatamente.

José aspiró una última calada a su cigarrillo antes de apagarlo de aquella manera tan ritual como solía hacerlo, algo que siempre había llamado la atención de María, y había alimentado su curiosidad sobre el porqué de aquella manera de oprimir la colilla sobre el cenicero.

—María, tienes que cogerte a los niños y a tu marido e irte de tu casa. Viviréis en un hotel —José se sacó otro papel del bolsillo, esta vez en blanco, y un bolígrafo con el que escribió sobre la hoja un nombre—. Éste es el nombre de hotel donde a partir de ya debéis trasladar vuestro domicilio. O para ser más exactos, el tuyo y el de tus hijos. Aunque supongo que después de lo que me has dicho, querrás ir con tu marido.

María asintió con la cabeza, aunque no pronunció una palabra.

—Una vez instalados allí, es preferible que salgáis al exterior lo menos posible, aunque esto no quiere decir que el hotel vaya a ser una cárcel. Pero cuanto menos tientes a la suerte y menos provoques el peligro, mejor. Yo te avisaré cuando todo esté listo.

—¿Qué es todo, José? ¿Por qué no dejáis de hablarme como si todo esto fuese una operación de alto secreto?

—Tu vuelta a casa, María, con tu familia, con los tuyos. A Mallorca. Deberás esperar en el hotel a que yo te llame y tenerlo todo preparado para poder salir del país sin mucho tiempo de antelación. Tienes que estar lista para viajar en cualquier momento, María. Tú y los niños —ahora el que parecía estar nervioso era José—. Ah, y no es una operación de alto secreto, pero sí requiere de ti la máxima discreción. Y como puede que no seas capaz de tenerla, prefiero que sigas en la ignorancia. El no saber te puede salvar la vida. Y la de tus hijos.

—¿Y mi marido, José? En estos papeles no están los de Nasrad. ¿No podrá venirse con nosotros?

—Yo no puedo hacer nada por tu marido. Él es afgano, y para salir del país, y más en estos momentos, en los que el terrorismo internacional es la gran amenaza, necesita que sea su propio país el que le dé permiso oficial. Tu marido tiene la documentación pero no el visado. Y sin visado, no puede salir. Además, ningún país europeo se puede arriesgar en estos momentos a conceder la entrada en su país a alguien de origen musulmán. No hará falta que te recuerde el 11 de septiembre en Nueva York.

—¿Y qué tiene que ver mi marido en eso?

—Nada. Pero explícaselo tú a las embajadas y al departamento de inmigración de los gobiernos occidentales. María, creo que ahora tu menor problema es que tu marido pueda salir. Debes intentarlo tú y los niños. Él se reunirá contigo cuando pueda. Lo difícil es lo tuyo. Él sólo tiene que esperar a que le concedan un visado.

María miró a su hijo, que llevaba un buen rato mirando a su madre y a aquel señor, y comprendió que José tenía razón. Era preferible y necesario que primero salieran ellos del país y su marido se reuniera con ellos más tarde. Ésa era la única solución que en esos momentos había. Pero le inquietó otra duda.

—Pero, José, ¿cómo voy a salir de este país? No tengo dinero, no puedo comprar los billetes de avión, eso me supondría años y años de trabajo y ni aun así lo conseguiría. ¿Quién se va a hacer cargo de ello?

A María se le amontonaban las preguntas.

—Por eso no te preocupes, María. Son detalles. Pero por si te quedas más tranquila, te diré que es la misma persona que pagará el hotel el tiempo que estéis en él, hasta que puedas viajar a tu país. La misma persona que me ha estado mandando dinero a mí y no a ti, por miedo a que alguien pudiera arrebatártelo sin tú quererlo o saberlo, y que volvieras a desaparecer sin dejar ni rastro, como siempre. Esa persona es tu hermana Rosie. ¿Quién va a ser, María?

—Rosie... Rosie... ¿Pero ella puede hacerse cargo de todo el dinero que puede costar esto? Eso es imposible, José, aquí debe de haber un error. Mi hermana no tiene dinero para pagar todo esto.

—Tu hermana ha pedido un crédito para poder sacarte de Afganistán y le ha costado mucho esfuerzo. Lleva gastados 6.000 euros, o para que me entiendas, María, un millón de pesetas, que ya sé que no estás tú muy acostumbrada a la moneda europea —José se impacientaba por momentos y decidió acabar con tanta explicación—. Lo importante, lo que realmente tienes que entender, es que esta misma tarde os trasladáis al hotel. Llevad sólo lo imprescindible y no contéis a nadie vuestras intenciones. Nadie debe conocerlas porque cualquiera, quien menos te lo esperas, puede traicionarte y romper todos tus planes. Y sobre todo, y muy importante: soy yo el que llamaré. Tú a mí no. No debes decirle a nadie que has visto estos pasaportes ni mucho menos que he sido yo quien te los ha conseguido. ¿Puedes entender lo que te estoy pidiendo, María?

—No te preocupes, José. No pienso meter la pata. Ni mucho menos fallarte. Ahora soy yo la que te pide que confíes en mí.

Cuando se despidieron, María tuvo que hacer muchos esfuerzos para que nadie notara ni sospechara el motivo de su estado de excitación repentina. Agradeció que la distancia entre aquel lugar donde había quedado con José y su casa fuera generosa, lo que le dio un tiempo extra para pensar y meditar la mejor forma de contárselo todo a Nasrad.

Cuando por fin llegó a casa, su marido percibió enseguida que algo sucedía. Ante los demás podía disimular, ante los ojos de Nasrad, lo tenía más complicado.

19

María intentó relatarle a su marido todo lo que le había sucedido en su cita con José. Omitió algún detalle, en especial, todo lo referente a la desconfianza que hacia él sentía José. Pensó que no era necesario ni sería positivo para sus planes de futuro. Después de narrarle la historia completa, Nasrad comprendió que aquello era lo mejor para todos, y no tardaron ni un segundo en preparar el poco equipaje que, como le había recomendado José a ella, deberían llevarse al hotel. En apenas dos horas, María, Nasrad y los dos niños entraban por la puerta del hotel designado. Allí estaba ya todo listo.

Algo más de un mes estuvieron alojados en la modesta y poco acogedora habitación de hotel. No podían negar que se sentían extraños, como si se estuvieran escondiendo de algo. Había días donde la espera se hacía eterna. José no llamó durante todo ese mes largo de estancia. Tan sólo realizó una llamada a María el mismo día del ingreso para asegurarse de que todo estaba bien. A María le hubiese gustado llamarle, pero le había dejado bien claro que eso sería negativo para todos.

Las pocas veces que María y su marido salieron del hotel, María tenía la sensación de estar siendo observada. Quizá era fruto de una paranoia suya, pero podía notar que alguien le seguía los pasos, como si alguien no perdiera detalle de lo que hacía y de sus movimientos. La situación la incomodaba, y cuando se lo dijo a su marido, éste no dudó en recomendarle que se relajara y que lo más seguro es que todo aquello fuera una reacción lógica de la ansiedad que tenía esos días esperando una llamada que la sacara de aquel país. María le hizo caso y procuró relajarse. Pero durante todo el mes que estuvo en el hotel, no pudo quitarse de la cabeza la idea de estar siendo vigilada muy de cerca.

Sí le extrañó que cada vez que saliera del hotel, o cuando se asomaba a las ventanas para ver el transcurrir diario y rutinario de las calles de Kabul, su mirada encontrase siempre algún rostro conocido y que, casualmente, correspondía a los amigos de José. Pero no pensó ni por un momento que José pudiera estar vigilándoles, más bien lo entendió como una simple casualidad y pensó que Kabul no sería tan grande. «Bueno, la verdad es que realmente no sé si Kabul es o no muy grande. Casi no la conozco.»

Un día notó cierta agitación en el hotel. Escuchaba mucho movimiento en los pasillos de personas que iban y venían, incluso muchas de ellas corrían arriba y abajo, y se intranquilizó. Tentada estuvo de abrir la puerta de su habitación para ver lo que realmente sucedía, pero el miedo y la precaución le aconsejaron que no lo hiciera. De repente, el teléfono móvil de María sonó y le faltó tiempo para ir a cogerlo. Era José, y María respondió pensando que su hora de partida estaba cerca.

—María, ¿eres tú?

—Claro, José, claro que soy yo. ¿Quién va a ser si no? ¿A quién estás llamando si no?

—¿María, estás bien, te encuentras bien? ¿Está tu marido contigo?

—Sí está conmigo. Bueno, ahora ha salido. Pero está conmigo siempre. ¿Por qué, José? ¿Qué pasa? ¡Dime!

—¿Seguro que estás bien? María, nos han notificado que una chica que responde a tus características ha sido secuestrada y está siendo retenida en ese hotel por un hombre. Nos han comunicado que la chica es italiana, pero puede que el acento les haya confundido. No creo que un afgano distinga muy bien el español del italiano. Mira, lo siento, pero me quedo más tranquilo si pasan algunos compañeros míos a verte.

—José, no es necesario. Te digo que estoy bien. Aquí, con los niños. Y no vuelvas con lo de mi marido. Yo estoy aquí esperando que tú me llames, y Nasrad no me tiene retenida contra mi voluntad. A ver si te lo metes en la cabeza. Por cierto, ¿sabes algo de cuándo saldré?

—No, María. No lo sé. Pero será pronto. Muy pronto. Estate preparada, ya lo sabes.

—Lo estoy. Gracias, José. Adiós.

No había terminado de colgar el teléfono cuando alguien llamó a su puerta. María se extrañó. No esperaba a nadie. Nasrad estaba fuera y tenía llave, por lo que no podía imaginar quién podría ser el que llamaba a la puerta. Unas voces fuertes que lograron asustarla la sacaron de dudas.

—Señora, abra la puerta. Somos de la gerencia del hotel. Abra, o entraremos nosotros con la llave maestra. Abra, por favor. No le va a pasar nada. Es sólo para comprobar algo. No tema.

María miraba aterrada a la puerta, y alternaba esta visión con una atropellada mirada a los niños. No sabía qué hacer. José le había dicho que no dijera a nadie que se encontraba hospedada allí. Por lo que no entendía quién podía saber que ella y sus hijos se encontraban alojados en aquella habitación. Mientras pensaba en todo aquello, vio que la puerta se abría. A la misma velocidad se abrieron sus ojos mientras que corría a coger a sus hijos.

—No tema, señora. No le vamos a hacer daño. ¿Está usted sola con los niños o le acompaña alguien más?

María no contestaba porque el hablar, así como el resto de sentidos, se había quedado paralizado. No entendía qué hacían aquellos hombres entrando en su habitación ni por qué le preguntaban a todas horas si estaba o no sola.

Uno de aquellos señores se adelantó al resto y se acercó a María.

—Soy amigo de José. Me llamo Miguel —el hombre le extendió la mano a María, pero no obtuvo respuesta. María seguía sin reaccionar—. No pasa nada, María. Sólo estamos comprobando que tú no eres la italiana que está retenida en este hotel por un hombre. Eso es todo. Creo que has recibido la llamada de José diciéndote que se quedaba más tranquilo si nos personábamos aquí sólo para asegurarnos de que estás bien. Y lo estás. Mira, ahora nos vamos como hemos venido, y tú te quedas tranquila con tus hijos. Perdona que hayamos entrado así, pero no nos quedaba más remedio. Necesitábamos comprobar que estabas bien. ¿De acuerdo?

Esta vez Miguel tuvo más suerte y obtuvo una tímida afirmación con la cabeza que pudo hacer María, no sin gran esfuerzo.

Cuando los hombres salieron de su habitación, pudo relajarse. Miró a sus hijos, que seguían jugando en el suelo, y agradeció que fueran lo suficientemente pequeños para no haber entendido nada. Cuando su marido volvió, María decidió no contarle nada. No quería preocuparle ni inquietarle. Además, cuanto más tiempo pasaban en ese hotel, más raro le encontraba. María sabía que su marido estaba contento, pero no podía evitar cierto halo de tristeza al saber que su mujer y sus dos hijos pronto partirían hacia España y él se quedaría en su país, sin poder acompañarles. Y eso, para un hombre como él, no era fácil. Ni estaría bien visto por la comunidad.

20

Llegó el día. José le había llamado 48 horas antes para comunicarle que aquella calurosa jornada de julio del 2003 volvería por fin a casa. María se encontraba alterada, pero lo de Nasrad era peor. No había podido conciliar el sueño en las noches precedentes al viaje. Cada dos por tres se levantaba para meter algo nuevo en el equipaje de los niños.

—Una manzana por si tienen hambre. Un yogur por si no se encuentran bien del estómago. Un poco de agua por si les entra sed. Un jersey más por si tienen frío...

María observaba a su marido, quien iba de un lado a otro sin lógica alguna. Le dejaba hacer. Pensaba que si le privaba de aquel nerviosismo, lo pasaría mucho peor. Lo más que le decía era que no se preocupara, que en el avión le darían de todo. Pero de nada sirvió. Su marido siguió levantándose para introducir nuevos productos y objetos en el equipaje. Y María observaba y callaba.

Le dijeron que su vuelo saldría a las cinco de la tarde y que tendría que estar algo más de dos horas antes en el aeropuerto. Si por María hubiese sido, hubiera estado dos semanas antes. Pero se propuso no mostrarse nerviosa, ni demasiado triste ni demasiado alegre. Por supuesto que su estado de ánimo era encomiable, pero había algo que fallaba para que la alegría fuera plena: Nasrad.

Aquel día, el hermano y la cuñada de Nasrad, con quien más trato había tenido María en Kabul, organizaron en su honor una comida en la que no faltó ni un solo alimento típico del lugar, excepto los que eran tan caros, que por razones obvias faltaban siempre en la mesa. Se hicieron bromas, se intercambiaron recuerdos, se hicieron promesas y obsequiaron a María con algún regalo hecho por ellos mismos. Cuando María vio el collar que había elaborado su cuñada para ella, no pudo evitar echarse a llorar. Y ni siquiera fue capaz de decir algo más que «gracias». Con eso fue suficiente. María notaba que Nasrad no podía disimular cierta tristeza en su ánimo. Intentaba mostrar siempre una sonrisa cuando su mujer le miraba, pero María le conocía perfectamente y sabía que la sinceridad no estaba presente aquella tarde. Ni siquiera cuando José se acercó a la casa para entregar a los niños unas zapatillas y algo de ropa que había adquirido para ellos, María pudo estar del todo cómoda.

Deseaba volver a su país. Pero necesitaba hacerlo junto a su marido. Aquella separación iba a ser demasiado dolorosa.

Fueron José y su compañero Miguel los encargados de acercar a María y a sus familiares al aeropuerto. Cuando llegó la hora del embarque, María y los niños comenzaron a temerse lo peor y las lágrimas no tardaron en aflorar en los rostros de todos. El niño comenzó a llorar, gritando que no se quería separar de su padre. Se agarró fuertemente a una de sus piernas y les resultó complicado retirarle. Cuando vio que la separación de su progenitor era irremediable, comenzó a insultarle, reprochándole que le abandonara, y que no fuera con ellos. La niña también comenzó a llorar, pero debido más a la tensión del momento y a los gritos de su hermano que a otros sentimientos que aún no habían aflorado tan intensamente como en Abdulah. Ella iba en los brazos de su madre, de los que no se separaba con facilidad.

Terminaron todos llorando. Grandes y pequeños. María abrazó a todos, comenzando con su cuñado y la esposa de éste, luego José y Miguel, y terminando con Nasrad. En ese momento, temió que iba a reaccionar igual que lo había hecho su hijo minutos antes. Pero superó la prueba, en parte gracias a la ayuda que le supuso las palabras de su marido:

—Vete contenta, María. Pronto nos reuniremos. Yo seré feliz sabiendo que tú y los niños estáis bien alimentados, bien vestidos, bien atendidos y disfrutando de una vida plena. Se acabaron los malos ratos, María.

Su mujer quiso interrumpirle, pero entre la llantina, el moqueo y el hipo, Nasrad se lo impidió:

—Te echaré mucho de menos. Pero prefiero tenerte allí bien segura. Eso me dará fuerza. Te quiero, María. Cuida de nuestros hijos. Y llámame. En cuanto llegues.

María, traicionada por la emoción de aquella escena, balbuceó entre sollozos:

—Nasrad, no quiero irme, quiero quedarme contigo.

José supuso que María no hablaba en serio, que aquellas pala-

bras nacían del profundo enamoramiento de María hacia su espo-
so y que se debían a la emoción del momento, pero decidió no
tentar a la suerte. No quiso esperar sorpresas de última hora y
apremió a María instándole a despedirse rápidamente porque el
avión se marchaba.

María cogió en brazos a la niña y agarró de la mano a Abdulah.
Se encaminó hacia el control del aeropuerto y prefirió no mirar ni
una sola vez hacia atrás. No quería ver la escena de sus familiares
despidiéndola. Y sobre todo no quería ver cómo se alejaba de Nasrad, porque no hubiese tenido la fuerza suficiente para seguir el
camino y subirse al avión. Así que decidió que ni una mirada, ni
un último adiós. Nada. Así sería mejor. Para todos.

Sólo tuvo que volver para atrapar al niño que había conseguido
soltarse de la mano de su madre, para salir corriendo a reunirse
con su padre. Ni siquiera quiso entonces levantar la vista María
para observar a su marido. Sabía que no iba a poder resistirlo y no
desvió su vista del suelo hasta que José le volvió a acercar al niño.

—Tranquila, María. Ya estás en camino. Saca fuerzas de donde
sea. Verás como dentro de poco estás con más ánimo.

José le regaló una amplia sonrisa. María lo agradeció y le devolvió otra.

María no lo sabía en aquel momento, pero ésa iba a ser la última vez que vería a José. Más tarde su hermana Rosie le contaría
quién era realmente aquel hombre que le había posibilitado, por
su cuenta y riesgo, el pasaje para acceder al paraíso. Se sorprendió
cuando supo que era un guardia civil y no un voluntario de la
embajada española. Se emocionó cuando le contaron el riesgo que
había corrido José al hacerle a ella, y en especial a sus hijos, los
pasaportes y dotarles de la nacionalidad española, siendo como
eran afganos. Intentó varias veces localizarle en el móvil, ponerse
en contacto con él, pero la comunicación fue imposible. Cada vez
que marcaba su número de teléfono respondía otra persona, el que
había quedado en su lugar. Fue así como supo que José había
regresado a España, después de cuatro años de servicio en la emba-

jada. Era el plazo máximo de estancia en ese destino. Y seguramente la salida de María fue su último servicio.

Nunca pudo María agradecerle lo bastante a esa persona, que hizo
todo por ella sin apenas conocerla. «Al fin y al cabo, y a pesar de
todo lo que me ha pasado en la vida, he tenido suerte de dar siempre con buenas personas que me han echado una mano. Sin duda
he tenido suerte.»

Una suerte que estaba a punto de cambiar. Pero mientras esto
sucedía, María prefirió recostar su cabeza sobre el respaldo de su
asiento en el avión y cerrar los ojos. Intentó recordar por todo lo
que había pasado en aquella tierra y así cayó en un duermevela
que le permitió relajar la tensión acumulada.

Estaba volviendo a casa.

21

No fue fácil el camino de regreso a casa. María tuvo que hacer demasiadas escalas, algo que ni controlaba ni calmaba su ansiedad de
ver a los suyos. No le gustaban los aeropuertos, sobre todo cuando
eran lugar de paso y no el destino definitivo. Lo peor eran los
niños, que estaban derrotados, algo que María en cierto modo agradeció, porque lo último que hubiese querido en esas circunstancias era que los niños dieran problemas.

Cuando por fin llegaron a Mallorca, después de horas de viaje y
de espera, María intentó buscar a alguien conocido entre las puertas que se abrían y se cerraban según salían los pasajeros de los
vuelos que iban llegando en ese momento. Y por fin les pudo ver.
Reconoció enseguida a su hermana Rosie, a su hermano Pedro y
no pudo ver más porque las lágrimas se lo impidieron. Les estaban
esperando en el aeropuerto con globos y carteles de bienvenida
que no sirvieron de nada ante la avalancha de abrazos, besos y
apretones. María corrió a los brazos de su hermana Rosie y no se
separó de ella ni un momento. Su hermano Pedro se abrazó a los

niños y tampoco pudo evitar las lágrimas. Cuando lograron serenarse todos y terminar de abrazarse, Pedro les llevó a casa de Rosie, que es donde se quedarían temporalmente María y sus hijos.

A pesar de que era de noche y de que poco o nada podía verse a través de la ventana del coche de Pedro por la oscuridad en la que aparecía envuelta la noche, María no separó la nariz del cristal. Estaba en casa. Por fin aquella noche dormiría en una cama con sábanas limpias y almohadas nutridas. Sus hijos comerían algo nuevo y delicioso que sus pequeños paladares aún no conocían, pero a lo que no tardaron en aficionarse, como lo hizo su madre a su edad cuando probó por primera vez la ensaimada. María sonrió al pensar que mañana no tendría por qué preocuparse por una llamada, por encontrar el edificio de la embajada o por ir a por agua, encender el fuego y limpiar a los animales. Estaba en casa. De nuevo. Después de tanto tiempo soñando con ese momento. Y pensó en Nasrad. Fue su último pensamiento antes de caer rendida en su cama, una cama enorme en la que sólo por aquella noche, sus hijos durmieron con ella.

A la mañana siguiente, después de más de doce horas durmiendo, María despertó. Abrió los ojos e inspeccionó lo que veía a su alrededor. Sintió los cuerpos de sus hijos a su lado. Le costó un tiempo entender y posteriormente creerse dónde estaba. Pero enseguida recordó el día anterior, día y noche de aeropuertos, de despedidas, de llantos, de abrazos, de «te quieros», de cruel batalla de emociones. Pero allí estaba.

Le sorprendió gratamente percibir un olor que hacía años que no olía: el penetrante aroma a café recién hecho. Se aseguró de que sus hijos estuvieran bien arropados, antes de levantarse y salir por la puerta de la habitación. Enseguida oyó ruidos y voces. Procedían de una habitación luminosa, al final del pasillo, y María pensó que era sin duda la cocina, porque de allí procedía el apetecible y muy añorado olor a café recién hecho.

—María, ¿qué tal, cariño? ¿Has dormido bien?

A María le encantó recibir esos buenos días, y todavía más

encontrarse la mesa llena de galletas, bizcochos, magdalenas, dulces variados y toda clase de quesos, jamones y embutidos. Con la sola visión se le hacía la boca agua.

—Muy bien, Rosie. He dormido de un tirón. ¿Sabes cuánto tiempo hacía que no dormía así?

María fue prácticamente empujada por su hermana para que ocupara un asiento en la mesa.

—Debes de estar hambrienta. Ayer casi no comiste nada... ¡Estabas tan cansada!

María mordisqueó algunos de aquellos manjares que hacía años que no degustaba, y sobre todo abarcó con las dos manos la taza de café que le acababa de servir su hermana y que no se cansaba de oler.

—¡Ay!, Rosie, hermana. No sabes lo que me alegro de estar aquí contigo. No sabes lo que he pasado, lo que he sufrido por mis hijos y por vosotros, que os tenía tan lejos y con los que tan mal me he portado.

Rosie adivinó que su hermana no tardaría mucho en abandonarse al llanto, por lo que decidió evitarlo y cambiar rápidamente de conversación.

—María, ya habrá tiempo de que me cuentes todo. Ahora desayuna tranquila y piensa en lo que quieres hacer tu primer día en España. ¿Dónde quieres ir? ¿Quieres comer algo especial? ¿Quieres comprarte algo? ¿Qué te gustaría hacer, María?

María no dudó en su respuesta ni perdió un segundo en darla a conocer. La rapidez con la que contestó sorprendió a su hermana.

—Quiero ir a la embajada o a algún organismo oficia de inmigración. Quiero saber cómo puedo sacar a mi marido de aquel infierno —María sorbió el café y mojó en él el trozo de magdalena que tenía en su mano—. ¿Me ayudarás, Rosie?

Su hermana se levantó y le dio un beso en la frente. La entrada de los niños en la cocina libró a Rosie de tener que responder en aquel preciso instante a su hermana. Se había imaginado que su primer deseo en España sería otro. Pero estaba claro que su hermana María necesitaba a aquel hombre a su lado. Y ni siquiera podía disfrutar de su primer día como mujer occidental.

22

De los dos meses que María estuvo en Mallorca, no hubo ni un solo día en que no se acercara a Inmigración para solicitar información, para presentar algún papel, para requerir asesoramiento, para exponer por trigésima octava vez su caso y el de su marido a algún funcionario que quisiera escuchar su historia. Pero ninguno pudo ayudarle. Todo fueron problemas y dificultades. Nadie le ofreció una solución. Todos coincidían en que la llave para que su marido saliera de aquel lugar la tenía que encontrar en su país.

Cada vez que María llamaba a su marido, le contaba cómo estaba, lo que habían hecho los niños, sus avances, que eran nulos, para lograr la repatriación y lo mucho que le echaba de menos. Nasrad la animaba, le aseguraba que él también la echaba mucho de menos, pero que tenía que ser fuerte y seguir allí. Pero María notaba que cada día aquello se le hacía más difícil. Todo eran problemas, y aunque se encontraba bien en casa de su hermana, no podía soportar la ausencia de su marido. Le hacía demasiado daño. Se pasaba todo el día encerrada en casa, sin hablar, sin prestar casi atención a sus hijos y como si se le estuviera escapando la vida. Todos intentaban ser amables con ella, no sólo su familia, sino los vecinos y las personas del barrio que conocían su historia. Pero nada de eso lograba distraerla de la tristeza que le producía el estar lejos de Nasrad.

Por eso un día, y sin decir nada a nadie, María decidió que tenía que volver a Afganistán, al lado de su marido. Sin pensarlo dos veces, por si acaso algún atisbo de razón la distraía de sus verdaderas intenciones, decidió ir a la misma agencia de viajes donde muchos años atrás, en plena adolescencia, había comprado un billete de ida a Londres. Entró en la agencia. No conoció a nadie. Ni rastro de aquel chico tan simpático que le dio un consejo comercial que María no aceptó porque no entraba en sus planes. «Te saldría más barato si comprases también la vuelta.» Recordaba la frase del empleado como si se la hubiera dicho ayer.

—Buenos días. Quiero tres billetes para Kabul. Para mí y para mis hijos.

—¿A Afganistán?

La empleada prefirió cerciorarse, porque el día anterior acababa de ver un reportaje en la televisión sobre la situación de las mujeres en aquel país y la completa falta de derechos humanos que las acompañaba.

—Sí, a Afganistán. ¿No trabajan ese destino?

—Si, sí. Por supuesto. No hay ningún problema. Tan sólo que... perdóneme. ¿Cuántos me ha dicho que necesitaba?

La empleada decidió no ser impertinente ni hacer preguntas ni advertencias que no le correspondían, y decidió ponerse manos a la obra.

—Muy bien. Pues son tres billetes. Mis hijos son muy pequeños. No creo que paguen igual. Si me puede informar de todo ello, se lo agradecería. Me corre bastante prisa.

La empleada la invitó a tomar asiento y comenzó a mirar en la pantalla del ordenador, a escribir sobre el teclado y a hacer llamadas de teléfono. Después de informarse bien, para lo que tuvo que emplear más de veinte minutos, la empleada le comunicó a María que no había vuelos directos.

—Lo único que puedo conseguirle es un vuelo Palma-Madrid, Madrid-Londres Heathrow, Londres-Irán. De ahí tendría que coger otro vuelo a Pakistán y desde Pakistán, entonces sí, a Kabul.

A María le pareció largo y complicado, pero recordó que hacía casi dos meses había hecho similar trayecto.

—Está bien. Pues si no le importa, me lo cierra. Me gustaría irme lo antes posible, así que si puede tenerlo en cuenta.

La empleada le comunicó que podría salir en dos días y María no lo dudó. Compró los billetes. Se acogió a una oferta especial que no le permitía cambio alguno en los itinerarios ni en las fechas de vuelo. No quería María echarse atrás, ni que nada de lo que le dijera su familia pudiera convencerla.

Sabía que su hermana la mataría. Había hecho lo imposible para sacarla de allí y no había aguantado en Mallorca más de dos meses. Pero sentía que era lo que tenía que hacer. Y volvió a dejarse llevar por impulsos y no por una decisión razonada. Era la María de siempre, la que nunca se sentaba a meditar ni a razonar una decisión. Y menos cuando el amor estaba de por medio.

—¿Estás loca? ¿Será una broma? —efectivamente, Rosie no podía creerse lo que acababa de hacer su hermana—. ¿Otra vez, María? ¿No has tenido bastante con lo que llevas sufrido? ¿Tú eres tonta o qué te pasa? ¿Sabes lo que esta chiquillada puede suponer para tus hijos? ¿Eres realmente consciente de lo que les estás haciendo a tus hijos? Mira, María, no sé qué hacer contigo. No sé qué decirte, no sé si matarte o dejarte ir y olvidarme de ti. No tienes remedio. Siempre has sido igual. ¿Sabes lo que me ha costado sacarte de allí, hermana? ¿Tienes una idea?

María comprendía perfectamente el estado de crispación que se había apoderado de su hermana Rosie en cuanto le comunicó que en dos días regresaba a Afganistán. Sabía que todo lo que le dijera en esos momentos Rosie iba a estar cargado de razón, así que poco pudo decirle para refutarle.

—Rosie, cariño, lo siento. Lo siento mucho. Perdóname. Pero créeme si te digo que no puedo vivir sin mi marido. Que me estoy ahogando sin estar a su lado, que no quiero vivir si no es con él... No sé, Rosie, lo siento. Pero tengo que hacerlo. Tú no lo entiendes.

Rosie se había calmado como si hubiese ingerido una caja entera de tranquilizantes. María tuvo que esperar algunos segundos que se le hicieron eternos para poder escuchar lo que iba a decirle.

—Lo sabía, María. En el fondo, estaba convencida de que lo harías. ¿Sabes? Yo jamás lo hubiese imaginado, pero me lo dijo José. Fue él quien, viéndome lo que estaba haciendo para sacarte de allí y después de todo lo que hizo él, me dijo: «Rosie, no te engañes, tu hermana volverá a Afganistán. Está demasiado enamorada de su marido. Volverá a Afganistán tarde o temprano». Por lo visto, ha sido más temprano que tarde.

Las dos hermanas se quedaron en silencio hasta que Rosie se abrazó a María. Y así estuvieron un tiempo.

Por la noche, cuando ya todos lo sabían, tuvo que escuchar idénticos reproches y recomendaciones de su hermano Pedro.

—Está bien, María. Si tú quieres irte, adelante. Pero no te lleves a los niños. Ellos no se merecen eso. No lo podrán resistir. Déjalos aquí. Nosotros cuidaremos de ellos. No les obligues a pasar otra vez por aquel infierno. No es justo. Y no creas que tienes derecho.

—Pedro, si no voy con ellos, la familia de mi marido me mata. Y luego le matan a él. Sé que es difícil entenderlo, pero yo sé lo que hago.

—María, tú nunca has sabido lo que hacías. Y sigues sin saberlo.

La respuesta de Pedro fue muy dura, pero María tuvo que aceptarla. Su hermano tenía razón, pero ella tenía otra razón de mayor peso: el amor hacia su marido. Y volvía a sentirse incapaz de explicar y de demostrar las cosas. Sobre todo cuando le tocaba explicar su amor por Nasrad. ¿Por qué nadie la entendía? ¿Por qué no había encontrado a nadie que le diera la razón, que la comprendiera? ¿Es que la gente no se enamora?

La situación no mejoró cuando tuvo que llamar a su marido para comunicarle su decisión. Cuando Nasrad supo que su mujer había comprado los billetes para volver a su lado, no pudo evitar sentir un gran alivio en su interior. Sin embargo, intentó convencer a su mujer por todas las maneras posibles de que no volviera, de que perdiera el dinero de esos billetes. Pero aquí le falló su capacidad de convicción ante María que nunca le había abandonado.

María estaba decidida y dispuesta a hacer lo que se ajustaba a su criterio, y no pensaba cambiar de opinión, escuchase lo que escuchase.

23

El día del retorno a Afganistán llegó. María intentó evitarlo por todos los medios, pero se volvieron a repetir las mismas escenas que vivieron ella y sus hijos dos meses atrás en el aeropuerto de Kabul. Ahora era Pedro el que lloraba y era de él de quien no se quería separar el pequeño Abdulah. Era su pierna la que no soltaba y era hacia él hacia quien corrió después de volverse a soltar de la mano de su madre, como había hecho meses antes con su padre.

Todos lloraron. Todos sentían el dolor de la separación. Y nadie hizo preguntas, ni deseos, ni recomendaciones. Tan sólo se abrazaron. Eso fue todo.

Cuando María se abrazó por último a Rosie, le dijo al oído:

—Rosie, por favor, perdóname o me moriré de la pena y de la culpa.

Rosie le apretó con más fuerza sobre su pecho y le dijo:

—María, acude a mí cuando lo necesites. Llámame si las cosas no van bien. Hazlo. Si no, será entonces cuando no te perdone.

Las escalas, los cambios de aviones, las carreras de Abdulah por los pasillos del aeropuerto que tocara en cada momento, se iban sucediendo. Mientras esperaba su último vuelo que la llevaría hasta los brazos de Nasrad, recordó a su familia en Mallorca. «¿Me habré equivocado viniendo? ¿Me arrepentiré de volver a Afganistán?» María llegó a pensar que nunca sería feliz en ningún lugar del mundo. Se notaba desarraigada de todas partes y se sintió culpable de la vida que les estaba dando a sus hijos. «¿Por qué no logro ser feliz en algún sitio? ¿Por qué esté donde esté y vaya donde vaya siempre tengo que pasar las noches llorando? ¿Por qué es tan complicado si lo único que me hace falta es estar con Nasrad y con mis hijos? ¿Dónde está el problema? ¿Seré yo? ¿Será todo culpa mía?»

Cuando el avión tomó tierra, María miró por la ventanilla. Pudo ver que allí todo seguía igual. El mismo paisaje árido de tierra y piedras, y de vez en cuando un conjunto de árboles que rompía la monotonía de aquella tierra. María recogió rápidamente el poco equi-

paje que llevaba, aunque la mayoría eran regalos para los familiares de Nasrad que se habían portado bien con ella. Sonrió María
cuando recordó que en su maleta llevaba varios conjuntos de ropa
interior para Motau y para el resto de las hermanas y cuñadas de
Nasrad. «Se van a volver locas.» Se lo había prometido. Si volvía a
aquel lugar, les traería ropa interior y pinturas, maquillajes, laca de
uñas. Incluso se había atrevido María a meter algún zapato de
tacón. También traía alguna tela y algo de ropa de abrigo para los
días difíciles de invierno.

No tardó mucho María en divisar la imagen de su marido espe-
rándoles en la puerta de salida del vuelo. María, que ya había decidido ponerse el burka momentos antes para evitar problemas,
corrió hacia su marido. Le abrazó y lo mismo hizo la pequeña. El
que no estaba dispuesto a olvidar que su padre le había dejado irse
de su lado era Abdulah. Estaba enfadado y quería que se le notara.
Nasrad comprendió la actitud de su hijo y decidió respetar la decisión del pequeño, convencido de que pronto se le pasaría.

Después de preguntar cómo había ido el viaje y tras echarle
nuevamente en cara el haber vuelto y más con los niños, Nasrad le
informó a su mujer de que comerían en casa de su hermano y su
cuñado.

—Están deseando verte, María. A ti y a los niños. No creían que
ibas a volver. Todos dieron por hecho que te quedarías en España
con los niños. ¿Sabes? Creen que estás loca.

—Claro que lo estoy. Loca de amor por ti, Nasrad. No sabes lo
que te he extrañado. No tienes ni idea. No podía quedarme allí
sabiendo que tú estabas aquí solo y pasándolo mal. Prefiero estar a
tu lado. ¿O es que acaso no te gusta que yo esté contigo?

—Sabes de sobra que sí. Lo que no quiero es que lo pases mal,
ni tú ni los niños. No os merecéis esto... Además, yo...

Nasrad guardó silencio. Un silencio que preocupó a María, que
no entendía por qué su marido no continuaba hablando.

—Tú, ¿qué, Nasrad? ¿Qué pasa?

—He vuelto a vivir a casa de mis padres. Todo el tiempo que tú has estado fuera, he tenido que irme a vivir con ellos. No sabes lo mal que lo he pasado. Todo el mundo me criticaba, hablaban de mí a mis espaldas, se reían de mí y me humillaban porque mi mujer se había ido con mis hijos. Se metían conmigo porque no había sido capaz de retenerte. Todos juraban que no volverías. Que una vez allí, te olvidarías de mí y preferirías llevar una vida mejor, con más comodidades. Y daba igual lo que yo les dijera. Todos lo tenían claro. He sido un apestado todo este tiempo, María, no sabes lo que me alegro de verte.

—¿Y encima me decías que no volviera?

—Por supuesto. Lo primero es tú y los niños. Yo ya me acostumbraría a los insultos y a las humillaciones. El saber que estabais bien me ayudaba a seguir adelante. Pero ahora que estás aquí, todo será distinto. He pensado que iremos a casa de mis padres, recogeré mis cosas y nos vendremos de nuevo a Kabul.

Nasrad notó que a su mujer no le hacía mucha gracia volver a ver a su madre, por eso le insistió. «Pero no te preocupes, estaremos sólo un par de días. Lo necesito, María. Para recuperar mi orgullo. Lo entiendes, ¿verdad?»

—Claro, Nasrad. Me parece bien. Además he traído algunos regalos para las mujeres de la aldea. Estoy deseando verles la cara cuando los abran.

24

A la mañana siguiente, ya estaban en carretera, dirección al pueblo de sus padres. Cuando llegaron, todos se extrañaron de ver a María. Estaban asombrados de que hubiera regresado y además con sus dos hijos, a los que notaban distintos, debido a la buena alimentación que habían tenido en España.

De entre todos, fue Motau la que primero salió corriendo de la prole para abrazarla.

—¡María, María, has vuelto, has vuelto!

Tras ella corrieron el resto de las mujeres. Todas se alegraban de ver de nuevo a la española, con la que habían compartido tantos ratos y que tanto había llamado la atención. De repente, y cuando María se encontraba con las mujeres explicándoles los regalos que les había traído, oyó una voz. Era inconfundible. Sería capaz de reconocerla entre un millón.

—Y ¿por qué has vuelto?

Era su suegra. La mujer que más daño le había hecho en su vida. La mujer que había gastado todas sus energías para que la estancia de María en aquel lugar fuera lo más desagradable posible.

Pero María la vio distinta. No era la misma mujer que la atemorizaba, cuya sola presencia le hacía enfermar, cuya voz le anudaba el estómago. O quizá era ella misma, que se encontraba más fuerte que nunca, la que veía a aquella mujer de otra manera. Tan sólo veía a una pobre mujer, una mujer que ya no la intimidaba.

—Porque le quiero. Porque quiero a Nasrad. Y porque nada, y en especial nadie, va a poder evitarlo. ¿Lo entiende, señora? Espero que sea así, deseo que lo entienda, porque no pienso perder un segundo de mi vida en explicárselo.

Le hubiese dicho mucho más, pero María no quería que su marido se sintiera incómodo. Sólo estarían dos días. Ya no merecía la pena saldar deudas con el pasado.

La suegra ni siquiera contestó. Dio media vuelta y se marchó.

—Hay mucho trabajo.

Nadie fue tras ella. Ni siquiera Nasrad.

Todos se quedaron preguntándole cosas a María, interesándose por lo que había hecho y había visto.

Se hizo una comida especial para recibir a los recién llegados. Alejadas de los hombres, las mujeres se intercambiaron los regalos. Motau no podía creer que por fin tuviera la ropa interior con la que tanto soñó. Incluso la muñeca Barbie que le había traído María le pareció un milagro. No podía dejar de mirarla, de darle vueltas, de inspeccionar todo lo que aquella muñeca traía.

Así pasaron cinco días hasta que decidieron volver a la capital. María vivió esos días en casa de sus suegros como si fuera una invitada. No realizó ningún trabajo excepto el que ella quiso para echar una mano al resto de las mujeres. Nunca para intentar agradar a su suegra. Sabía que ésta era una empresa imposible. Aprovechó para salir más con Nasrad a visitar amigos y vecinos. Cuando regresaba al terreno de sus suegros, los recuerdos, en especial los malos, se le amontonaban: el pozo, el fuego, las garrafas llenas de agua, el carro con el que las trasladaba, el segundo parto, los barreños para lavar la ropa...

Cinco días y volvieron a Kabul. Ése era el trato con Nasrad y así se cumplió. De nuevo las despedidas, los abrazos, las promesas. Motau volvió a llorar como lo hizo la última vez que se despidió de María.

—No vuelvas nunca más, María —y eso sí la estremeció—. Prométeme —insistió Motau— que lo intentarás. Que harás todo lo posible para que yo pueda vivir como una mujer occidental —María se estremeció.

—Haré todo lo posible, Motau. Cuenta con ello.

25

Nasrad le comunicó que vivirían en la misma casa en la que lo hacían antes de su viaje a Mallorca. A María le pareció bien. Allí tenía buenas amigas y estaba deseando verlas, y volverse a sentar con ellas a tomarse un té y a criticar a medio vecindario. Ése era su único entretenimiento y a María no le disgustaba, más bien al contrario. Se sentía bien.

Pero María no quería abandonarse en aquel país, no quería hacerse cómoda. Temía acostumbrarse. Por eso decidió que mantendría comunicación con su hermana, que intentaría que a Nasrad no le faltara trabajo y que ella seguiría con sus trámites en las embajadas para conseguir los papeles de su marido. Entonces, y sólo entonces, regresaría a España. O lo hacía con su marido y con sus hijos, o no habría regreso.

María intentó ponerse en contacto con José nuevamente, pero todos sus intentos fueron inútiles. Por fin pudo dar con la sede de la embajada española, que hasta ese momento no había logrado localizar, ya que José y sus compañeros nunca le dijeron dónde estaba ni quedaron jamás con ella en aquel recinto, por miedo, como pudo entender más tarde María, a que descubriera que José era un guardia civil que se estaba jugando el tipo para ayudar a María y sus hijos.

Buscó también trabajo, pero la situación para ella y para su marido estaba realmente complicada. No había trabajo y si lo había estaba muy mal pagado, por lo que las dificultades económicas llegaron de nuevo al hogar. Conseguir comida era cada día más complicado y se volvieron a repetir los episodios de desesperación protagonizados por Nasrad. De nuevo su familia en Kabul tuvo que ayudarles dejándoles pan, arroz y aceite.

María le propuso a Nasrad la necesidad de que los niños fueran a la escuela, pero pronto se enteró de que allí las autoridades no encontraban necesario que los niños, y mucho menos las niñas, fueran al colegio hasta que no cumplieran seis o siete años. Así que los niños pasaban gran parte del día en casa, jugando con los otros niños de las familias que compartían aquel hogar.

Fue en la propia embajada donde María encontró trabajo. A María le dio la impresión de que el edificio era nuevo, o al menos que estaba en obras, por lo que tuvo la idea de ofrecerse para limpiar la suciedad que se iba amontonando en aquel lugar. Fue el propio personal de la embajada el que le dio el visto bueno. Le advirtió que no tenían mucho dinero, pero que algo le podrían dar además de facilitarle la comida. María consiguió que le pagaran diez dólares por seis horas de trabajo al día y además podía realizar en aquellas instalaciones el almuerzo. María casi ni lo probaba para poder llevárselo a sus hijos y que fueran ellos los que comieran. Pero sólo pudo estar dos o tres semanas porque las obras finalizaron y a

María le dijeron que ya no la necesitaban y que no iban a poder darle más trabajo. Se ofreció como traductora. Ella sabía español a la perfección, dominaba el inglés y el idioma nativo, pero los responsables de la embajada le explicaron que los puestos de trabajo ya estaban dados y que no podían contratarla porque había funcionarios de carrera que habían optado ya al puesto. Le explicaron que ellos no podían hacerle un contrato, y que todo el mundo necesitaba uno si quería trabajar en aquel lugar. Para María fue un mazazo, porque se había hecho ilusiones. Pero no por eso desesperó y siguió intentándolo.

María utilizó sus contactos en la embajada para intentar conseguir alguna ayuda económica para sus hijos, y también pidió en numerosas ocasiones la repatriación de su marido. Consiguió alguna ayuda económica, muy modesta, pero que le ayudó a seguir adelante. Pero en cuanto a la repatriación de su marido, le dijeron que ellos no podían hacer nada. Que todo requería unos trámites y un tiempo que de momento no estaban en sus manos. Pero nunca le dieron un no rotundo por respuesta. Hubo además un funcionario que le abrió más los ojos para que no se engañara: «Dinero, María. Para todo esto que necesitas es necesario mucho dinero. Y eso es lo primero que vas a tener que conseguir. Te deseo suerte. Es muy complicado».

Lo que sí le pidieron a María fueron fotos de su marido y cualquier tipo de documentación que pudiera demostrar quién era. María no entendía muy bien por qué, pero en ningún momento sospechó nada extraño. Sí que notaba que le preguntaban muchas cosas sobre su vida en común, sobre cómo se conocieron, cómo era su vida en Londres, por qué decidieron volver, a qué se dedicaba ahora su marido en esos momentos, si trabajaba o no, dónde vivían, qué clase de amigos frecuentaba, qué relación tenía con su familia.

Y volvieron a insistir en algo que ponía especialmente de los nervios a María y que le recordó mucho a sus conversaciones con José: le preguntaron si ella se encontraba presionada, si había habido algún capítulo de malos tratos, si ella era conocedora de algún pasado delictivo de su marido, si había estado detenido, o si alguien le había denunciado y ella tuviera conocimiento de ello. María lo negó todo, porque nada sabía de lo que preguntaban. Aseguró que su marido era una buena persona, un buen hombre, que estaba intentando sacar adelante a su familia a pesar de las muchas complicaciones, y que el único problema que tenía es que el trabajo no llegaba, ni en la cantidad ni en la calidad que él deseaba.

Se interesaron en la embajada, porque no lo terminaban de entender, de por qué María había regresado de España después de haber estado intentando salir durante tantos años y por qué admitía vivir en las condiciones de pobreza y necesidad, si en su país de origen, en España, podría llevar otra vida. María volvió a explicar que prefería esperar a que su marido consiguiera los papeles, que las autoridades le concedieran el visado que les permitiera viajar todos juntos a España y que no entendía por qué todo era tan complicado y laborioso.

Incluso llegaron a entrevistarles a cada uno por separado. María se enteró más tarde de que les habían grabado las conversaciones sin que ellos tuvieran conocimiento previo y mediara ningún tipo de autorización por parte de los interesados. María prefería dar todo por bueno, si eso le iba a ayudar para salir con su familia de aquel país. Los cuatro juntos. O así, o de ninguna manera.

Cada vez más, María frecuentaba a sus amigas. Todas eran mucho mayores que ella, casi todas vivían en su mismo bloque, si no en la misma casa, sí en distintas habitaciones. Era una oportunidad para desconectar de todo, para, si no olvidarse de los problemas, sí al menos desconectar de ellos. Y también dedicaba algún rato libre para ir junto a su marido y a los niños a casa de sus cuñados y de los tíos de Nasrad. Siempre era agradable hablar con ellos. María se encontraba muy cómoda hablando con la tía de Nasrad y le contaba cualquier problema que tuviera. Al fin y al cabo, fue ella quien se había encargado de abrirle los ojos y de explicarle cómo era la situación de las mujeres en aquel país la primera vez que lo pisó. María aprovechó para confiarle a su cuñada algo que la preocupaba desde hacía meses: Nasrad estaba cada día más callado, parecía cansado, triste, sin ganas de nada, y María no sabía qué le pasaba, porque cada vez que intentaba interrogarle sobre el asunto, negaba la mayor e inmediatamente cambiaba de tema de conversación.

—Ten paciencia, María. A Nasrad se le pasará. No es buena época para encontrar trabajo y eso tu marido lo sabe. Sigue preocupado como siempre lo ha estado por vuestro bienestar. Y seguro que le estará dando vueltas a la cabeza sobre algo. Estate a su lado y cuídale. Es todo lo que puedes hacer.

26

Cuando había pasado ya casi un año de su estancia en Kabul, María recibió una llamada de Rosie. Se hablaban a menudo, para ver cómo iban las cosas, para interesarse por la familia y por la situación administrativa de Nasrad. Tampoco Rosie, como el personal de la embajada, podía entender por qué su hermana había vuelto al país donde tantos malos recuerdos le aguardaban. No logró entender nunca por qué su hermana sólo aguantó dos meses escasos en Mallorca después de estar años batallando para salir de Afganistán. Pero Rosie se juró que nunca más le preguntaría a María las razones. Sabía que tanta pregunta le hacía daño. Y además, los argumentos de su hermana siempre eran los mismos y a Rosie le resultaba imposible de asimilarlos y analizarlos: el amor. El amor por su marido. No quiso complicar más las cosas, pero Rosie no paró de trabajar para que su hermana, sus sobrinos y también el cuñado que no conocían más que en fotos pudieran pisar tierra española. No se engañaba Rosie. Todo lo hacía por su hermana, aunque en el fondo estaba deseando encontrarse cara a cara con el hombre por el que su hermana había perdido libertades, derechos, grandes dosis de felicidad y una vida mejor. Se moría de ganas por preguntarle mil cosas a ese hombre que, sin quererlo, había arrastrado a su hermana a la pesadilla en la que vivía. Pensó en escribirlas todas en un papel, pero más tarde se dio cuenta de que sería una pérdida de tiempo y de papel. Las preguntas que Rosie quería plantear a su cuñado las tenía grabadas a fuego en su cabeza. En ningún lugar más seguro que en ése.

Así como María no dejó de moverse todo lo que pudo de administración en administración para conseguir alguna suerte de papel que pudiera facilitar la salida de su marido del país, Rosie hizo lo propio. Durante meses batalló con mil y una ventanillas, puertas, mesas y salas de reuniones con el único fin de encontrar una salida rápida, segura y legal del marido de María. Ambas hermanas consiguieron el mismo resultado con las autoridades competentes. El silencio, el vuelva usted mañana, el no podemos hacer nada, el lo siento, que siempre sonaba cínico e hipócrita. Pero ninguna de las dos abandonó sus intenciones. En eso las hermanas compartían los mismos genes. Desde pequeñas.

Por eso María se alegraba siempre de escuchar a Rosie y sabía que ella nunca le fallaría ni la abandonaría a su suerte, aunque tuviera motivos para hacerlo. Siempre era un alivio escuchar la voz de Rosie, y aquella vez no fue una excepción.

—María, cariño. ¿Cómo estás? ¿Has avanzado algo con los papeles?

—No, Rosie. Qué desesperación. Me lleva meses encontrar una oficina, una calle, una dirección y cuando lo hago, nadie me puede ayudar. Da lo mismo la embajada a la que pida ayuda, todos me dicen que no son ellos los que tienen la solución en su mano. Yo creo, Rosie, que no me quieren ayudar. No puedo creer que sea tan complicado. ¿Por qué es tan difícil que una persona salga de su propio país para dirigirse a otro? ¿Por qué? Nasrad no es un asesino, ni un terrorista, ni alguien que vaya a hacer daño. ¿Por qué tantos problemas, y tantas preguntas a cambio de nada? Hermana, no lo entiendo. Y todo esto me deja sin energía.

—María, sé fuerte. Todo esto cambiará algún día. Igual que tú tuviste la oportunidad de salir y entrar, Nasrad la tendrá.

—Sí, Rosie, pero ¿y el dinero? Todos me dicen que si consigo los papeles, luego tendré que pagar una gran cantidad de dinero. ¿De dónde lo voy a sacar? Como no atraque un banco...

—De momento puedes ir al banco. Pero no para atracarlo, sino para recoger algo de dinero que te acabo de enviar. María, no es mucho. Todavía estoy pagando el crédito que pedí para traerte a Mallorca. Pero es todo lo que puedo enviarte.

Rosie sabía que ése no era el motivo de su llamada a María, pero no quería levantar sospechas ni crear falsas expectativas a su hermana. En cuanto terminó de hablar del dinero y del banco, no tardó en mencionar el otro asunto.

—Ah, María, se me olvidaba. Creo que en los próximos días irá a verte una mujer que es amiga de unos amigos y te llevará algo de ropa para ti y para los niños. Atiéndela lo mejor que puedas. Atiéndela y escúchala. Te hará bien.

A María le sonó extraño lo que le decía su hermana, de escuchar a aquella mujer, pero llamó más su atención lo de la ropa para los niños.

—Muy bien, Rosie. Descuida. Así lo haré.

—¿Los niños están bien?

—Sí, están más con su padre... Como ahora no encuentra trabajo, está más tiempo en casa.

Rosie notó que las palabras de su hermana y el tono en el que las pronunció escondían algo más.

—María, tienen para comer, ¿verdad?

—Claro —mintió María—. No te preocupes, Rosie —no quería María que por su culpa su hermana se preocupara más. Además, había sido decisión suya volver, había implicado a todo el mundo, Rosie, su hermano Pedro, José, y todo para nada, para volver a los dos meses. María sentía que no tenía derecho a protestar.

—¿Seguro que estás bien, María? —insistió Rosie.

—Sí, estoy bien. Pero tengo algo que decirte.

Era la frase que más temía Rosie. Cada vez que María la pronunciaba, su hermana sabía que iba a anunciarle algo importante y que seguramente no le iba a gustar mucho.

—Estoy embarazada, Rosie. Creo que estoy de tres o quizá de cuatro meses. No lo sé con seguridad. Pero embarazada estoy. De eso no hay duda.

Un silencio se hizo en la comunicación. María esperaba que su hermana reaccionara de alguna forma. Y suplicó por que lo hiciera rápido porque su estado no le permitía estar expuesta a muchas emociones fuertes.

—Embarazada... María... y...

—Pero estoy bien. Sólo noto las típicas molestias. Vomito más de lo normal, eso sí, pero llevo una vida normal. No te preocupes, que estoy bien. Sólo embarazada.

—Sólo embarazada... María, me alegro mucho. No sé si es el mejor momento, pero me alegro mucho.

Rosie comprendió que ahora más que nunca necesitaba que su hermana saliera de allí. No podía tener otro hijo en Afganistán.

27

Desde que decidió dedicarse en cuerpo y alma, e invertir todas las horas del día que fueran necesarias, para lograr que su hermana saliera de Afganistán, Rosie tuvo que dejar su trabajo. No podía justificar tantas ausencias, ni podía comprometerse a cumplir un horario tan severo. Por eso decidió dejar su empleo y aceptar otro que le permitiera moverse con más facilidad. Y lo encontró al lado de casa. En el bar «M y M», una cafetería humilde, con menú diario de ocho euros, sin grandes pretensiones pero con clientela fija y fiel, de las que hablan y escuchan cuando tocaba hacerlo. Allí Rosie trabajaba unas cuatro horas diarias, haciendo las labores de cocinera. Era un horario perfecto, porque tenía que entrar a la hora de las comidas y salir a una hora que le permitía finalizar algún trámite que no le hubiese dado tiempo a finiquitar por la mañana.

Una mañana, cuando Rosie ya se encontraba a punto de comenzar a servir las mesas, recibió la visita de una amiga.

En el barrio ya se conocía la historia de María porque su hermana se había encargado de moverse todo lo posible para denunciar la situación en la que se encontraba su hermana. Por eso, que aquella mañana se acercara a la cafetería esta amiga no fue tanto una casualidad ni una visita de compromiso. Había llegado hasta sus oídos la historia de María y creía que podía echar una mano.

Rosie comenzó a escuchar. De la boca de su amiga iban saliendo explicaciones que en un primer momento no lograba entender ni precisar el sentido que tenían, ni en qué medida podían afectar a su hermana, pero que poco a poco fueron adquiriendo forma. Una forma que a Rosie le comenzó a gustar.

—Verás, Rosie, con todo esto te quiero decir que podemos intentarlo. Yo tengo un amigo que trabaja junto a una mujer, María Ángeles, en una ONG alemana. Y esta ONG está trabajando en Afganistán y no son pocas las veces que María Ángeles viaja hasta allí. Así que he pensado que quizá pueda echar una mano a tu hermana María. Esta mujer ya ha ayudado a otras mujeres y es francamente buena. Mira, por intentarlo no perdemos nada.

A Rosie se le iluminó la cara mientras su amiga le iba hablando. O al menos sintió que le ardía.

—Y ¿cómo lo hacemos? ¿Cómo puedo ponerme en contacto con ella? —preguntó con gran agitación Rosie.

—No te preocupes. Yo te dejo su teléfono y lo que tienes que hacer es llamarla de mi parte. Ella ya conoce la historia porque yo se la he contado. Y será María Ángeles quien te diga qué tienes que hacer.

Rosie no podía disimular la ilusión que le habían hecho las palabras de aquella amiga. Durante toda la mañana se mostró nerviosa, no sabía qué hacer con las manos, cogía y ponía platos y vasos sobre la barra sin ningún orden ni concierto, pasaba el trapo sobre ella una y otra vez. No sabía cómo disimular los nervios y tampoco estaba segura de que quisiera hacerlo. Comenzaba a ver algo de luz al final del túnel.

No tardó en recibir la llamada de María Ángeles. Cuando vio que en la pantalla de su móvil aparecía un número privado, algo le advirtió que podría ser la llamada que esperaba. Y no se equivocó.

—¿Rosa Galera? —preguntó una voz limpia, amable y, según quiso imaginar Rosie, muy femenina.

—¿María Ángeles? —se apresuró a preguntar Rosie, sin apenas dejarle opción a la voz misteriosa para que se presentase.

—Sí, soy yo. Tenía ganas de hablar contigo, Rosa. ¿Cómo estás? Y sobre todo, ¿cómo está María?

—Desesperada, María Ángeles. No sabes lo que estamos pasando... de nuevo.

—Me lo imagino, Rosie. Créeme que me hago una idea. Mira, quiero dejarte claro dos cosas. Una, muy importante, tenéis que entender las dos que la embajada española en Kabul, o en su defecto el consulado, tenía la obligación de hacerse cargo de la situación de tu hermana y que bajo ningún concepto puede cruzarse de brazos sin hacer nada por una mujer española. Es su obligación y es vuestro derecho. Así que nunca cedáis ante esto. Y la segunda...

A Rosie le extrañó la rapidez con la que hablaba María Ángeles. Le daba la impresión de que no respiraba, y entendió que aquella mujer debería tener las ideas muy claras. Estaba convencida de que trabajaría con mucha efectividad, a juzgar por la seguridad con la que hablaba.

—Y la segunda: la semana próxima viajo a Afganistán y quiero encontrarme con tu hermana. Yo no voy a poder sacarla de allí, pero sí la puedo ayudar. Necesito que la llames y que le digas que una amiga va a acercarle un poco de ropa para ella y para los niños. Dile que le llevo ropa pero no le digas que soy de ninguna ONG. Alguien podría enterarse y pensar que estamos preparando algo peligroso o que vaya a atentar contra sus intereses. No te puedes imaginar el nivel de susceptibilidad que hay en ese país. ¿Tú te puedes poner en contacto con ella?

—Sí, claro. Tiene un móvil que se compró con el dinero que le envié.

—Perfecto. Voy a necesitar que me des ese número. E insisto, Rosie, toda la prudencia del mundo. Cualquier fallo, cualquier desliz con esta gente puede ser muy peligroso. No quiero asustarte. Tan sólo quiero advertirte.

—Lo entiendo, María Ángeles. No te preocupes. Se hará como tú dices. Y gracias, muchas gracias. No sabes el favor que nos estás haciendo.

—Es mi trabajo. Y todavía no he hecho nada. Pero se hará. No temas. Ahora te tengo que dejar. Me pondré en contacto contigo cuando emprenda el viaje a Afganistán. Un abrazo, Rosie, y mucho ánimo, mujer. Mucho ánimo.

A Rosie le dio la impresión de que Dios existía. Por fin alguien se molestaba en preocuparse por su hermana. Estaba deseando llamarla y contárselo, aunque no olvidó las palabras de María Ángeles. Le contaría sólo lo imprescindible sin correr riesgos innecesarios. Ya habría tiempo para las buenas noticias. Ahora cualquier precaución sería pequeña.

María recibió la noticia de la próxima llegada de María Ángeles con alegría y expectación. «¿Quién será esta mujer?» Su hermana Rosie no había sido muy prolífica en detalles, más bien al contrario. Le dijo que era una amiga y que trabajaba en una empresa que mantenía negocios con Afganistán. Pero no le contó mucho más. Cuanto menos supiera María, menos podría compartir ella con sus amistades y conocidos.

El encuentro entre estas dos mujeres fue especial. A María le supuso una bocanada de aire fresco poder hablar con aquella mujer. Simplemente le parecía imposible, creía estar viviendo un sueño. Pero esta vez, era real. Primero porque aquella mujer rubia que acababa de llegar como si fuera un ángel hablaba su mismo idioma aunque con cierto acento alemán. Y segundo porque era alguien diferente, que nada tenía que ver con aquel lugar y con aquella civilización y que, además, le traía cosas para los niños y palabras cargadas de buenos augurios y de esperanzas renovadas.

María y María Ángeles compartieron un té, y también deseos,

recomendaciones y consejos. María Ángeles insistía en la necesidad de que María siguiera yendo a la embajada o al consulado español en Afganistán, porque eran ellos los que podían y tenían que hacer algo en su caso. Tenían esa obligación y no podían lavarse las manos. Ellos eran los que podían incluso conseguir el dinero para los pasajes de María y de los niños.

—Ya sé, María, porque me lo ha contado tu hermana, que no quieres irte de este país sin la compañía de tu marido. Mira, María, yo no te conozco a ti más que por lo que me ha contado sobre tu caso. No conozco en absoluto a tu marido, que sin duda debe de ser el ser más maravilloso del mundo porque tú te has enamorado locamente de él y porque por él estás cometiendo auténticas locuras, que estás en tu derecho de cometer. Pero así no le ayudas. En absoluto. Y sobre todo, no ayudas a tus hijos. Ya sé que ahora quizá no me entiendas, pero estás pecando de un egoísmo que dentro de unos meses, o quizá dentro de unos años, te haga un daño irreparable. Entonces, todo será inútil. Entonces será tarde para todos. También para Nasrad.

María Ángeles sabía que tenía un poder de convicción poco común, y sus superiores también lo sabían. Por eso le solían mandar encargos difíciles de conseguir, porque ella tenía más posibilidades que ningún otro. Por eso María Ángeles echó mano de sus armas de seducción profesional y prosiguió con su argumento, mirando fijamente a María, mientras le cogía las manos con las suyas.

—María, consigue que alguien de la embajada se interese por tu historia y la de tus hijos, y que se hagan cargo del coste de los tres viajes. No te pido que olvides a tu marido, nunca se me ocurriría, no estoy loca. Al contrario, con esta decisión, ayudarás más a tu marido de lo que te imaginas. A Nasrad le será más fácil salir de este país si lo hace solo, sin la carga que puede representar una mujer y sus dos hijos. Y que tú estés aquí con él no va, ni mucho menos, a agilizar los trámites para que obtenga el visado, más bien al contrario.

»María, los dos sois supervivientes de un naufragio. Si te quedas con él agarrada al mástil del barco en vez de ir a pedir ayuda, os terminaréis ahogando los dos. Mientras el que espera tiene la esperanza depositada sobre el que se ha ido a buscar ayuda, todo irá bien. Si no es así, el mástil cederá porque no podrá aguantar el peso de los dos. Y supongo que tú no quieres que eso pase, ¿verdad, María?

María se quedó pensando en lo que María Ángeles le había dicho. Quizá era igual que lo que le habían dicho otras personas, pero aquello le sonó diferente, no supo muy bien por qué.

Cuando se despidieron, María Ángeles le prometió que seguiría su caso. Le aseguró que ella estaría cerca y que mantendría contacto, si no diario, sí frecuente. María prefirió despedirse de la mujer en su casa, para así poder abrazarla y besarla y expresarle su agradecimiento por todo.

Mientras María Ángeles bajaba las escaleras internas de la casa, María la observaba sin perder detalle de uno solo de sus movimientos, en parte para asegurarse de que aquella mujer era real, que existía y que no había sido una ilusión. Mientras la seguía con la mirada, adivinó por sus andares y su forma de actuar que era una mujer de mundo, segura de sí misma y con una maleta repleta de retos que siempre lograba alcanzar con éxito. María rezó porque el suyo, su caso, fuera uno de estos retos alcanzados.

Aquella noche María, por primera vez en mucho tiempo, concilió el sueño haciendo planes de cómo conseguir el dinero y no de cómo agilizar los trámites para la expedición del visado de su marido. Quizá María Ángeles tenía razón. No era familia suya, no era una interesada directa, nada sentimental le hacía aconsejar de una manera o de la otra.

28

Las semanas y meses posteriores María puso en práctica la operación ideada por María Ángeles. Se plantaba cada día en las oficinas de la embajada española para que alguien la escuchara. Todos allí sabían su historia. Pero nadie le pudo hablar de dinero.

María llamaba a su hermana para solicitar una serie de papeles que le iba pidiendo la embajada, en la mayor parte de los casos, para tenerla entretenida y que tardara más tiempo en volver. Rosie tomaba buena nota de lo que le pedía su hermana, y ella a su vez insistía en que se hiciera fotos para mandárselas. Fotos de ella y de sus hijos. María no entendía nada.

—¿Tú sabes lo que me pueden hacer a mí si me pillan haciéndome fotos, Rosie? Como mínimo me dan una paliza de muerte.

—María, sólo las necesito para mí. Háztelas en casa. Quiero ver cómo estás tú y cómo están creciendo los niños.

—Rosie, es que eso que me pides es muy complicado. ¿De dónde saco yo una cámara de fotos?

—Mira, María, lo mejor será que una amiga de María Ángeles se acerque para que te haga unas fotos. ¿Te parece?

María no logró entender la afición repentina que le había entrado a su hermana Rosie por la fotografía. Pensó que tanto papel oficial la tenía trastocada, pero por supuesto aceptó. No pensaba contradecirla en nada.

Pasaron unos días hasta que recibió la llamada de, tal como le había dicho su hermana, la amiga de María Ángeles. Le extrañó escuchar que su interlocutora al otro lado del teléfono tenía un marcado acento afgano, algo que pudo comprobar cuando quedó con ella. No quiso aquella mujer quedar en su casa y se lo explicó diciéndole que las fotos tenían que ser al aire libre. El lugar de reunión era una especie de solar escondido cerca de un centro comercial de Kabul. Ninguna quería llamar la atención y creyeron que en ese lugar tan apartado, estarían a salvo de miradas indiscretas. Se equivocaron. Cuando la mujer afgana logró sacarle unas cuantas fotografías a María, con el burka retirado de la cabeza, comenzaron a escucharse voces en contra de aquellas dos mujeres, que estaban violando las más elementales leyes del lugar. Eran sobre todo mujeres las que pasaban cerca de donde ellas se encontraban, y no tenían reparo en insultarlas e incluso amenazarlas. Las miraban y les gritaban: «Mira, ésa es la gente que quiere ir contra nosotros, contra nuestra cultura. Los que no nos respetan. Lo pagarán caro».

María no se encontraba cómoda en aquel lugar y pensaba que ya se habían hecho demasiadas fotos para que su hermana pudiera saber cómo estaban. Aquél no era el lugar seguro que pensaron y decidieron que era mejor salir de allí cuanto antes. Hasta ese momento, habían tenido la suerte de que ningún hombre paseara cerca de aquel paraje. De lo contrario, no sabían qué podía haber sido de ellas.

María se despidió de la fotógrafa. Era una mujer guapa, joven y muy amable.

—Ojalá tengas suerte, María. Tú y las de mi raza. Ojalá algún día pueda volver a hacerte las fotos sin miedo a la presión de los demás. Espero que salgas de aquí muy pronto. Y espero que las mujeres podamos decidir y gobernar en este país dentro de poco tiempo.

A María le extrañó que aquella mujer estuviera tan al corriente de su situación. Pensó mostrarse un poco recelosa, pero luego prefirió hacer caso a su instinto. Seguramente María Ángeles se lo había contado a la fotógrafa y a otras personas para poder ayudarla.

Y lo estaba haciendo. Las fotos que María se había hecho en la calle no eran para su hermana, sino para publicarlas en un diario local de Mallorca, donde se hicieron eco de la situación en la que estaba María desde hace años. Rosie no quiso contarle la verdadera finalidad de estas fotos porque no quería ilusionarla y porque temía que si se lo contaba, ella a su vez se lo podría contar a alguien más y podrían aparecer las complicaciones o las traiciones.

María comenzó a recibir llamadas de personas que no conocía y que se interesaban por su tema. Eran periodistas que querían saber más detalles sobre su historia. Se publicaron algunos reportajes en el diario local *Última hora* y también se hizo eco de la historia de María el diario *El Mundo*.

Una noche recibió la llamada de un programa de radio. Se llamaba «Cinco Lunas» y se emitía a partir de la 1.30 de la madrugada en la cadena Punto Radio. Durante treinta minutos detalló cómo era su situación, cómo venía viviendo durante los últimos años, las carencias y las necesidades que pasaban los niños, su experiencia con el burka, la dureza de aquel país hacia las mujeres. Antes de terminar la entrevista, la presentadora le preguntó qué podían hacer desde España, cómo podrían ayudarla. María no tuvo dudas. Recordó lo que le había recomendado María Ángeles y pidió sin titubear:

—Necesito que alguien pague mi billete y el de mis dos hijos para volver a España. Yo no tengo dinero y la embajada no me da facilidades ni ayuda de ningún tipo. Por favor, si alguien me escucha y puede ayudarme, se lo agradecería mucho. Nos salvaría la vida. Sólo pido dinero para que nos saquen de este lugar. Nada más.

29

Sólo hicieron falta veinticuatro horas para que alguien respondiera al llamamiento realizado por María. Veinticuatro horas más tarde, ya había alguien dispuesto a pagar los tres mil euros que costaban los billetes de avión de María y sus hijos. Era un empresario mallorquín, Bartolomé Esbert, quien había seguido la historia de María en la prensa y que sabía que había pedido ayuda a través de los micrófonos de la radio.

Cuando la noticia se confirmó y Rosie supo que alguien estaba dispuesto a pagar esa cantidad y que no era ningún engaño, llamó rápidamente a María.

—María, vete preparando, que te sacamos de ahí. Vas a salir del país. Volverás a casa, María. Volverás a casa con tus hijos. Hay alguien que se ha hecho cargo del gasto de los billetes para ti y para los niños.

María pensó que alguien había escuchado su entrevista en la radio y que había accedido a su petición de ayuda. No quiso creérselo, no podía ser tan fácil. Pedir el dinero y que alguien se lo concediera. «Imposible.» También pensó que quizá algún periodista había pagado esa cantidad en concepto contraprestación por contarle su historia. Intentó preguntarle a Rosie quién era aquella persona, por qué le ayudaba, y sobre todo, cuándo podrían irse, cuándo saldrían de Afganistán. Rosie no supo explicarle.

—Mira, María, sé que el viaje está pagado. No sé decirte si será en un avión militar, o cómo será. Todavía no me han dicho nada. Sólo sé que alguien compra los pasajes y tú te vuelves. Y espero que no hagas locuras, María, por favor, que te conozco.

Esa misma noche sus dudas se disiparon. Volvió a recibir la llamada del programa de radio «Cinco Lunas». Le contaron que la persona que se había hecho cargo de pagar los billetes de avión que facilitarían su salida de aquel país y la de sus hijos estaría esa noche en el programa y la invitaban a saludarle y agradecerle su gesto. Al principio, el empresario mostró su recelo a participar en el programa, prefería que su gesto se quedara en el anonimato, no quería que nadie lo confundiera con un falso afán de hacer publicidad, ni de él ni de su empresa. Así que pidió a la responsable del programa que omitiera el nombre de la empresa. Así se hizo.

El programa comenzó a la 1.30 de la madruga. Era el jueves 7 de diciembre de 2006 y la mayoría de los españoles se encontraban de puente. La voz de la locutora daba inicio al programa:

—A veces se producen milagros. Y esta noche vamos a vivir uno. Quizá sea un milagro de Navidad o quizá todo se deba a que existe gente buena, gente dispuesta a ayudar.

Por primera vez, María pudo hablar con la persona que iba a facilitarle, gracias a la donación de tres mil euros, su salida de Afganistán. María no pudo encontrar las palabras suficientes para agradecerle su caridad y el empresario, que se mostraba nervioso y algo incómodo por las muchas veces que María le había dado las gracias, le aseguró que estaba a su disposición para lo que necesitara, en ese y en cualquier otro asunto. Rosie también se unió a la conversación a tres bandas en las ondas, y ése fue el momento en el que a María le falló la voz, no pudo soportar tanta tensión, y rompió a llorar mientras les agradecía a aquel hombre y a su hermana todo lo que estaban haciendo por ella y sus dos hijos.

La maquinaria para traer de nuevo a María y a sus hijos a casa se puso en marcha. Rosie estuvo en todo momento en contacto con el empresario, que le ingresó el dinero en su cuenta. Sin perder un minuto, Rosie le mandó el dinero a María para que fuera ella la que comprara allí los billetes. Ya sólo faltaba que llegaran los papeles necesarios para dar el visto bueno a la salida de María y de sus dos hijos. Esperaba como agua de mayo la llamada de la embajada que le daría la confirmación. Odiaba que llegase el fin de semana porque todo se paralizaba, y María sabía entonces que tendría que esperar hasta la semana siguiente para saber algo.

Por fin la llamada se produjo. Tenía el permiso y debía comprar los billetes cuanto antes. Pero le comunicaron que sería imposible comprar un billete Kabul-Mallorca, por lo que tuvieron que buscar alternativas. Y encontraron la única que les podía devolver a casa. Al final viajarían de Kabul a Dubai, de Dubai a Viena, de Viena a Barcelona y de Barcelona cogería un último avión que la llevaría a Palma de Mallorca. Compró el billete esa misma tarde para el día siguiente. No quería esperar más. No podía.

Nasrad la ayudó a hacer las maletas y se repitió el mismo ritual de nervios incontrolados. Su marido volvía a estar demasiado preocupado por meter en el equipaje de los niños galletas, zumos, yogures, agua. María le notaba triste, aunque intentara disimularlo. Sabía que la nueva marcha de su mujer le complicaría las relaciones con su familia, que ya estaban demasiado deterioradas.

—Verás como, antes de lo que te piensas, te reunirás con nosotros, Nasrad. Voy a hacer todo lo posible. Y puedo hacer más fuerza desde allí.

Nasrad fue a buscar algo de dinero para poder pagar el taxi que les llevaría al aeropuerto. Apenas hacía diez días que a su mujer le habían dado el dinero y ya regresaban a casa.

Nasrad le hizo prometer a María que en cuanto llegara, le llamaría, y que no cometería más locuras. Le pidió que fuera su hermana Rosie la que se pusiera al teléfono, para estar seguro de que efectivamente María había llegado a Mallorca y que no se había dado la vuelta para volver con él.

CUARTA PARTE

VUELTA A CASA

1

Eran las tres de la madrugada cuando María y sus dos pequeños llegaron a Mallorca. Su hermana Rosie y su hermano Pedro habían ido a buscarla a Barcelona, porque no podían esperar más, y menos en casa. Las escalas habían sido muchas y la espera, eterna.

María venía cansada del viaje. No sólo se tuvo que hacer cargo de sus dos hijos, sino que se encontraba embarazada. Además, en los últimos días había manchado, pero prefirió no darle mayor importancia. Ya le había ocurrido alguna vez, y nada malo había pasado.

Aquella noche durmió tranquila, aunque se despertó en un par de ocasiones preguntándose dónde estaba y buscando el cuerpo de su marido a su lado. Cuando se percató de que no estaba junto a ella, como todas las noches, recordó que había regresado a Mallorca. Que estaba de nuevo en casa.

Ya entrada la mañana, oyó que la casa de su hermana Rosie se llenaba de familiares, de amigos y conocidos que querían interesarse por María. Querían verla, darle un abrazo y ofrecerle su particular bienvenida.

María lo agradeció, pero tenía demasiadas cosas que hacer. Quería llevar a los niños al médico y también quería que un ginecólogo le viera a ella, puesto que seguía manchando, teniendo pérdidas de sangre pequeñas, pero que comenzaban a inquietarla. Además, desde que se subió al primer avión en Kabul, notaba algunas molestias y quería aprovechar su estancia en el mundo civilizado para que el embarazo y el nacimiento de su tercer hijo se realizara en las condiciones óptimas en las que no se pudieron realizar los otros dos pártos.

También quiso escolarizar a sus hijos y les matriculó en un colegio cercano a la casa de su hermana. Tanto Abdulah como Nuria se adaptaron bien a las costumbres y al idioma de su nuevo país. Lo aprendieron rápidamente. Eran listos y María se mostraba muy orgullosa de ellos. Abdulah se pasaba el día apretando con su mano la llave de la luz, la encendía y la apagaba sin poder dejar de mirar a la bombilla, que de pronto aparecía iluminada y de pronto no. Era un juego para él, algo que no podía entender. No era un mecanismo que hubiese estado a su alcance en su corta experiencia vital.

Lo mismo le sucedió con el agua corriente. Abría y cerraba los grifos de la casa para ver el agua correr sin que se cortara en ningún momento, como era habitual en Kabul. Abdulah tenía la costumbre de sentarse en el suelo para todo, y eso fue una costumbre que le costó quitarse.

Pero quizá lo más grave fue algo que el niño hacía sin ser consciente de lo que representaban sus actos. Abdulah siempre iba con una espada en la mano. Se la llevaba a la calle, al colegio, ni siquiera la soltaba cuando estaba en casa. El niño había visto muchas veces como su padre, sus tíos y su abuelo le cortaban el cuello a algún animal para realizar determinados ritos y él iba repitiendo ese mismo gesto, pero no sólo con los animales, sino con las personas, lo que propició algún susto en el colegio. Incluso su tía Rosie se asustó cuando le vio con un cuchillo en la mano mientras le decía que le iba a cortar el cuello y a sacar los ojos, como había visto que su padre hacía con las ovejas. Abdulah se limitaba a jugar, pero sus juegos infantiles no fueron bien entendidos. No fue fácil quitarle esta costumbre. Y como ésas, muchas otras. Pero tanto su madre como tu tía Rosie consiguieron que desaparecieran gracias a la televisión y a la compra compulsiva de chucherías en un local que había justo enfrente de su casa. Siempre con la condición de que abandonara de inmediato la idea de ir cortando cuellos, sin ser consciente de la violencia que eso suponía a quien lo veía.

Tampoco fue fácil convencerle de que hiciera pis de pie y no sentado como lo solían hacer los hombres en la tierra de donde venía. «Pues mi padre y mi abuelo lo hacen sentados, así que yo también. Y ya está.»

María también se acercó a la oficina de empleo porque quería ponerse a trabajar de inmediato. En su estado sabía que iba a ser más complicado encontrar un empleo, pero estaba dispuesta a trabajara de cualquier cosa. De cajera, de operadora, de dependienta, de camarera. Cualquier cosa sería buena con tal de ponerse a trabajar y a empezar a ganar dinero. Tenía claro que lo iba a necesitar, para su marido y sus hijos y también porque quería devolverle a Rosie todo lo que ella se había gastado en su caso.

Tal era el ajetreo en el que se vio envuelta que no se acordó de llamar a Nasrad. Cuando tenía un momento de respiro y se daba cuenta de que desde que llegó a la isla no había llamado a su marido, le remordía la conciencia. «¿Cómo es posible que se me haya olvidado llamar a Nasrad?» María miraba entonces el reloj y comprendía que era demasiado tarde para llamarle. Y así se repitió el olvido durante varios días. Además faltaban muy pocos días para Navidad y todo era un ir y venir de compras, de preparar comidas, de hacer regalos. Estaba previsto que la Nochebuena la pasaran en casa de su hermano Pedro y el último día del año y el recibimiento del nuevo, en casa de Rosie, y en el bar donde ésta trabajaba.

Cuando después de diez días María llamó a su marido, le encontró hecho un manojo de nervios.

—Creí que te había pasado algo. No sabía nada de ti. Te dije que me llamaras nada más llegar. ¿Por qué no lo has hecho? ¿Cómo están los niños? ¿Está todo bien?

Todo eran preguntas en la boca de Nasrad. María le puso al día de todo. Pero prefirió no extenderse en detalles porque sabía que su marido no lo estaba pasando bien y no quería que supiera que allí tenían de todo para pasar la Navidad. María sabía que su marido en Kabul estaba solo, y aunque no se lo decía, tendría problemas, penas y tristezas. Más tarde le contó que sus padres, en especial su madre, le habían echado de casa. Cuando se enteraron de que les habían mentido para poder irse a Kabul y que su mujer volvería a España, la madre estalló en cólera y dijo que no quería volver a verle. Tiró toda la ropa y las pertenencias que todavía tenía en su casa de su hijo y de María. No quisieron saber nada de él y Nasrad lo pasó francamente mal.

Hacía mucho que María no pasaba unas Navidades tan alegres como las que estaba viviendo en esos momentos. Echaba de menos a su marido, pero sabía que sólo era cuestión de tiempo el que pudiera volver. Los trámites para obtener el visado estaban ya en marcha, y el mismo empresario mallorquín que había sufragado sus billetes se había comprometido a pagar el de Nasrad cuando tuviera el permiso para poder viajar de Kabul a España.

Pasaron las primeras Navidades juntos después de muchos años sin hacerlo. María se encontraba feliz. Sus hijos estaban respondiendo bien a su nueva vida, el médico le había asegurado que los niños, a pesar de la desnutrición que presentaban, se encontraban bien de salud. Lo que más le preocupaba a María eran las molestias que seguía notando en su embarazo. No recordaba haberlas sufrido tan intensas y de manera tan prolongada en los anteriores embarazos. Lo que más le intranquilizaba es que no dejaba de sangrar, aunque lo hacía intermitentemente.

2

Pasados los días, María se animó a desplazarse hasta la capital, Palma. Tenía que recoger unos papeles, pero sobre todo quería ver tiendas. Le apetecía tomar un café, pasearse por sus calles, ver a la gente caminando por la plaza, entrando y saliendo de la catedral, paseando cerca del puerto, abandonándose en sus playas. Lo había echado mucho de menos y quería que sus pupilas volvieran a grabar todas esas imágenes de añorada rutina. Caminó durante bastantes horas, recorrió los rincones conocidos y desconocidos de su ciudad, se paró a contemplar escaparates, miró atenta lo que las tiendas ofrecían a sus clientes en el interior. A María le llamaba la atención las atracciones que algunos hacían en mitad de la calle. Cuando quiso darse cuenta, estaba anocheciendo. Fue entonces cuando María se dio cuenta de que se había perdido. Sabía que tenía que ir a una dirección concreta para recoger unos impresos, pero no sabía dónde estaba. De repente, sintió un terror similar al que la embargó en su día cuando se puso el burka por primera vez para salir a la calle. Le faltaba el aire, notaba que se ahogaba y no dejaba de dar vueltas sobre sí misma, intentando buscar el nombre de una calle que no aparecía. Era tal la desesperación que sintió María que no pudo evitarlo y rompió a llorar. Decidió sentarse en un banco de piedra para tranquilizarse, pero esto le resultaba una misión imposible. No se atrevió María a preguntar a ninguno de los viandantes que pasaban en esos momentos a su lado por la calle en cuestión. No quería contactar con nadie. Sentía miedo y vergüenza. Decidió coger el móvil y llamar a su hermana Rosie para que viniera a buscarla. No hubo manera de que María hiciera caso de las indicaciones que le daba su hermana a través del teléfono. Rosie tuvo que cogerse un autobús que la dejó en el centro de Palma y allí encontrarse con su hermana. Se encontró a María hecha un saco de nervios y la tranquilizó diciendo que no pasaba nada, que se iban a casa.

Aquella noche la pasó intranquila. No pudo conciliar bien el sueño. Las pesadillas no la abandonaron en ningún momento y se despertó ojerosa, con mal estómago y con algo de fiebre. Se sintió mojada. Notaba entre sus piernas como si algo se hubiese derramado y notaba sus piernas barnizadas con algo pringoso. Cuando se puso en pie vio que había manchado las sábanas de sangre. Llamó a su hermana Rosie y ambas decidieron que lo mejor sería ir al médico para que la examinara.

Cuando llegaron a la consulta, los peores temores de María, que no había compartido con nadie para no preocupar a su familia más de lo necesario, herencia de su paso por Afganistán, se cumplieron. María tenía una gran infección que no había sido tratada a tiempo y tampoco con el tratamiento adecuado. La infección había afectado al niño que esperaba. Existían pocas posibilidades de que el embarazo finalizase con éxito. María corría un peligro inminente de abortar. El médico le recetó la ingesta de un medicamento para intentar frenar la infección y le pidió que regresara a verle en una semana. No hizo falta esperar tanto. María perdió el bebé esa misma noche. Estaba embarazada de casi cinco meses.

Fue un gran golpe para María y para todos. Lo peor lo vivió María cuando se lo comunicó a Nasrad, al que hacía especial ilusión la llegada de su tercer hijo. Todas las voces apuntaban a que María sufriría una fuerte depresión, porque había sido un revés demasiado duro. El médico le recomendó ir al psicólogo y seguir un tratamiento antidepresivo de al menos tres meses. Pero María desafió a todos y se recuperó rápidamente. «Tengo que luchar por mis otros hijos. Estoy en mi país, aquí no tengo problemas, vivo como la occidental que he deseado ser durante cuatro años en Afganistán y mi marido está a punto de llegar. No puedo venirme abajo. Ahora no.»

María no tardó ni veinte días en ponerse a trabajar. Su hermana Rosie pensó que le vendría bien para desconectar de todo lo que llevaba encima ponerse a trabajar, y le ofreció ocupar su empleo en la cafetería «M y M». Allí se encargaba de hacer las comidas del mediodía y de servirlas. Le gustaba su trabajo. Se sentía útil, aunque sólo trabajara cinco horas diarias. El empleo le dejaba el tiempo necesario para estar con sus hijos y para seguir realizando las gestiones para ayudar a su marido a llegar a España. En el tiempo que llevaba en España, María había vuelto a fumar y a beber. Se maquillaba, se arreglaba su pelo, se vestía como a ella le había gustado siempre, con sus pantalones vaqueros y con sus jerséis ajustados. Había abandonado sus rezos, ni siquiera llevó a sus hijos a la mezquita. De todas formas, ella se había convertido al islam por amor. Nunca estuvo interesada en ninguna creencia en particular, ni cuando abrazó el cristianismo por herencia familiar ni cuando se convirtió al islam sencillamente por amor.

En su dieta volvió a entrar el cerdo, aunque sus hijos no lo probaban por respeto al padre. De vez en cuando se observaba en el espejo y le gustaba lo que veía. «Cómo he cambiado. Espero que Nasrad cuando vuelva se adapte a todo esto. Porque creo que yo ya no voy a renunciar a nada. Otra vez, no.»

La María de siempre había vuelto y se juró a sí misma que no volvería a irse jamás. Había días en los que su hermana Rosie, sus hijos, los compañeros de trabajo o algún amigo la sorprendían medio ida, mirando a un punto fijo y perdido en el horizonte, casi sin pestañear y como si estuviera protagonizando un viaje astral. Eran esos momentos los que María aprovechaba para recordar lo vivido, para visualizar mentalmente los momentos duros y aquellos otros que fueron divertidos de aquélla, su aventura: veía a Motau y a sus cuñadas lavando la ropa, yendo a por el agua, riéndose cuando hablaban de ropa interior o cuando criticaban a su suegra. Se veía a sí misma andando torpemente con el burka hasta caer al suelo, dando a luz a su primer hijo, lavando las pocas telas que su suegra le proporcionaba para poder volvérselas a poner. Se veía llorando noche tras noche, planeando su salida de aquel Afganistán que tanto martirio le supuso, viviendo en aquel sótano del que no se podía salir a causa de los bombardeos. Volvían a sus pupilas las imágenes de ese niño de cuatro años que se encontraba jugando con una pistola de juguete y al que un soldado afgano le disparó siete tiros porque no sabía si aquella arma era o no de verdad. Era tanto lo que tenía que recordar que tuvo la impresión de que toda una vida no le bastaría.

Luego María volvía a sus quehaceres. Nunca podría olvidar lo que la vida le había puesto en el camino. Nunca podría perdonar a las personas que no la ayudaron cuando pudieron hacerlo. Nunca echaría en el olvido la imagen de aquel guardia civil que se convirtió en su ángel de la guarda. Nunca borraría la última imagen de su padre con vida. Nunca se desharía del burka azul que le confeccionaron para ella y que descansaba en un altillo del armario de su nueva casa. Y nunca se arrepentiría de haber hecho lo que hizo por su marido. Lo que hizo por amor. Nunca.

A los tres meses de su llegada a España, María recibió la llamada de su marido. Volvería en unos días.

En marzo de 2007 María se dirigía junto a su hermana al aeropuerto. Habían llamado un taxi porque aquel día su hermano Pedro no pudo pedir permiso en el trabajo para poder acercarlas. A María aquel trayecto le pareció eterno. Incluso le dijo al taxista que acelerara, porque le daba la impresión de que aquel coche no avanzaba. Pero sí lo hacía. Cuando llegaron a la terminal todavía no había desembarcado Nasrad. Cuando María le vio, corrió hacia él. Aquel abrazo contenía toda una vida. La que quería pasar junto a su marido, sin separarse de él ni un instante. Fuese donde fuese. Como siempre había sido. Por amor.